成本管理与控制实战丛书

房地产成本管理与控制实战宝典

刘少文 主编

化学工业出版社
·北京·

内容提要

《房地产成本管理与控制实战宝典》一书具体包括三个部分：房地产企业成本系统建立，包括房地产企业成本控制的基础、目标成本管理体系；房地产项目全过程成本控制，包括房地产项目投资决策环节的成本控制、房地产项目设计阶段成本控制、房地产项目招投标环节成本控制、房地产项目采购环节成本控制、房地产项目工程管理环节成本控制；房地产企业开发产品成本核算与分析，包括房地产企业开发产品成本核算、房地产开发项目成本报表与分析。本书文字浅显，语言简练，条理清晰，深入浅出，将复杂的管理理论用平实的语言与实际操作结合起来，读来轻松，用时方便。

本书可供各房地产企业管理者、房地产公司各部门负责人和管理人员，以及新入职的大中专毕业生、有志于从事房地产成本管理的人士学习参考。

图书在版编目（CIP）数据

房地产成本管理与控制实战宝典/刘少文主编. —北京：化学工业出版社，2020.9
（成本管理与控制实战丛书）
ISBN 978-7-122-37015-0

Ⅰ.①房… Ⅱ.①刘… Ⅲ.①房地产企业-成本管理 Ⅳ.①F293.342

中国版本图书馆CIP数据核字（2020）第083048号

责任编辑：陈　蕾　　　　　　　　　　装帧设计：尹琳琳
责任校对：王佳伟

出版发行：化学工业出版社（北京市东城区青年湖南街13号　邮政编码100011）
印　　装：三河市延风印装有限公司
787mm×1092mm　1/16　印张20$\frac{1}{2}$　字数429千字　2020年9月北京第1版第1次印刷

购书咨询：010-64518888　　　　　　　　售后服务：010-64518899
网　　址：http://www.cip.com.cn

凡购买本书，如有缺损质量问题，本社销售中心负责调换。

定　　价：88.00元　　　　　　　　　　　　　　　　　　　版权所有　违者必究

前言

成本管理与控制是企业永恒的主题，利润与成本的关系就是在收入一定的情况下，成本越低，利润越大。而成本管理的目标是保证成本的支出获得最有效的收益——提升价值。成本控制不等于省钱，花得多会浪费，花得少也会有浪费，花多花少不是重点，花得有效才是关键，才会避免价值不平衡造成的浪费。

对于企业而言，暴利的年代一去不复返，人工成本、材料成本年年在攀升，企业盈利的空间似乎越来越低，而每年却仍在不断地有新的企业成立，企业之间的竞争也就越演越烈，企业的竞争力在哪里？在成本管理！对于许多企业而言，能否继续生存取决于运用复杂的成本管理系统的能力，而这种成本管理系统，能产生内在动力来促使企业成本的下降。

当然，许多企业都很重视成本管理与控制，但有时收效甚微，有的最后甚至放弃去抓。基于此，我们的管理团队萌发了一个想法，就是将团队在给企业辅导的过程中关于成本管理与控制的经验总结出来，编写成"成本管理与控制实战丛书"，期待能帮助到处在困境或迷惑中的企业管理者。

本书针对房地产企业而言，成本费用主要产生于前期投资决策、规划、设计、施工、销售等过程，因此要控制成本，在满足消费者需求的情况下，必须以"市场为导向"，对房地产开发实施全过程成本控制。具体来说，必须根据房地产企业成本产生的特点，以全过程成本控制为指导，在这个总体战略的指导下，建立战略执行体系，并将全过程的成本控制战略贯穿于投资决策、规划设计、招投标、材料采购、项目施工等关键环节中，以此实现成本控制的战略目标。

房地产企业已经脱离了过去的暴利时代，同时，行业的竞争也愈加剧烈，那么要使房地产企业基业长青，很关键的是要加强全过程的成本控制。但许多房地产企业在成本控制方面做得并不好，有的是没有成本控制的思维和想法，有的是有想法却没方法，处在一种盲乱而无序的状态，结果不仅没有降低成本，反而因为控制成本而增加了企业的经营成本。

《房地产成本管理与控制实战宝典》一书具体包括三个部分：房地产企业成本系统建立；房地产项目全过程成本控制；房地产企业开发产品成本核算与分析。

本书文字浅显，语言简练，条理清晰，深入浅出，将复杂的管理理论用平实的语言与实际操作结合起来，读来轻松，用时方便。可供各房地产企业管理者、房地产公司各部门负责人和管理人员，以及新入职的大中专毕业生、有志于从事房地产成本管理的人士学习参考。

本书由刘少文主编，参与编写的有匡仲潇、刘艳玲。由于笔者水平有限，疏漏之处在所难免，敬请读者批评指正。

编　者

第一部分　房地产企业成本系统建立

第一章　房地产企业成本控制的基础

> 对房地产企业而言，成本费用主要产生于前期投资决策、规划、设计、施工、销售等过程，因此要控制成本，在满足消费者需求的情况下，必须以"市场为导向"对房地产开发实施全过程成本控制。具体来说，必须根据房地产企业成本产生的特点，以全程成本控制为指导，在这个总体战略的指导下，建立战略执行体系，并将全程的成本控制战略贯穿于投资决策、规划设计、招投标、材料采购、项目施工等关键环节中，以实现成本控制的战略目标。
>
> 成本控制战略实施的关键是建立成本控制保障体系，为成本控制提供行为规范和组织保障，使成本控制有章可循。

第一节　组织方面的保障体系 ·· 2
一、房地产企业成本控制的组织体系 ··· 2
二、成本管理职责 ·· 3
　　【实战范本1-01】某房地产企业目标成本管理组织体系 ················· 4
　　【实战范本1-02】某地产公司成本管理中心岗位职责说明 ··········· 10

第二节　成本控制管理信息系统 ··· 18
一、成本控制管理信息系统设计的基本思想 ······································· 19
二、系统单据类型设计及费用项目成本分类 ······································· 19

III

第三节　建立成本监控系统 ·· 22
　　一、制度建设 ··· 23
　　二、计划管理 ··· 23
　　三、分析检查 ··· 23
　　四、信息交流 ··· 24
第四节　成本档案管理系统 ·· 24
　　一、成本档案管理的要求 ··· 24
　　二、成本档案的组成及其管理标准 ··· 25
　　三、成本档案的归档与立卷 ··· 28
　　四、成本档案的编目与装订 ··· 28
　　五、成本档案的保管与使用 ··· 29
　　　【实战范本1-03】成本档案查阅登记表 ·· 30

第二章　目标成本管理体系

> 目标成本是企业在特定时期内为保证预期利润的实现，并作为全体企业员工奋斗的目标而设定的一种预计成本，它是预测成本与目标管理方法相结合的产物，也就是将成本控制作为工作的目标。目标成本的表现形式很多，如计划成本、承诺成本、预期成本或利润成本等。目标成本是指在保证某项产品获得要求预期利润条件下允许该产品所发生的最高成本数据。
>
> 目标成本和目标成本管理两者之间是辩证统一的关系。目标成本是目标成本管理的实施对象和预期目标，目标成本管理是达到和实现目标成本的方式及方法。缺乏目标成本的确定编制、规划管理和过程控制，目标成本的实现便成为空谈。

第一节　目标成本管理概述 ·· 31
　　一、目标成本管理的基本原理 ··· 31
　　二、目标成本管理的原则 ··· 32
　　三、目标成本管理流程 ··· 32
　　四、目标成本管理的文件 ··· 34
　　　【实战范本2-01】项目开发部成本控制责任书 ···································· 37

【实战范本2-02】设计部成本控制责任书·················40
　　【实战范本2-03】工程部成本控制责任书·················44
　　【实战范本2-04】项目经理部成本控制责任书···············47
　　【实战范本2-05】营销管理部成本控制责任书···············50
　　【实战范本2-06】成本管理部成本控制责任书···············53
第二节　目标成本的预测·····························57
　一、目标成本预测的注意事项························57
　二、目标成本预测的方法··························58
　三、房地产目标成本构成维度的分解·····················59
　　【实战范本2-07】房地产项目开发总目标控制表··············60
　　【实战范本2-08】房地产项目目标成本测算表···············64
第三节　目标成本的动态管理·························74
　一、动态成本的内涵····························74
　二、目标成本动态管理的意义························74
　三、目标成本动态管理的支持文件······················75
　四、建立房地产开发项目目标成本动态控制机制···············76
　五、整合项目管理全过程业务链·······················80
　　【实战范本2-09】某房地产公司责任成本体系···············81

第二部分　房地产项目全过程成本控制

第三章　房地产项目投资决策环节的成本控制

　　投资决策环节的成本控制是影响项目投资成败的关键，项目投资决策成败直接关系到项目将来产生的实际成本。房地产开发投资的综合性、投资额大、建设周期长和涉及面广等特点使房地产投资决策难免出现失误，所以对一个房地产开发企业而言，如何建立科学的决策机制，正确规避决策中的各种风险，成为成本控制的关键。

第一节　投资决策阶段成本概述 ··· 88

　　一、投资决策阶段的费用组成 ··· 88

　　二、投资决策阶段成本管理存在的问题 ··· 88

　　三、前期投资决策阶段影响成本的主要因素 ··· 89

　　四、现阶段房地产开发项目投资决策的成本控制存在的问题 ············· 89

　　五、投资决策不当对成本的影响 ··· 91

第二节　投资决策阶段成本控制的对策 ··· 92

　　一、企业内部完善投资决策流程 ··· 92

　　二、充分了解市场和政策法规信息 ··· 92

　　三、做好投资项目决策分析工作 ··· 93

　　　【实战范本3-01】土地开发地块信息表 ·· 94

　　　【实战范本3-02】土地SWOT分析表 ·· 97

　　　【实战范本3-03】地块成交信息一览表 ·· 98

　　　【实战范本3-04】房地产板块分布情况表 ·· 98

　　四、对开发项目进行投资估算 ·· 100

　　　【实战范本3-05】某项目成本及投资收益测算 ································· 101

　　　【实战范本3-06】某地产项目成本测算表 ··· 105

第四章　房地产项目设计环节成本控制

设计环节对投资的影响程度高达70%～90%。设计环节工作水平的高低、质量的高低不仅影响施工阶段投资的多少，而且也影响项目建成投产以后经济效益的高低。控制房地产企业项目的建设工程成本，首先应从设计开始，因为设计是工程项目付诸实施的龙头，是工程建设的灵魂，是控制基本建设投资规模、提高经济效益的关键。

第一节　房地产项目设计阶段成本控制的必要性 ································· 110

　　一、设计管理与成本的关系 ·· 111

　　二、设计阶段成本控制的影响因素 ··· 111

三、设计阶段成本控制的重要性 ······113
四、明确设计阶段各专业人员的成本责任 ······113
【实战范本4-01】项目设计阶段成本管理工作指引 ······114

第二节 规划设计阶段成本控制的措施 ······122
一、加强设计阶段的经济论证 ······122
二、实行限额设计 ······123
三、实行工程造价和设计方案相结合的设计招标方法 ······123
四、要加强设计出图前的审核工作 ······123
五、有效规范工程招投标制度，推进设计监理制 ······124
【实战范本4-02】某地产企业项目限额设计参考意见 ······124
【实战范本4-03】某地产企业限额管理标准 ······127

第三节 地产项目设计阶段成本优化 ······134
一、设计前期成本控制要点 ······134
二、概念、规划设计阶段成本控制重点 ······137
三、方案设计阶段成本控制重点 ······139
四、扩初设计阶段成本控制重点 ······142
五、施工图设计阶段成本控制重点 ······146
六、二次设计阶段成本控制重点 ······148

第四节 慎选设计方案以控制成本 ······149
一、基于成本控制的设计方案选择流程 ······150
二、主体结构设计方案的选择 ······150
三、地基基础设计方案的选择 ······153
四、装饰装修设计方案的选择 ······153

第五章 房地产项目招投标环节成本控制

招投标环节的成本控制涉及工程、设计、销售等多个部门的实际运作，在程序上没有太多变数，但具体内容特别是招投标评审委员的选择则须有很强的针对性。这个环节成本控制的难点在于标书制定，重点在于评标。

第一节　招投标阶段对成本控制的影响 ··· 155
　　一、招标文件对成本的影响 ··· 155
　　二、计量计价模式对成本的影响 ·· 155
　　三、投标方案对成本的影响 ··· 156
　　四、招投标阶段控制流程对成本的影响 ·· 156
第二节　招标过程中的成本控制措施 ··· 157
　　一、选择合理的发包模式 ··· 157
　　二、合理划分标段 ··· 163
　　三、编制工程量清单和招标控制价 ·· 164
　　　　【实战范本5-01】工程量清单表格模板 ······································ 170
　　四、招标文本库的标准化 ··· 175
　　　　相关链接　定额计价法 ··· 177
　　五、分析投标报价，协助合同价格谈判 ·· 178
　　　　【实战范本5-02】投标报价对比表 ·· 179
　　　　【实战范本5-03】招标项目成本考察及分析表 ································ 179
　　六、分析施工方案技术经济的合理性 ·· 180
　　七、做好合同的签订工作 ··· 180

第六章　房地产项目采购环节成本控制

　　在房地产企业中采购管理是整个施工项目管理的重要组成部分。材料的采购管理是项目采购管理的重要组成部分，也是耗用资金最多的一个环节；它同时也是目前建筑项目成本管理中普遍失控的环节，也是参与人员损公利己、腐败产生的环节。材料采购管理的优与劣关系到了整个项目成本管理的成败，它已成为建筑施工业对施工项目管理重点关注的领域。怎样做好材料采购管理，成为我们需要正视并亟待解决的问题。

第一节　房地产开发企业项目采购概述 ··· 181
　　一、房地产开发企业的项目采购物资分类 ·· 181
　　二、房地产企业的项目采购特点分析 ·· 183
第二节　采购成本控制的基础——完善采购系统建设 ································ 184

一、房地产企业采购管理系统的组织结构 ································ 184
二、采购流程关键绩效衡量指标和关键点的确定 ···················· 186
　　【实战范本6-01】战略采购管理流程 ································ 187
　　【实战范本6-02】采购管理计划编制流程 ························· 192
　　【实战范本6-03】外包方案编制流程 ································ 192
　　【实战范本6-04】招标管理流程 ······································· 193
　　【实战范本6-05】评标管理流程 ······································· 193
　　【实战范本6-06】采购合同管理流程 ································ 194
　　【实战范本6-07】采购合同关闭流程 ································ 194
三、明确采购的主体 ··· 195
四、采购方式的确定 ··· 197
　　【实战范本6-08】项目总包及主要分包工程承包方式及成本控制目标建议 ····· 198
　　【实战范本6-09】项目主要材料（设备）采购方式及成本控制目标建议 ······· 198
五、供应商管理系统的建立 ·· 199
　　【实战范本6-10】材料/设备制造商/供应商信息库 ·············· 199
　　【实战范本6-11】供应商洽谈记录 ·································· 200

第三节　房地产企业采购成本控制执行 ···································· 200
一、制定采购预算与估计成本 ··· 200
二、制订采购计划 ··· 200
　　【实战范本6-12】项目采购需求计划 ······························· 202
　　【实战范本6-13】项目采购计划管控表 ···························· 202
三、采购询价 ·· 203
　　【实战范本6-14】甲定乙购材料（设备）价格审订单 ········· 203
　　【实战范本6-15】甲定乙购材料（设备）品牌标准核订单 ··· 203
　　【实战范本6-16】乙购材料（设备）价格审核表 ··············· 204
四、供应商的选择 ··· 205
五、采购环境的利用 ·· 205
六、采购合同签订 ··· 206
　　【实战范本6-17】合同现场交底单 ·································· 206
　　【实战范本6-18】工程项目采购合同交底答疑纪要 ············ 207
　　【实战范本6-19】工程项目采购合同履约情况记录表 ········· 207
　　【实战范本6-20】工程项目采购合同履约检查情况通报 ······ 208
　　【实战范本6-21】合同价款变更情况汇总表 ······················ 208
七、采购环节成本控制要点、内容、方法及执行部门 ················ 208

第七章　房地产项目工程管理环节成本控制

> 在房地产企业的所有成本中,建筑安装成本所占比例最大,也是变数最多的部分。建筑安装成本控制对象是工程项目,是工程项目施工过程中各种耗费的总和。它从项目中标签约开始,到施工准备、现场施工、竣工验收等,每个环节都离不开成本控制工作,其主要涉及的费用有人工费用、材料费用、其他费用(机械使用费用、辅助工程费用、临时设施费用等)。

第一节　工程项目成本控制概述 ··················210
　一、工程项目成本的构成 ··················210
　二、工程项目成本控制的原则 ··················212

第二节　工程项目成本控制措施 ··················213
　一、预算及资金控制 ··················213
　　【实战范本7-01】某地产企业工程付款管理制度 ··················214
　　【实战范本7-02】工程预算书 ··················219
　　【实战范本7-03】付款审批表 ··················221
　　【实战范本7-04】工程款支付申请表 ··················221
　　【实战范本7-05】工程款已支付报表 ··················222
　二、采取组织措施控制工程成本 ··················222
　三、采取技术措施控制工程成本 ··················224
　四、采取经济措施控制工程成本 ··················225
　五、加强质量管理,控制返工率 ··················226
　　【实战范本7-06】项目工程质量管理办法 ··················228
　六、加强合同管理,控制工程成本 ··················234
　　【实战范本7-07】房地产项目合同管理程序 ··················235
　七、供材管理 ··················239

第三节　工程施工薄弱环节的成本控制 ··················240
　一、严格进行工程招标,控制新开工程的造价 ··················240
　二、合理安排施工顺序,减少临时费用 ··················241
　三、建立工程变更制度,降低工程成本 ··················241
　　【实战范本7-08】工程变更和现场签证管理办法 ··················241
　　【实战范本7-09】签证单费用计价表 ··················254

四、严格控制材料、设备价格	255
五、加强竣工结算的管理	255
【实战范本7-10】工程竣工结算管理规定	258
【实战范本7-11】结算项目基本信息表	261
【实战范本7-12】结算审批表	262
【实战范本7-13】工程结算复审情况表	263

第三部分　房地产企业开发产品成本核算与分析

第八章　房地产企业开发产品成本核算

> 成本核算是房地产企业经营管理的核心内容之一，正确组织地产项目的成本核算并及时将成本分析的信息反馈给企业管理层，可以为企业在不同发展阶段采用不同的成本控制决策提供科学的依据。

第一节　开发产品成本项目的构成 ········· 265
　一、开发产品成本的内容 ········· 265
　二、开发产品成本的项目 ········· 266
第二节　房地产企业开发成本与期间费用的核算 ········· 271
　一、开发成本核算的科目设置 ········· 271
　　【实战范本8-01】土地开发明细账 ········· 272
　　【实战范本8-02】房屋开发明细账 ········· 273
　　【实战范本8-03】某地产企业"开发成本"明细科目一览表 ········· 273
　二、土地开发成本的核算 ········· 281
　　【实战范本8-04】成本核算明细科目汇总——开发成本表 ········· 283
　三、房屋开发成本的核算 ········· 299
　四、配套设施开发成本核算 ········· 300
　五、期间费用的核算 ········· 301

第九章　房地产开发项目成本报表与分析

> 房地产企业应根据企业本身管理上的需要，编制诸如在建开发产品成本表、已完开发产品成本表等成本报表。通过报表可动态了解项目成本情况、实际成本与目标成本的偏差情况等信息。
>
> 成本分析是难度较高的工作，没有固定格式和方法，但是相同点是计算支出，比如人、材、机采购或租赁费用、管理费、税金等支出费用。有的按比率计算，有的按数量乘以单价。成本分析的步骤就是找出核算对象，然后收集资料、计算、汇总、比较、分析、得出结论。

第一节　房地产开发项目成本报表 ······ 303
　一、在建开发产品成本表 ······ 303
　二、已完开发产品成本表 ······ 305
第二节　房地产企业项目成本分析 ······ 306
　一、房地产企业项目成本分析的必要性 ······ 306
　二、成本分析与成本核算的区别 ······ 307
　三、地产项目成本分析的方式与方法 ······ 308
　四、地产项目成本分析中应注意的问题 ······ 309
　【实战范本9-01】工程项目成本分析汇总表 ······ 310
　【实战范本9-02】其他直接费、间接费、管理费、财务费、税金计划表 ······ 310
　【实战范本9-03】人工成本费用分析表 ······ 312
　【实战范本9-04】材料成本费用分析表 ······ 313
　【实战范本9-05】机械成本费用分析表 ······ 314
　【实战范本9-06】工程分（承）包成本费用分析表 ······ 314

第一部分

房地产企业成本系统建立

第一章　房地产企业成本控制的基础
第二章　目标成本管理体系

第一章
房地产企业成本控制的基础

> **引言**
>
> 　　对房地产企业而言,成本费用主要产生于前期投资决策、规划、设计、施工、销售等过程,因此要控制成本,在满足消费者需求的情况下,必须以"市场为导向"对房地产开发实施全过程成本控制。具体来说,必须根据房地产企业成本产生的特点,以全程成本控制为指导,在这个总体战略的指导下,建立战略执行体系,并将全程的成本控制战略贯穿于投资决策、规划设计、招投标、材料采购、项目施工等关键环节中,以实现成本控制的战略目标。
>
> 　　成本控制战略实施的关键是建立成本控制保障体系,为成本控制提供行为规范和组织保障,使成本控制有章可循。

第一节　组织方面的保障体系

　　房地产企业须从组织和制度方面建立一整套卓有成效的体系,并在实践中不断地予以完善和补充。在行为规范体系方面,房地产企业可以从工程的发包管理、招投标、合同管理、预结算管理、工程成本定额标准、工程质量标准等方面制定一系列强制性规定,并以行政公文的形式下发,房地产企业下属的所有子分公司及项目部,必须严格执行;为保障制度的执行到位,施工管理部、质检部、预算部、工程招投标领导小组等职能部门都应配合房地产企业的成本控制中心,制定一整套与房地产企业工作标准相对应的质量、安全、进度、工期等的标准文件,这样在执行中,就很容易控制成本,并及时发现问题和不足,及时调整改进。

一、房地产企业成本控制的组织体系

　　在组织体系方面,为了保证制度体系执行到位,房地产企业可以专门成立二级成本控制中心(图1-1):房地产企业直属一级成本控制中心,各个子(分)公司及联营合作

开发项目部设立二级执行与纠正中心，并在各职能部门如投资部、研发部、设计部、技术部、工程部等设立控制组，在工程项目施工过程中，各子（分）公司的施工管理部、质检部、技术部、预算部等职能部门与房地产企业的相关部门密切配合，将各个控制标准执行到位，以保证质量、成本、工期及品质目标的实现。

图1-1　房地产企业成本控制的组织体系

二、成本管理职责

（一）成本控制中心

（1）制定、修正成本管理制度，督促、指导建立并完善本单位的成本管理制度；并跟踪、检查执行情况，对成本实行制度监控。

（2）进行房地产市场调研，对房地产市场走势做出分析、判断，及时提供、反馈给企业管理层作决策参考；保持对国家有关法规政策和成本管理环境的了解，协助房地产企业争取优惠政策、处理有关政策性问题。

（3）组织各方面专业人士对拟建项目进行实地考察、立项听证，按立项审批程序审查投资估算，把握投资决策，合理配置资源，帮助房地产企业做好项目前期策划中的成本控制。立项审查的重点如下。

① 立项资料是否齐全、规范。

② 市场定位是否明确、恰当。

③ 投资成本估算是否经济、合理。

④ 投资回报是否符合利润目标要求。

⑤ 投资风险能否有效控制。

（4）跟踪、落实各项目成本计划及其执行情况，适时了解各项目成本的实际构成，汇编成本报表；分析、总结项目成本控制情况。协助、督促各子公司做好项目操作过程中的成本控制工作。

（5）建立成本信息监控中心，及时收集各项目成本动态资料，为管理层提供充分、有效的决策依据，并按要求将有关意见反馈给各部门。

（6）组织成本管理的信息交流，通过培训、双向交流、研修会等方式，增进全员的成本管理意识，推广内外成本管理经验，寻求降低成本的有效途径，促进成本管理水平的提高。

（7）根据管理的需要，派出审计小组对项目成本进行阶段审计和决算审计，对项目成本产生的合理性、成本管理的规范性提出审计意见，并结合项目收益情况，考核项目的成本降低率、投入产出率、投资回报率等指标。

（8）逐步推进成本管理及其信息交流计算机化，做好成本管理的综合服务。

（二）各项目、各职能部门

（1）结合实际制定本单位成本管理制度，认真执行成本管理制度，并自觉接受监督。

（2）根据本单位业务发展规划、开发能力和市场情况，确定项目开发计划，组织立项调研、选址和前期策划，提出立项建议和开发设想，并按要求提交立项可行性报告，履行立项审批程序。

（3）规划设计阶段，应按市场定位和成本估算准确把握设计方案，组织审查设计概算的经济合理性，使规划设计既符合规范，又体现成本控制的意识和要求。

（4）客观、认真地进行项目成本费用测算，编制项目成本费用计划，确定项目及每个单项工程的目标成本，分解成本费用控制指标，落实降低成本技术组织措施。

（5）遵循基本建设程序，进行项目实际操作，对房地产成本实行项目经理负责制和全员全过程控制，对可控成本、变动成本和成本异常偏差实行有效监控，保证将成本控制在目标成本范围内。

（6）正确处理成本、市场、工程质量、开发周期、资源、效益之间的关系，防止和杜绝重大工程质量事故，努力缩短开发周期，严格控制项目的质量成本和期间费用，加速投资回报，提高投资回报率。

（7）组织项目开发成本费用核算，及时、全面、准确、动态地反映项目成本、费用情况，按规定编报成本会计报表等有关资料。坚持成本报告制度，保证成本信息交流的及时、有效。

（8）熟悉、掌握国家和当地有关法规政策及市场需求、预算定额水平等成本控制因素，用足用活各种政策、资源，提高成本控制的预见性，努力寻求降低成本费用的途径。

（9）定期或不定期分析成本结构、差异及其原因、监控措施及其效果、经验教训，每年至少一次，并将分析报告报财务部。

【实战范本1-01】▶▶▶

某房地产企业目标成本管理组织体系

一、构建公司目标成本管理架构

A公司是集团化的房地产公司，其项目管治的模式介于全流程与关键节点型的管理之间，实行集团、区域、项目的三级管理模式，其成本管理架构如下。

A公司成本管理架构图

1. 最高负责人CMO

最高负责人CMO由集团董事局主席担任。以下情况由最高负责人CMO做最后的决定：

（1）CMO决策委员会成员之间不能达成共识时；

（2）政策、市场等不可控因素导致成本变化需审批时；

（3）其他成本异动较大[动态成本（除土地成本外）≥目标成本（除土地成本外）×（1+3%）]时。

2. CMO决策委员会

CMO决策委员会是CMO常务工作的决策和监管机构，其成员由集团分管成本系统的相关负责人担任，具体为集团各中心副总裁、集团投资发展部负责人、集团财务中心成本负责人等。CMO决策委员会具体负责：

（1）设定项目投资回报指标，如目标利润率等；

（2）组织集团规划设计中心对项目进行设计及设计修改；

（3）组织集团合约预算部对项目进行目标成本的编制及修改；

（4）组织和监督CMO的工作开展，将CMO的各项工作分解至各相关部门；

---

❶ CMO，Chief Marketing Officer，首席营销官。

(5) 制定目标成本评审标准；

(6) 组织集团财务中心测算各环节目标成本对应的目标利润；

(7) 审核、审批施工前各环节的项目目标成本；

(8) 组织对项目成本管理进行后评估；

(9) 向CMO最高负责人汇报CMO异常情况和阶段性成果等。

3. CMO区域工作组

CMO区域工作组由区域副总裁、区域工程总监、区域营销总监和区域财务总监牵头组成，并由区域各职能中心具体执行。其职责是：

(1) 参与《项目目标成本（方案版）》和《项目目标成本（执行版）》的讨论与编制；

(2) 负责《项目目标成本（施工版）》的讨论与编制；

(3) 将《项目目标成本（施工版）》分解和落实，监督项目严格执行；

(4) 开展多层次图纸会审会签，力争在开工前把图纸中的问题修改完；

(5) 评估技术洽商和设计变更的必要性及合理性；

(6) 在施工过程中对《项目目标成本（施工版）》进行动态跟踪，对于超成本事项提出改进（补救）措施；

(7) 定期编制《项目目标成本（动态跟踪版）》上报集团合约预算部审核及决策委员会审批。

4. CMO项目工作组

CMO项目工作组由项目负责人牵头，并由项目工程部负责具体执行。其职责是在施工建设过程中严格实施各种成本管理措施，减少或杜绝因管理失误造成的工程损失等。

5. 召集人

召集人负责在成本管理过程中尤其是关键环节，提醒、组织、协调所有相关人员参与相应的成本管理工作。

(1) 集团CMO决策委员会的召集人由主管集团中心的副总裁担任；

(2) CMO区域工作组的召集人由主管区域的副总裁担任；

(3) CMO项目工作组的召集人由区域总经理（如有）或项目总经理担任。

从以上说明可见，成本管理体系自上而下，每级均有明确的职责分工，对应各阶段的目标成本版本编制工作，且管理的责任人明确，每个项目在目标成本编制完成后，各级主管领导需签字确认，并结合该目标成本进行考核。

二、划分公司责任部门的成本工作职责

目标责任的制定应切实可行，越具体、越详细越好，落实到具体部门，并以此作为部门日常考核工作的重点。以下为集团、区域、项目各成本职能部门的工作职责。

CMO决策委员会成本工作职责表

序号	主要工作内容	工作阶段
1	根据董事局意见设定投资回报指标	—
2	制定项目目标成本评审标准	
3	组织和监督CMO的工作开展	—
4	组织集团财务中心测算各环节目标成本对应的目标利润	
5	评审各环节目标成本	
6	对项目成本管理进行评估	
7	向CMO最高负责人汇报CMO异常情况和阶段性成果	—

集团规划设计中心成本工作职责表

序号	主要工作内容	工作阶段
1	编制《项目规划草案》	土地投资论证环节
2	编制《项目经济技术指标（方案）》	方案设计环节
3	编制《初步设计任务书成本控制附件》	
4	编制《土方平衡方案》	施工图土方平衡环节
5	提交《地质勘察报告》	桩基设计环节
6	完成桩基选型讨论和选定	
7	完成施工图设计——结构/安装/智能化/市政设计	施工图设计环节
8	完成施工图设计——装修设计	
9	完成施工图设计——外环境设计	
10	设计变更	施工建设环节

集团投资发展部成本工作职责表

序号	主要工作内容	工作阶段
1	《目标地块土地信息及周边市政配套情况》	土地投资论证环节
2	《目标地块市场概况初步调研结果分析报告》	
3	《项目经济指标》	
4	《项目可行性分析报告》	
5	新征土地的征地费用、拆迁安置费用及大市政费用等相关费用	
6	收购项目的收购内容、付款总额、付款时间、手续风险等	
7	合作方式的选择、股权比例、付款总额、付款时间等	

集团财务中心成本工作职责表

序号	主要工作内容	工作阶段
1	协助设定项目投资回报指标	土地投资论证环节
2	协助测算投资论证环节的项目指标	土地投资论证环节
3	测算方案设计环节的项目目标利润	方案设计环节
4	测算扩初设计环节的项目目标利润	扩初设计环节
5	测算施工设计完成后的项目目标利润	施工图设计环节
6	计算工程结算后的项目目标利润	工程结算环节
7	出具成本决策委员会要求的相关财务报表	任何环节
8	监督、控制项目财务付款及实施预警制度	施工建设和竣工结算环节

集团合约预算部成本工作职责表

序号	主要工作内容	工作阶段
1	编制《项目目标成本（土地版）》	土地投资论证环节
2	编制《项目目标成本（方案版）》	方案设计环节
3	编制《项目设计环节成本控制重点和控制方案》	方案设计环节
4	编制《项目目标成本（执行版）》，重点关注 《项目目标成本（执行版）——外立面部分》 《项目目标成本（执行版）——外环境部分》 《项目目标成本（执行版）——土石方平衡部分》	扩初设计环节
5	调整《项目设计环节成本控制重点和控制方案》	扩初设计环节
6	编制《项目装修目标成本》	装修设计环节
7	编制《装修设计目标成本控制重点和控制方案》	装修设计环节
8	审核《项目目标成本分解及合约规划》	施工建设环节
9	审核《项目目标成本（施工版）》	施工建设环节
10	审核项目目标成本动态跟踪	施工建设环节
11	审核区域定期开展的成本管理工作回顾	施工建设环节
12	审核《项目目标成本（决算版）》	竣工结算环节
13	审核《项目成本分析和总结》	项目后评估环节
14	编制《项目招投标计划》	招投标环节
15	组建专项评审委员会	招投标环节
16	制作标书	招投标环节
17	投标单位的选择	招投标环节

区域合约预算部成本工作职责表

序号	主要工作内容	工作阶段
1	参与《项目目标成本（方案版）》的讨论与编制	方案设计环节
2	参与《项目目标成本（执行版）》的讨论与编制	扩初设计环节
3	负责《项目目标成本（施工版）》的讨论与编制	施工图设计环节
4	将《项目目标成本（施工版）》分解和落实，监督项目严格执行	施工建设环节
5	在施工过程中对《项目目标成本（施工版）》进行动态跟踪，对于超成本实现提出改进（补救）措施	施工建设环节
6	负责《项目目标成本（决算版）》的讨论与编制	竣工结算环节

区域工程监控中心成本工作职责表

序号	主要工作内容	工作阶段
1	参与土方平衡、桩基选型等施工图设计工作	施工图设计环节
2	施工方案审核	施工建设环节
3	技术洽谈、设计变更控制	施工建设环节
4	评估和审核签证的必要性、时效性	施工建设环节
5	施工与维修	施工建设环节
6	违约与索赔	施工建设环节

集团化管理职责分配示意表

成本阶段	集团公司	区域公司	项目公司
可行性分析	★	☆	●
方案设计	★	☆	●
土地获取	★	☆	●
客户定位	★	☆	●
需求定位	★	☆	●
项目定位	★	☆	●
进度管理	☆	★	●
质量管理	☆	★	●
成本管理	★◆	☆◆	●

注：◆表示审核；★表示负责；☆表示配合；●表示执行。

在这种管理模式下，集团公司全权负责决策工作，不负责具体操作性事务，能够集中资源和力量把握公司发展方向及战略走势，而区域公司则负责部分责权范围内的审核工作，是一个中间环节的部门，起协调作用。项目公司则完全是一个执行机构，通常设置较少的职能部门和配置较少的职能人员，便于提高执行效率。

【实战范本1-02】

某地产公司成本管理中心岗位职责说明

一、成本管理中心职能要点

控股总部的成本管理中心负责房地产项目开发全过程的成本控制，对各区域公司的主要职能是：服务、监督、指导、审核。

二、成本管理中心职能描述

（1）制定、修正集团成本管理制度及流程，包括供应商管理、招标采购管理、合同签订、预结算的编制与审核、洽商管理、目标成本编制、动态成本管理等。督促、指导区域公司建立完善的本单位成本管理实施细则，并跟踪、检查执行情况，对成本实行制度监控。

（2）进行房地产市场调研，对房地产市场走势做出分析、判断，及时提供、反馈给集团和区域公司管理层做决策参考；保持对国家有关法规政策和集团成本管理环境的了解，协助区域公司争取优惠政策，处理有关政策性问题。

（3）组织专业人士对拟建项目进行实地考察、立项听证，按立项审批程序审查投资估算，把握投资决策，合理配置资源，协助做好项目前期策划中的成本控制。立项审查的重点是：立项资料是否齐全、规范；市场定位是否明确、恰当；投资成本估算是否经济、合理；投资回报是否符合集团利润目标要求；投资风险能否有效控制。

（4）跟踪、落实区域公司各项目成本计划及其执行情况，编制与审核各阶段目标成本，适时了解各项目成本的实际构成，汇编集团成本报表。

（5）分析、总结区域公司各项目成本控制情况，协助、督促区域公司做好项目操作过程中的动态成本控制工作。

（6）根据集团公司管理的需要，派出审计小组对区域公司各项目成本进行阶段审计和决算审计，对项目成本产生的合理性、成本管理的规范性提出审计意见，并结合项目收益情况，考核项目的成本降低率、投入产出率、投资回报率等指标。

（7）进行集团公司项目工程类合同的签订审批，进行直接委托和大额及超规合同付款审批，进行大额设计变更及现场签证审批，进行成本超支报警及处理审批，进行各项目工程类结算，进行三级审核，对各项工程决算进行监控和复核。

（8）建立集团公司成本信息监控中心，及时收集各项目成本动态资料，为集团管理层提供充分、有效的决策依据，并按要求将有关意见反馈给区域公司。

（9）指导区域公司项目工程预算、结算书的编制与审核，指导总承包工程的招标标底与工程量清单的编制与审核，以相对合理的经济技术参数及目标成本为依据控制工程开工前阶段的各项成本。

（10）组织集团公司的集中采购与独立招标项目，指导并监督区域公司各项招标采购工作，保证集团公司内部所有招标采购工作在"公平、公正、公开"的状态下健康运转。

（11）组织集团公司所有外部招标采购工作，从公开招标至工程施工许可证的取得。

（12）收集整理各地的政府行政事业性收费资料和工程造价资料库。定期收集整理各项目的材料设备信息，建立集团公司材料设备信息资料。

（13）建立与评价及更新集团公司合格供应商库，指导与监督区域公司的供方管理。

（14）组织修订与收集整理集团公司招标文件的示范文本及工程类合同示范文本。

（15）收集整理各项目的成本后评价资料，建立集团公司成本信息库。

（16）组织集团成本管理的信息交流，通过培训、双向交流、研修会等方式，增进全员的成本管理意识，推广集团内外成本管理经验，寻求降低成本的有效途径，促进集团成本管理水平的提高。

（17）组织集团公司业务范围内的日常培训和研讨会议。

三、成本管理中心组织框架图

四、成本管理总监岗位说明

岗位名称：成本管理总监。

直接上级：总部主管副总裁。

岗位职责如下。

（1）组织、领导、管理并实施集团公司项目发展可行性分析、投资估算、目标概算、合同管理、预结算、工程款支付审核，开发并建设集团公司供应商库、成本数据库等信息化管理工作，参与并监督招投标，向上级领导负责。

（2）根据集团公司的总体开发计划组织编制集团公司及区域公司各项目的成本控制计划书及合约规划，组织编制项目年度招标采购计划、合同签订计划、工程项目预结算计划，协助组织编制项目年度资金使用计划。

（3）根据集团公司的总体开发计划组织编制集团公司及区域公司各项目的投资估算和各阶段的目标成本、投资收益与开发项目现金流量表。

（4）组织制定出集团公司成本管理模式和各项成本管理制度及成本控制体系，推进实施集团公司全成本管理，编制成本管理各项工作流程指引。

（5）制定集团公司成本管理中心内部有关业务工作管理制度，保证工作完成的标准化。

（6）合理安排调配集团公司有关本业务人力资源，负责本业务人员的工作绩效考核。

（7）协调、指导集团公司合同管理、概预算审核。协调区域公司有关成本业务相关部门的工作，协调总包方、监理方、分包方等概预算配合工作。

（8）监督并指导集团公司及区域公司招投标管理工作，组织集团公司重大项目及集中采购招投标工作。

（9）组织并监督检查区域公司各项目动态成本管理工作，组织并指导区域公司进行成本动态管理、分析、控制，并组织对已签订的工程合同的执行情况进行动态跟踪、管理、服务。

（10）组织集团公司有关成本控制方面数据库的建立与维护，建立企业合格供应商库，完善各项标准信息化管理平台。

（11）协助组织各部门预测各阶段的投资风险与防范措施。

五、土建预算（成本）经理岗位说明（成本管理中心经理）

岗位名称：土建预算（成本）经理。

直接上级：成本管理总监。

岗位职责如下。

（1）在成本管理中心总监的领导下负责集团公司成本控制及成本管理工作。

（2）指导、监督与审核区域公司各项成本管理工作，收集整理区域公司成本数据并做好统计、分析与归档。

（3）在成本产生之前，提前经过充分的估算和预算，经过主动地选择和控制。在完成动态成本控制的同时，进行成本的静态分析，为公司领导提供经济技术数据及参考值。

（4）编制起草投资估算及审核修改项目各阶段目标成本数据，并严格按目标成本数据控制成本。

（5）负责公司设计、工程技术各项合同（协议）文件的审核，参与各类合同的谈判、制定及管理工作。

（6）严格管理审核工程建设项目预（结）算工作。

（7）及时掌握政策、规定的变化，执行有关的政策性法规。多方积累工程造价资料，注意房地产市场动态。定期对工程项目进行投资分析，提供给领导进行决策。

（8）组织收集各预算工程师对本专业的设备、材料、半成品的订货价格进行询价工作，必要时与多个供货商接洽，了解市场情况，多渠道收集信息。

（9）对公司在管理工作上、经营发展上提出建设性意见，供领导决策。

（10）对工程的投资从预结算角度进行分析，找出投资浪费，为公司领导把好成本控制关。

（11）预结算工作须全过程采取有效的内部控制制度，接受公司上级领导等的监督、检查、审计，对区域公司进行定期的监督与审查，同时适应外部机构审查。

（12）随时配合财务部做出投资计划，为其提供月工程款应付情况表。负责资金支出的初审工作。

（13）组织公司外部招标工程标底的委托、编制工作。

（14）审核并编制公司内部本专业合同文本的起草工作；负责实施合同执行过程中的跟踪管理工作；组织所提交合同经济条款的谈判。

（15）负责对合同签订时的预算造价进行数据分析并建立过程数据库，对结算工作进行后评估并提供准确的分析报告。

六、土建预算经理岗位说明（包括土建与装饰专业，根据项目规模考虑分专业岗位招聘）

岗位名称：土建预算经理。

直接上级：成本管理总监。

岗位职责如下。

（1）工作热情主动，敬岗立责、廉洁自律、公正无私，服从主管领导的工作安排，高效高质地完成任务。

（2）指导、监督与审核区域公司各项成本管理工作，收集整理区域公司成本数据并做好统计、分析与归档。

（3）配合及协调本部及公司各部门之间、相关区域公司之间的工作交叉问题，及时提供和搜集有关资料，及时准确地完成各项综合工作。

（4）对公司本部门或本专业有关的招标、合同、结算全过程经办并审核，并上报主管领导审批。

（5）负责本公司有关本专业工程造价的确定，包括基础数据的提供、标底的编制、预算的审核、洽商的审核、结算的审核等。

（6）负责外部招标工程项目的本专业工程的标底编制。委托社会咨询机构进行标底编制的，应做好标的的本专业工程部分的审核工作，审核工作要认真、详尽、全面、准确，对工程量的计算、各项单价的确定、组价、各项税费的确定应做到心中有数，并保证数据的真实可靠性。在标底的编制过程中，遇有图纸不清楚、新材料价格确定、了解现场情况等问题时，负责组织与设计院、厂家、相关部门等联系，并组织招标答疑会、现场勘察会、市场调研等，迅速将以上问题协调解决。

（7）参与组织内部招标工程项目的标底编制，针对不做标底的招标应对各投标单位上报投标书的本专业预算部分进行认真、详尽、全面、准确的审核，对工程量的计算、各项单价的确定、组价、各项税费的确定应做到心中有数，并保证数据的真实可靠性。从另一方面控制和掌握公平准确的投标报价。

（8）负责对本专业工程的主要材料的限价招标中的价格部分进行认真审核。

（9）熟悉施工图纸及零星项目，随着工程进度及时进行本专业工程洽商的审核，洽商的审核做到及时准确，必要时做到当月洽商，当月施工，当月结算。将已审核的洽商及时归档交接，以统一编号作为支付工程款的依据。

（10）负责竣工结算的审核，在工程已竣工并办理完所有验收程序后，依据收集的资料组织结算工作，催促各施工单位按时上报结算资料，配合其他专业尽快完成，将已审核的结算及时归档交接。

（11）做好各专业造价工程师之间的协作配合，所有资料接受上级部门的复审和检查。

（12）从本专业预算方面依据中标概算及工程所报进度对月工程报量进行审核，为付款提供依据。

（13）负责公司本专业招投标工作的商务标的编制与审核，参与本专业项目的各类招投标的资审合格单位的确定及对合格的投标单位、中标单位进行审核，参与本专业商务标的评定工作。

（14）负责单项、单位工程的每月工程量复审。依据中标概算及工程所报形象进度，复审施工方月完成量，并作为今后支付工程款的依据。

（15）负责对本专业洽商签订的流程提出参考意见，对已签工程洽商进行复审，纠正与实际不符及与合同条款不符的洽商，并对一定数额的洽商会同工程部一同确定后签认。

（16）配合招标项目，负责主持公司内部本专业合同文本商务部分的起草工作；负责实施合同执行过程中的跟踪管理与考评工作；组织所提交合同经济条款的谈判。

七、机电安装预算经理岗位说明（包括给排水、电气、暖通及市政、景观专业）

岗位名称：机电安装预算经理。

直接上级：成本管理总监。

岗位职责如下。

（1）工作热情主动，敬岗立责、廉洁自律、公正无私，服从主管领导的工作安排，高效高质地完成任务。

（2）指导、监督与审核区域公司各项成本管理工作，收集整理区域公司成本数据并做好统计、分析与归档。

（3）配合及协调本部及公司各部门之间、相关区域公司之间的工作交叉问题，及时提供和搜集有关资料，及时准确地完成各项综合工作。

（4）对公司安装及市政工程有关的招标商务标、合同、结算全过程经办并审核，并上报主管领导审批。

（5）对大型设备的采购进行全过程的跟踪和调研，充分掌握其各项技术参数等指标，以对其投标报价做到充分的掌控。

（6）负责本公司安装及市政工程造价的确定，包括基础数据的提供、标底的编制、预算的审核、洽商的审核、结算的审核等。

（7）负责外部招标工程项目的本专业工程的标底编制。委托社会咨询机构进行标底编制的，应做好标的的本专业工程部分的审核工作，审核工作要认真、详尽、全面、准确，对工程量的计算、各项单价的确定、组价、各项税费的确定应做到心中有数，并保证数据的真实可靠性。在标底的编制过程中，遇有图纸不清楚、新材料价格确定、了解现场情况等问题时，负责组织与设计院、厂家、相关部门等联系，并组织招标答疑会、现场勘察会、市场调研等，迅速将以上问题协调解决。

（8）参与组织内部招标工程项目的标底编制，针对不做标底的招标应对各投标单位上报投标书的本专业预算部分进行认真、详尽、全面、准确的审核，对工程量的计算、各项单价的确定、组价以及各项税费的确定应做到心中有数，并保证数据的真实可靠性。从另一方面控制和掌握公平准确的投标报价。

（9）及时定期收集整理安装工程的材料设备市政价格波动及变化，建立数据库，及时向领导提供必要的信息，对安装及市政工程的主要材料的进行招标限价。

（10）负责熟悉施工图纸及零星项目，随着工程进度及时进行安装及市政工程洽商的审核，洽商的审核做到及时准确，必要时做到当月洽商，当月施工，当月结算。将已审核的洽商及时归档交接，以统一编号作为支付工程款的依据。负责对本专业洽商签订的流程提出参考意见，对已签工程洽商进行复审，纠正与实际不符及与合同条款不符的洽商，并对一定数额的洽商会同工程部一同确定后签认。

（11）负责竣工工程安装及市政专业的竣工结算的审核，在工程已竣工并办理完所有验收程序后依据收集的资料组织结算工作,催促各施工单位按时上报结算资料,配合其他专业尽快完成。将已审核的结算及时归档交接。

(12)做好各专业造价工程师之间的协作配合,所有资料接受上级部门的复审和检查。

(13)从安装及市政工程专业预算方面依据中标概算及工程所报形象进度对月工程报量进行审核,为付款提供依据。

(14)参与本专业项目的各类招投标的资审合格单位的确定及合格的投标单位、中标单位进行审核,参与本专业商务标的评定工作。

(15)负责单项、单位工程的每月工程量复审。依据中标概算及工程所报形象进度,复审施工方月完成量,并作为今后支付工程款的依据。

(16)配合招标项目,负责主持公司内部本专业合同文本商务部分的起草工作;负责实施合同执行过程中的跟踪管理与考评工作;组织所提交合同经济条款的谈判。

八、资深招标经理岗位说明(装修材料及机电设备招标采购)

岗位名称:资深招标经理。

直接上级:成本管理总监。

岗位职责如下。

(1)工作热情主动,敬岗立责、廉洁自律、公正无私,服从主管领导的工作安排,高效高质地完成任务。

(2)指导、监督与审核区域公司各项招标采购管理工作,收集整理区域公司招标采购各项经济技术数据并做好统计、分析与归档。

(3)根据公司战略目标,制定集团公司招标采购工作目标及职责,布置区域公司制定完善项目招标采购工作目标,协助完成总体目标制定。

(4)制定和完善公司招标采购制度及流程,制定工程施工、集中采购、规划设计、技术咨询及代理服务等项目的招标采购制度及流程,负责在实施过程中完善各项制度及流程,解释并监督各项制度的实施。

(5)进行招标采购季度计划、月度计划的填报与汇总分析,审核项目单项招标计划与方案。

(6)制定招标采购项目明细并组织实施,监督审核区域公司合约规划与单项招标方案、单项招标计划的编制,与公司各部门及项目公司沟通,根据施工图纸制定招标采购项目明细,根据招标项目类型指定实施人员或单位主持或参与招标采购全过程,参照公司招标采购制度对招标过程进行控制管理,按照计划的时间节点检查招标采购工作并向上级汇报。

(7)为各项目提供工程总承包招标及合同文件的起草、会签,分包工程招标及合同文件的起草、组织会签,必要时提供对设计、勘察、监理等合同的修改、补充意见。

（8）针对集团直接招标项目组织工程，包括资格预审、考察、编写招标文件、组织答疑、评标、清标、签订合同等，协助造价工程师对投标文件中商务部分的审核工作，并向投标单位提供商务评审意见。

（9）负责招标过程的公开、公平、公正，保证过程资料的完整。

（10）在项目执行过程中，负责对项目部合同执行情况的跟踪、督促、检查，以及在必要时对合同的补充、调整；提出改进建议，不断优化原合同及招标文件范本。

（11）组织相关人员进行工程总承包合同、其他工程合同的谈判工作，参与重要分包合同的谈判工作，并在合同执行过程中根据项目需求给予合同方面的支持。

（12）负责监督检查区域公司的招标采购工作，对重要节点进行监督，参与具有重要性的招标采购项目，对未参与的项目进行跟踪监督，对项目公司进行的招标采购工作进行指导，检查项目公司招标资料的完整性及正确性。

（13）负责建立与维护集团公司合格分承包商名录，审核分承包商入库条件，负责拟入库商的资格考查与评定，负责已合作的分承包商的履约情况的评定与审核，负责沿用优秀承包商的审核，定期检查与跟踪合格分承包商的使用情况，定期维护合格分承包商库及分承包商的等级。

（14）负责建立材料与设备的市场价格的信息库，定期进行材料与设备的市场价格的分析与动态变化统计，建立各种材料与设备的价格数据库。定期检查材料价格库的更新情况。

（15）负责组织合格供方品牌库的年度评审，每年年底组织相关部门对合格供方品牌库进行评审，每年初完成新品牌库的审批，并颁布实施。

（16）制订、建立招投标计划和流程，建立并不断完善招投标业务流程，拟定并完善公司材料设备供应管理办法、合同管理办法、招投标管理办法等。

（17）审核合同和招投标文件，配合区域公司及其他部门解决工程进行过程中产生的合同纠纷等有关问题；深入各建设工程现场，了解、发现和及时协调解决合约工作的问题，定期组织对各建设工程合约执行情况的检查和抽查。

（18）负责集团大型材料集中采购项目，与品牌企业建立战略合作伙伴库。

（19）负责起草与编制设备、施工、采购招标文件范本，建立集团招标采购文件范本库；负责合同范本的起草并建立集团各种合同范本。

（20）做好内部、外部单位的沟通与协作。

九、计划统计、合约专员岗位说明

岗位名称：计划统计、合约专员。

直接上级：成本管理总监。

岗位职责如下。

（1）负责本部门内部各项工作的准备，文件的收发、登记、呈批、催办、转送、会签、传阅和文书档案工作，负责本部门各种资料的收集、整理、归档工作。

（2）负责区域公司各种报表的收发与审核、汇总工作，及时发现各项目存在的问题，分析统计基础数据以供上级领导及本部门各专业使用。

（3）认真做好档案的编制管理工作，保证档案完整、准确，为下一步使用、维护提供准确的资料依据。

（4）负责收集工程项目所有归档图纸和各种技术文件、资料，并整理、分类、编目后存档。

（5）负责合作单位工作联系单、联系函的收发登记和保存工作，以备查阅。

（6）负责本部门各项定期检查工作的准备与实施，包括预结算的定期审计、招标采购的定期审核、合同的定期检查等。

（7）协助办理集团合格分承包商库的考察、履约跟踪与评定、维护等基础工作，负责资料的收集与整理。

（8）做好信息反馈工作，对所属单位进行指导、督促、检查。

（9）协助领导做好各项工作的开展，制订和落实接待计划，负责协调安排其他事务性工作。

（10）负责工程、设计合同的归档与管理。负责投标单位资格资料的归档与管理。负责招标文件的归档与管理。负责投标文件的收集与分类管理。

（11）负责区域公司各种年度、季度、月度报表的收集与统计，并做数据的对比分析，将分析数据整理后报上级领导。

（12）负责工程款的支付与审核，建立并审核工程类合同付款台账，负责目标成本与动态成本的月报表的收集与统计，负责洽商台账的收集与统计，负责项目结算台账的收集与统计。

（13）负责本部门各项日常行政工作的办理。

第二节　成本控制管理信息系统

成本控制管理信息系统主要包括目标成本信息、实际成本信息、成本偏差信息、成交合同信息、合同变更信息、市场价格变化信息等。

对房地产企业项目运作过程而言，其中涉及的成本信息是相当多样而且复杂的，需要对其中的信息进行筛选、整理、加工并适时反馈，才能确保成本控制的有效性。需要定期编制成本报告，以比较预算和实际的差异，分析差异产生的原因和责任归属，更重要的是分析成本改进的办法。同时需要实行例外情况报告制度，对于预算中未规定的事项和超过预算限额的事项，要保证信息的沟通效率，以便及时做出决策。

一、成本控制管理信息系统设计的基本思想

房地产企业成本控制管理信息系统的基本思想是通过设计有关的费用项目，设置其目标成本与预算成本，在通过计算合同拆分、非合同拆分、待产生成本得到动态成本后，不断实时判断其动态成本是否超出预算成本与目标成本。如果超出，系统将给予提示与控制，待修订其预算成本与目标成本后，才允许确定相关的合同单据、非合同单据与待产生成本单据。确定后的合同单据、非合同单据与待产生成本单据还需要根据企业实际情况制订合同付款计划、非合同付款计划、待产生成本付款计划，三种付款计划经批准确认后，以后的付款过程中将严格按照付款计划执行。同时，由实际付款单据将统计计算出费用项目的实际成本，并且通过计算合同拆分明细、非合同拆分明细中对应的"所有合同造价性质为完全确定价且待产生成本为0的三级项目"的成本，得到费用项目的结算成本。

二、系统单据类型设计及费用项目成本分类

（一）系统单据类型设计

在系统中，可设计三种单据来描述动态成本，即合同单据、非合同单据、待产生成本单据，它们分别记录了企业需要产生费用的以下经济业务：有明确甲方、乙方签订的合同输入合同单据，无明确甲方、乙方签订的合同输入非合同单据，一些暂估的费用及不可预见的费用输入待产生成本单据。合同单据、非合同单据、待产生成本单据的确认将产生合同拆分、非合同拆分、待产生成本三类拆分成本。

针对合同单据、非合同单据、待产生成本单据，在系统中，分别设计了合同付款计划单据、非合同付款计划单据、待产生成本付款计划单据来确定其付款计划，同时，三种付款计划均需要得到批准，以控制付款单据输入的付款金额不超过计划中的付款金额。

在系统中，还设计了付款单据来确定企业产生的实际费用，付款单据主要针对合同拆分、非合同拆分、待产生成本三类成本进行付款。

（二）费用项目成本分类

房地产企业的成本控制，主要是针对房地产企业的各类费用项目进行严格的控制与管理。为此，在系统中将费用项目分为八种成本类型：目标成本、预算成本、合同拆分、非合同拆分、待产生成本、动态成本、实际成本、结算成本。其中，合同拆分、非合同拆分、待产生成本三类属于拆分成本。其定义如表1-1所示。

表1-1 费用项目成本分类

序号	项目	定义
1	目标成本	用户根据实际需要自定义各类费用项目的目标成本，用于与实际成本的比较，以判断实际成本是否超过目标成本，从而分析原因，对各类成本进一步加强控制

续表

序号	项目	定义
2	预算成本	用户根据实际需要自定义各类费用项目的预算成本，用于判断动态成本是否超过预算成本，从而确定对各类成本的进一步调整与控制
3	合同拆分	将合同单据中的金额按明细费用（本系统费用项目的级次设为三级）项目进行拆分，统计计算各费用项目的合同拆分明细得到的金额
4	非合同拆分	将非合同单据中的金额按明细费用项目进行拆分，统计计算各费用项目的非合同拆分明细得到的金额
5	待产生成本	将待产生单据中的金额按明细费用项目进行拆分，统计计算各费用项目的待产生成本拆分明细得到的金额。通常用于处理一些不可预见的费用
6	动态成本	描述系统中随着各类经济业务发生而产生的不断变化的成本。动态成本是由"合同拆分+非合同拆分+待发生成本"计算得到的成本。在系统中严格控制每一费用项目的动态成本绝对不能超过其目标成本与预算成本
7	实际成本	由实际付款单据统计计算"付款产生额"得到的成本
8	结算成本	计算合同拆分明细、非合同拆分明细中对应的"所有合同造价性质为完全确定价且待产生成本为0的三级项目"的成本

合同单据、非合同单据、待产生成本单据输入并确认时，系统将立即计算出费用项目动态成本。如果费用项目的动态成本超过了其目标成本与预算成本，系统将出现提示，并拒绝确认。这时，只能通过调整目标成本与预算成本中相应费用项目的值才能确认相应的单据。付款单据输入并确认后，系统将计算出费用项目的实际成本。

（三）系统流程分析

成本控制管理信息系统的流程如图1-2所示。

对于房地产企业费用项目，一般大类有土地费用（土地出让金、拆迁安置费、土地整治费、税评估费等政策性收费）、前期工程费（三通一平[❶]、勘测及设计费、评估费、监理费）、基础设施费（会所、游泳池、球场、景观、道路、水室外管网、电室外管网、气室外管网、配电室、智能安保工程、环保工程、雨水及排污管网、其他基础设施）、栋内建筑安装费（栋内土建工程、栋内安装工程）、开发期税费（税务、建委、人防、规划部门、绿化部门、其他部门）、销售费用（策划及推广费、销售佣金、促销费用）、财务费用（资金成本、其他财务费用）、管理费用（业务招待、会议资料、物品及维修、交通通信、水电房租税费、员工福利）、不可预见费（新增项目、其他不可预见费）。房地产企业可根据自己企业的实际情况设定需要控制管理的费用项目。

（四）系统主要功能设计

房地产企业成本控制管理信息系统的主要功能如图1-3所示。

---

❶ 三通一平，即水通、电通、路通、场地平整。

图1-2 成本控制管理信息系统流程

图1-3 房地产企业成本控制管理信息系统主要功能

第三节 建立成本监控系统

房地产企业应根据自身的特点和管理体制,建立以管理监控、操作监控为中心的房地产成本监控系统。实行总经理领导下、项目经理负责、各职能部门具体实施的运行机制。同时各监控中心应树立全员成本意识,对房地产企业成本实行全过程监控。

成本监控系统包括四个方面,如图1-4所示。

图1-4 成本监控系统的组成

一、制度建设

根据管理的需要，房地产企业应制定完善包括以下几方面内容的成本管理制度并备案。

（1）成本管理责任制及监控程序。
（2）计划管理制度（包括指标、定额、考核管理办法）。
（3）招、投标管理制度。
（4）合同管理制度。
（5）工程（质量、进度、监理、现场、工程盘点、期工验收移交）管理制度。
（6）预决算（包括概算、设计变更、现场签证、结算、款项拨付）管理制度。
（7）费用控制制度。
（8）材料设备管理制度。

二、计划管理

（1）应根据项目开发的节奏，及时编制成本计划，并跟踪、检查、考核计划的执行情况：

① 开发产品成本计划（按完全成本口径）；
② 期间费用计划；
③ 降低成本技术组织措施计划。

（2）成本计划以设计概算、施工图预算、成本预测和决策为依据，综合考虑各种因素进行编制，做到目标明确、先进、可行，尽量数据化、图表化。

（3）应完善成本考核办法，确立成本降低率、费用节约额、项目投资回报率等成本考核指标。

三、分析检查

应定期对房地产企业成本的结构、差异及其原因、控制措施及其效果进行分析，以及时总结经验教训，做好下一步成本控制工作、分析的重点：

（1）计划及其执行情况；
（2）实际成本与预算成本、计划成本对比差异及其原因；
（3）分析成本控制措施、效果、存在问题及改进意见、对策；
（4）评价、结论与揭示。

四、信息交流

（1）应上报的常规性成本资料主要包括：
① 项目基本情况；
② 按规定应编报的成本核算报表；
③ 成本动态情况及其分析资料；
④ 当地政策性收费项目、内容、标准、依据及政策的适用期限、收费部门。

（2）按例外管理原则，对下列成本异常偏差及其处置办法，应随时上报：
① 当地有关法规政策的重大调整；
② 成本超降率占单项工程成本总额10%以上、占其本身预算成本或计划成本30%以上的项目、事件（包括停工、重大设计变更、计划外增减项目、现场签证、工程质量事故等因素影响造成的成本增减项目和事件）；
③ 合作条件更改；
④ 补交地价。

（3）应建立成本信息库，方便各分公司、各项目互相交流成本控制的经验教训。

第四节　成本档案管理系统

成本档案是指各房地产企业在项目开发过程中形成的与工程成本有关的且有保存价值的工程预算、工程合同、工程变更及现场签证、招投标、相关管理制度、成本数据库、成本管理软件内容、付款台账、图纸等应归档保存的各种纸面文件资料、电子文档以及其他与成本管理有关的图表、照片、录像录音、当地工程造价定额、造价信息等资料的总称。成本档案管理的工作内容包括对成本档案的收集、分类、编制、存档、查阅、保密及作废等方面的管理。

一、成本档案管理的要求

（一）成本档案必须具备真实性、统一性

成本档案必须真实、准确地记载公司成本管理活动过程中形成的内容；成本档案的各组成部分必须统一，不同载体（书面纸张资料、成本数据库、成本管理软件电子文档）上的同一文件资料的名称、编号、内容、数据等必须完全一致。

（二）成本档案必须具备可复查性

对于每个工程项目，应以合同为主线进行存档。首先，对于每份《工程合同文本》，必须把其"评定标审批表"或"议标、直接委托审批表""工程合同审批表""工程预、结算审批表"直接作为其附件，并合在一起存档，同时做好相互对应的编号链接标识。而后，将隶属该合同的其他有关工程预结算类、工程变更及现场签证类、工程招投标类文件资料也依次附后存档。

（三）成本档案必须具备安全性及对外保密性

成本档案实行统一归档、集中存放，不得将集团公司、部门的成本档案以个人名义保存在个人手中；严禁任何人未经公司、部门的批准，就以个人名义私自外借（复印或邮件发送等方式）集团或公司的成本文件资料或泄露成本管理方法、成本数据等行为。如有关人员换岗或离职，则必须及时做好资料的移交、回收及登记工作。

> **特别提示：**
>
> 成本管理应设一兼职档案管理员，该人员应具备档案基础理论知识，熟练掌握自己所负责的档案管理及相关业务，对工作认真负责、细致耐心。

二、成本档案的组成及其管理标准

成本档案（书面纸张资料）分为三类，即工程成本类、规范制度类、其他文件资料类。其中，工程成本类又分为工程合同类、工程预结算类、工程变更及现场签证类、工程招投标类。工程成本类在分类时，还要按不同的竣工项目、在建项目、不同的建设项目开发期数进行区分。

成本数据库及成本管理软件的内容也是成本档案的重要组成部分，不断充实和完善成本数据库以及持续应用和改进成本管理软件是成本管理部日常的重要工作。

以下介绍主要成本档案的组成及管理标准，如表1-2所示。

表 1-2　主要成本档案的组成及管理标准

类别	资料组成	管理要求
工程合同资料	（1）已竣工项目的完整的合同文本：前期合同（包括规划、设计、勘察、监理、造价咨询）、施工合同（包括建筑、安装、装饰、市政）、材料设备采购合同（包括材料采购、甲方付款乙方收货的三方合同、设备购买及安装）、园林环境合同（包括室外环境的设计、施工）、营销包装合同（包括样板间装修、户外广告牌制安、媒介广告设计、制作、宣传品设计、印刷）	（1）使用专用档案盒，按不同建设项目、不同开发期的单项工程的合同进行分类存档，档案盒上须注明编号并粘贴资料目录清单，资料目录清单中的合同部分采用成本管理软件中相应的合同清单（打印即可） （2）对每项工程，以合同为主线进行存档，每项工程的《工程合同文本》必须把其"评定标审批表"或"议标、直接委托审批表""工程合同审批表""工程预、结算审批表"作为附件，合在一起存档，同时做好相互对应的编号链接标识，以便于工作快速复查 （3）"工程合同审批表"统一印制固定格式，一式四联，第一联办公室存档，第二联工程管理部存档，第三联成本管理部存档，第四联项目部存档

续表

类别	资料组成	管理要求
工程合同资料	（2）正在开发项目的合同文本 （3）成本管理软件、成本数据库所包括的各类合同内容	（4）合同文本原件（包括合同文本、相关补充协议、合同审批表等）由公司总办保管，成本管理部应备有合同文本等资料的原件或复印件（复印件存档，需加盖总办的专用章以示确认）
工程预结算资料	（1）已竣工项目的完整的决算书、结算书、预算书、估算书、预结算审批表、工程结算协议清单（或承包方确认书）、付款台账、项目后评估报告等 （2）正在开发项目的估算书、预算书、结算资料、付款台账等 （3）成本数据库及成本管理软件所包括的目标成本、动态成本、预结算等内容	（1）以合同为主线进行每项工程预结算资料的归类存档，即每项工程的《工程合同文本》须把相关的预结算资料依次附后，合在一起存档，以便快速复查 （2）"工程预、结算审批表"统一印制成固定格式，一式三联，第一联办公室存档，第二联成本管理部存档，第三联工程管理部存档 （3）一份完整的工程预结算书应包括编制说明、分部分工程预结算表、工料分析、工程量计算表、计价依据 （4）计价依据包括材料价格（政府指导价格、市场价格、甲供材料、限价材料通知书）、施（竣）工图、图纸会审记录、工程变更签证的预算书、工程竣工验收资料、其他与工程结算相关的甲乙双方确认的协议等 （5）编制说明、分部分项工程预结算表、工料分析、工程量计算表合订成册；计价依据作为附件，可分职能部门、分类别进行保管，但计价依据资料也必须具备全面、快速复查的条件 （6）使用专用档案盒，并粘贴除合同目录清单之外的工程预结算补充资料目录备注清单 （7）不同载体（各书面资料、成本数据库、成本管理软件电子文档、光盘、服务器）的同一工程预结算资料的名称、编号、内容数据等必须完全一致 （8）对于项目竣工结、决算书，在完成其书面纸张资料归档保存的同时，还须将其电子文档刻录成光盘，或者在成本管理软件的基础资料设置中把项目竣工结、决算书的电子文档"打包"并上传至服务器，以方便保存与使用
工程变更与现场签证资料	（1）已竣工项目的完整的工程变更、现场签证资料 （2）正在开发项目的工程变更、现场签证资料	（1）以合同为主线进行每项工程预结算资料的归类存档，即每项工程的《工程合同文本》须把相关的工程变更及现场签证的资料依次附后，合在一起存档，以便快速复查 （2）"工程变更通知单""现场签证单"统一印制成固定格式，一式四联，第一联项目部存档，第二联施工单位存档，第三联成本管理部存档，

续表

类别	资料组成	管理要求
工程变更与现场签证资料	（3）成本管理软件、成本数据库所包括的工程变更、现场签证内容	第四工程管理部联存档（四联皆须盖有甲方的工程变更及现场签证专用章）；"工程变更通知单""现场签证单"统一进行编号 （3）使用专用档案盒，并粘贴除合同目录清单外的工程变更及现场签证的补充资料目录备注清单
工程招投标资料	（1）已竣工项目的完整工程招标资料（评定标评审表、招标文件、答疑记录、开标评标记录等）、工程投标资料（主要是中标单位的） （2）正在开发项目的工程招投标资料 （3）成本管理软件、成本数据库所包括的工程招标内容	（1）以合同为主线进行每项工程招投标资料的归类存档，即每项工程的《工程合同文本》须把相关的工程招投标资料依次附后，合在一起存档，以便快速复查。 （2）"评定标审批表"及"议标、直接委托审批表"统一印制成固定格式，一式三联，第一联办公室存档，第二联成本管理部存档，第三联工程管理部存档 （3）项目招投标资料（评定标评审表、招标文件、投标文件、承包商考察结果审批表、答疑记录、开标和评标的记录、相关会议纪要等）的收集、整理、归档、保管工作由工程管理部负责 （4）但评定标评审表（或议标及直接委托审批表）、中标单位投标文件中报价书、招标文件等作为工程预结算必要依据的招投标资料，成本管理部则应每项皆保存其原件或复印件
规范制度类文件	（1）国家及当地政府工程造价管理等有关部门颁发的与成本管理有关的规章制度、管理规范、通知、决定等文件资料 （2）集团总部颁发的与成本管理有关的规章制度、管理办法、操作指引、操作流程通知、决定等文件资料 （3）本公司及本部门制定的与成本管理有关的管理办法、实施细则、通知、决定、相关会议纪要等文件资料	（1）成本管理制度要求在公司网站的相应"管理制度"栏中存放（政府有关部门颁发的法规文件可除外），以便网上查询 （2）主要的、常用的成本管理制度的成本管理部打印一份，装订成册（活页形式，可及时更新）。以便书面查询、使用
其他文件资料	其他文件资料包括目标成本、有关设计阶段成本控制的资料、相关会议纪要、同行成本比较资料、工程造价分析、相关往来文件、当地工程造价定额、信息月刊、图集等工程造价有关专业书籍等	实行资料管理员专人负责，分类保管

三、成本档案的归档与立卷

（1）项目立项后，资料管理员即应制订该项目文件资料的收集整理工作计划，设定阶段性归档的时间，按照边工作边收集、整理、终结卷成的要求，就每个环节上形成的技术经济文件资料，随时加以收集，并存放于事先准备好档案盒中，以备整理。

（2）对工程造价影响较大的文件资料需原件存档，复印件存档须加盖公司相应资料主管部门的印章以示确认。

（3）在项目开发的过程中形成的与成本有关的文件资料均需统一归档、立卷，以合同为主线、以项目为单位进行立卷，一个项目的文件资料应立成一卷或数卷，一卷即装成一个档案盒。

（4）对卷内无页号的文件资料应逐页在有文字的资料的正面右下角用阿拉伯数字顺序编写页号，并在合适处标明案卷题名、案卷号、存档人及时间等。

（5）卷内文件资料的排列次序为：开发前的准备、主体建筑安装工程、社区管网工程、园林环境工程、配套设施工程类。

（6）每卷成本档案编号由部门统一拟定编号方案；各类档案必须固定存放在卷柜内，排列方法为自左至右，从上到下。

（7）对立好的案卷，成本档案管理员应定时进行检查，对不符合要求的应及时予以完善或返工。

四、成本档案的编目与装订

（1）卷内文件资料目录按卷内文件资料的排列顺序和内容并结合成本管理软件的相应内容进行编写，如表1-3所示。

表1-3　卷内文件资料编目

列	说明	备注
第一列	顺序号：以文件资料排列先后顺序逐件填写	
第二列	字号：填写文件资料制发部门的发文字号	
第三列	责任者：填写对文件资料的著名者	即对文件资料负有责任的部门和个人
第四列	题名：文件资料标题，没有标题或标题不能说明文件内容的可自拟标题	自拟标题加"[ ]"以示区别
第五列	日期：文件资料的形成时间	
第六列	页号：填写文件资料起止页号	

（2）档案案卷装订的基本要求：在建工程的档案做活页装订，已竣工工程的档案做固定页装订。装订时，去除文件上的金属物；破损和褪色的文件材料，应进行修补或复制；文件资料应使用A4大小纸张，装订部分过窄或有字的，用纸加宽装订；纸面小的，加贴在标准的A4纸上；卷内文件资料，一般以不超过200页为宜，超过的可根据文件资

料内容的阶段性分卷装订；装订要牢固、整齐、美观，装订时文件的右边和下边要取齐，不丢页、不压字、不损坏文件、不妨碍阅读；文件资料字迹难以辨认的，应附抄件并加以说明。

五、成本档案的保管与使用

（1）归集、接收成本档案，档案管理员必须认真检验，并办理好登记、交接手续。

（2）成本档案要求集中存放于部门档案柜，由档案管理员管理，部门各职员手中只能持有正在处理的文件资料。

（3）成本档案保管必须做到七防，即防火、防盗、防光、防潮、防尘、防有害生物、防污染。

（4）保存期在10年之内的成本档案原则上不能作废，须保存；保存期超过10年的成本档案如需销毁，须经公司及总部的主管部门、领导批准。

（5）对易褪色、易磨损的图纸、材料等，档案员要进行定期检查和修补，对借阅次数频繁、易损的案卷，可制作副本借阅，以加强对正本的保存。

（6）为维护成本档案的真实性与安全性，任何人未经批准，不得擅自涂改成本档案；每天下班要锁好档案柜。

（7）如因工作需要，公司内有关部门或人员借用成本档案时，须填写"成本档案借阅登记表"，经部门或公司负责人（一般由成本管理部经理批准，重要档案的借阅还应得到成本管理部主管副总的批准）批准后方可借阅；档案管理员负责档案的借阅经办工作，办理档案借阅的登记手续，在借阅人归还档案时，还应负责检查档案的完好情况，借出的文件资料由档案管理人员负责及时收回并检查完整情况，如发现遗失，需在"成本档案借阅登记表"的备注栏加以注明，追究借阅者责任。

（8）在与公司之外进行学习交流时，在维护成本档案的机密性的同时，还要注意双方应进行对等交流。

（9）公司正常开展的审计、工作检查，则成本管理部须全力配合，并做好资料借阅的登记、回收工作。

（10）应建立成本档案台账，以记载档案收进、发出、保管、利用情况及兼职档案管理人员的变动情况，档案人员还要做好统计工作，统计数据以原始数据为准，以便输入计算机，充分利用计算机进行工程成本档案的辅助管理。

（11）房地产企业成本管理部务必严格执行本管理办法，在执行过程中，如与实际情况有不适合之处，各公司成本管理部可根据实际情况做修改的请示，报财务管理部成本组核实，经分管领导批准后方可实施。

> **特别提示：**
>
> 点工和零工是建筑施工行业常用语，即酬劳的一种计算方法，就是按时间计算收费，一般以天为单位。

【实战范本1-03】

成本档案借阅登记表

表格生效期：　　年　　月　　日　　　　　　　　　　　　　　　序号：

借阅日期	借阅部门/人	文件资料名称	数量	借阅期限	借阅用途	档案管理员	审批人签名	归还日期	归还人签名	备注

第二章
目标成本管理体系

> **引言**
>
> 目标成本是企业在特定时期内为保证预期利润的实现,并作为全体企业员工奋斗的目标而设定的一种预计成本,它是预测成本与目标管理方法相结合的产物,也就是将成本控制作为工作的目标。目标成本的表现形式很多,如计划成本、承诺成本、预期成本或利润成本等。目标成本是指在保证某项产品获得要求预期利润条件下允许该产品所发生的最高成本数据。
>
> 目标成本和目标成本管理两者之间是辩证统一的关系。目标成本是目标成本管理的实施对象和预期目标,目标成本管理是达到和实现目标成本的方式及方法。缺乏目标成本的确定编制、规划管理和过程控制,目标成本的实现便成为空谈。

第一节 目标成本管理概述

目标成本法的基本思想是制定目标成本,将目标成本按规范的成本结构树层层分解,再通过将预算计划落到部门与行动上,把目标变成可行性的行动计划,并在执行过程中把实际结果与目标进行对比分析,找出差距,分析原因,制定改进措施,使成本控制在预算范围之内。

一、目标成本管理的基本原理

目标成本管理法是一种以目标导向为核心的成本管理方法,通过实际需要规划出生产新产品所需的全部目标成本,并将其分解到每个产品上,形成单个产品的目标成本,最后由设计部门比较预期目标成本与现有条件下实际产生的生产成本,寻求出降低实际成本的途径,并进行改革和绩效考核的一种经营管理方法。对于企业目标成本管理,必须明确企业成本目标,然后采取科学、合理、有效的控制策略,对企业成本进行有序控制。由于目标成本占据企业管理的重要位置,成本管理应在最大限度上挖掘潜在的产能,制定科学有效的目标成本指数，降低生产成本，控制企业的预算，最终实现成本目标得到控制，以保证企业的经济利益，实现一定的社会效益。

二、目标成本管理的原则

目标成本管理过程是关于利润与成本的战略体系，并确保获得适当的利润。目标成本管理的实施应遵循如图2-1所示的原则，对于房地产企业来说，一样适用。

图2-1　目标成本管理的五大原则

三、目标成本管理流程

很多国内外的应用目标成本管理效果显著的企业，它们基本遵循了目标成本管理的基本原理，根据企业自身情况，采取了各自形态和特色的方式。由于企业的性质、行业、工艺特点、管理能力等方面不同，完全形成一个具体一致的成本目标是不可能的，但是，所有企业采用的管理基本原理和流程基本相同，如图2-2所示。

1.目标成本预测与形成

根据实际提出可行性研究方案，相关执行者共同协作，根据市场行情和同类项目历

图2-2 目标成本管理流程

史资料对产品的目标成本进行预测。目标成本需要不断调整收入、利润、成本三者之间的关系，制定出合理可行的目标成本。

2. 目标成本分解落实

目标成本的分解分纵向与横向分解两种，纵向分解是根据产品的设计生产过程，按照相应的成本核算科目逐级分解产品构成成本；横向分解是在纵向分解的基础上，按照企业各业务部门和管理职能的分工，将目标成本纵向分解的最末级科目能够分解落实到每个相应的责任主体。

3. 目标成本审核与定稿

目标成本经过纵向和横向分解以后，管理者要对分解的结果是否合理进行审核确认，各级管理者审批之后要以最高管理者的名义下达给每个责任主体，从而建立责任主体的责任成本。

4. 目标成本执行与修订

房地产企业目标成本的执行要点如图2-3所示。

要点一：在项目实施过程中，各部门应及时反映项目成本的动态情况，由成本管理部每月出一份《项目动态成本月评估》，包括各成本项目的变化情况表，并说明原因，提出成本控制的建议

要点二：《项目动态成本月评估》应包括"变更签证统计表"和"项目动态成本信息表"，并作为《成本信息月报》的部分内容，在完成后的三日内报财务部成本审算中心

要点三：如在月内出现影响成本50万元以上的重大事项，变化发生的责任部门应及时向成本部提供相关资料，成本部及时计算相应成本变化金额和原因，向公司总经理和分管领导汇报

图2-3

| 要点四 | 在合同审批时，即时揭示施工合同和材料采用合同的造价与目标造价的对比概况；反映营销广告合同、园林环境合同的额度使用情况；设计变更和现场签证应做到一单一算，月结月清 |

| 要点五 | 项目结算完成后或者年度成本管理工作总结时，应按照《目标成本控制责任书》对相关责任部门进行评估，并提交公司管理层作为业绩考核的依据之一 |

| 要点六 | 工程项目结算后，应按目标成本科目分类，总结各成本项目的造价指标和技术经济指标，并按照"成本数据库"的格式要求，录入数据库或整理成标准格式的 Excel 数据表作为新项目测算、结算初步审核的依据 |

| 要点七 | 项目结算完成后，应分析项目的主要材料用量，为相似工程的限额设计提供经验数据 |

图 2-3　房地产企业目标成本的执行要点

5. 目标成本分析

定期的成本分析可以及时发现目标成本管理过程中的各种问题，并及时提出解决问题的方案，进而有效地对成本进行控制，也为企业的可持续发展提供宝贵的成本数据库。同时合理的成本分析也是下一步绩效考核的客观依据。成本分析工作应贯穿于目标成本管理工作的全过程，使其成为目标成本控制的重要工具。

目标成本的修订。在房地产企业，施工图确定后的测算稿为最终目标成本，除规划条件、政府政策、市场环境有重大改变外不得修订。一般改变作为正常的成本动态变化在《项目动态成本月评估》中反映即可。

工程施工和销售过程中，如果售价、成本发生较大变化时（对利润影响达2%），应对目标成本进行修订，并报公司总经理批准，同时须报给财务部成本预算中心备案。

6. 目标成本核算与反馈

目标成本在执行过程中要对各成本主体的实际变动成本情况进行详细核算，核算后的结果就是进行目标成本控制、分析以及考评的重要依据。成本信息的反馈指的是把动态实际产生成本的信息按照一定周期、相应格式，及时、准确地反馈给每个责任主体，促使每个责任主体根据已产生成本情况对待产生成本进行合理的调整，这样才能保证实际产生成本在目标成本控制范围内。

四、目标成本管理的文件

（一）目标成本文件的内容

目标成本文件分为目标成本测算表、目标成本控制责任书和动态成本月评估表三个部分，如表2-1所示。

表 2-1 目标成本文件的内容

序号	文件名	说明
1	目标成本测算表	目标成本测算表可反映项目的总目标成本和分项目标成本的金额。建设项目的总目标成本是建设项目成本的控制线，由各分项目标成本组成。各分项目标成本包括各专业工程造价指标及各种费用指标
2	目标成本控制责任书	目标成本控制责任书是对各项目费用的责任部门及其主要职责的说明，包括控制内容、控制要点和手段，需要注意的已完工程的失败教训
3	动态成本月评估表	动态成本月评估表反映各成本项目的动态变化情况，分析原因，提出成本控制建议

（二）目标成本文件制定的步骤及时间要求

1. 项目定位阶段

在投资分析和概念设计阶段，根据可行性研究报告，以及营销、设计、成本、工程、财务等相关部门互动讨论确定的项目定位，完成项目定位阶段的全成本测算。确定各项费用的计划金额，包括设计、报建、环境配套、营销费等，并向各费用的负责部门交底达成一致，作为各部门的工作目标。主体建筑安装费以设计部编制的"建设项目综合经济技术指标表"为依据，在5个工作日内完成，并根据测算基础，提出实施方案设计阶段的成本控制目标、措施或建议，形成《方案设计阶段的成本控制建议》，以此指导实施方案的造价控制。

2. 实施方案阶段

实施方案确定后5个工作日内，对项目成本测算表进行细化和修订。根据各相关部门的工作现状和计划，对设计、报建、营销等费用进行分析或修正。建筑安装费的控制在主要材料设备选型确定后，需增加主要材料设备的目标成本分析。结合设计院的承诺明确各产品类型的限额设计指标（如钢筋、混凝土含量等），形成《施工图设计阶段的成本控制建议》，作为《设计任务指导书》的一部分发给设计院作为施工图设计阶段造价控制的依据。

3. 施工图预算阶段

施工图完成后15个工作日内，对目标成本测算表全面进行细化和修订，作为最终的目标成本，并按已完成的经验和责任成本体系的要求，编制正式的《目标成本控制责任书》，以此指导招标、施工、采购等业务活动中的成本费用使用与管理。

（三）目标成本文件的编制

1. 目标成本测算表的编制要求

目标成本测算必须应用统一测算表格，并体现量价分离的原则。

（1）目标成本的制定以项目的规划指标、建造标准以及各部门共同确定的销售交楼标准为基础，目标成本测算表必须附详细的产品建造标准及部品标准（施工图预算阶段）说明书。

（2）成本测算表中各成本项目的工程量，应根据已竣工的相似工程的结算分析得出的关联系数，由项目规划的基本指标（如建筑面积、基底面积、户数、单元等）推算得出，如按"窗地比"推算门窗面积，按基底面积推算屋面面积。施工图预算完成后成本测算表中的工程量，应是按图实际计算的结果。

（3）成本测算表中的单价应根据项目定位、交楼标准、图纸要求按当地工程造价计算依据、市场行情计算得出，如是参照已结算工程的单价，需注明参考数据的来源和依据。

（4）项目定位和目标成本测算是一个互动的决策过程，需要设计、营销、工程、成本等相关部门反复沟通，标准是满足品质要求的性价比最大化。在本过程中可使用价值功能分析法得到最优的方案。

（5）施工图预算完成后，应对"目标成本测算表"中材料设备的品质有准确的描述，且应与楼盘的定位相适应，能提供品牌和图片说明为最佳。

（6）投资分析和实施方案阶段的成本测算的量价分析标准不明确时，可以根据已结算工程的经验直接填写可售面积单方成本或总金额，但需注明参考依据。

（7）各阶段的成本测算应有明显的可对比性，即后阶段的测算与标准不一致的地方应有充分的依据和说明，原则是偏差不应太大。

2. 目标成本控制责任书的编制要求

目标成本控制责任书是目标成本管理的指导性文件，与设计任务管理指导书、工程管理指导书等互相补充，共同构成项目经营指导书的内容。

目标成本控制责任书的制定，应按照《责任成本管理体系》要求，明确成本产生各阶段的控制内容、控制原则、责任部门等。

目标成本控制责任书应包含许多内容，如表2-2所示。

表2-2 目标成本控制责任书的内容

序号	内容项目	内容明细
1	项目概况	总规划指标，分期规划指标，工程概况
2	地价成本控制	目标、责任部门、控制手段和要点
3	开发前期准备费用控制	目标、责任部门、控制指标、控制手段和要点
4	主体建筑安装、社区管网、配套设施费的控制	目标、责任部门、控制指标、控制要点，已完工程的失败教训总结，还应包括材料的供应方式及供应商的选择要求
5	园林环境工程及样板间、卖场装修费用的控制	目标、责任部门、控制要点
6	开发间接费的控制	目标、责任部门、控制指标、控制手段和要点，包括营销费、资本化利息、物业基金等的控制

续表

序号	内容项目	内容明细
7	营销费的控制	包括开发间接费中的营销设施建造费和期间费用中的销售费用。营销设计建造费额度的确定及实施过程，均需要设计、营销部门的密切配合，兼顾效果与成本的平衡。特别是卖场和样板间装修，在总额确定后，由设计部负主要控制责任，并将样板房装修费用的销售收回率作为成本控制的考核指标之一。销售费用应结合推盘计划，于项目定位完成后制订投放时间和费用额度计划

目标成本控制责任书由成本管理部负责编写，初稿完成后应反馈到设计部、工程部、营销部、项目经理部、项目开发部、财务部等各职能部门讨论、修改，达成一致后由各部门第一负责人签字确认，总经理签发执行。

【实战范本2-01】▶▶▶

项目开发部成本控制责任书

一、主要作业目标

（1）严格按照土地出让合同约定控制付款节奏和金额。

（2）根据项目开发计划按时完成项目报批报建工作，按计划、尽早获得规划许可证、施工许可证及预售许可证。

（3）按政府规定、协议约定缴纳各种报建费用，并争取最大限度的优惠和减免。

（4）根据本部门年度费用预算计划控制管理费用。

二、作业时间目标

序号	工作内容	时间	
		开始	完成
1	取得土地证		
2			
3			

三、成本目标

项目开发部除完成上述主要作业目标外，为满足公司经营管理的需要，还需完成如下成本目标。

1.作业成本

项目开发部为完成项目的报批、报建以及地价支付而消耗的成本，是项目开发部独自控制的责任成本，包括内容如下表所示。

项目	作业量	单位	单价	总费用	备注
总计					
一、开发前期准备费					
1.报批、报建费					
政府综合报建费		平方米			建筑面积
人防易地建设费		平方米			建筑面积
白蚁防治费		平方米			建筑面积
图纸审查费		平方米			建筑面积
消防审查费		平方米			建筑面积
教育基金		平方米			建筑面积
新墙体材料保证金		平方米			建筑面积
散装水泥保证金		平方米			建筑面积
卫生防疫审查费		平方米			建筑面积
工程招投标管理费					主体建筑安装费
招投标代理服务费					主体建筑安装费
合同鉴证管理费					主体建筑安装费
项目环境影响评测费		项			
标底编制审查费					主体建筑安装费
规划执照费					概算成本
劳保统筹费					主体建筑安装费
城市生活垃圾服务费		平方米			建筑面积
污水处理费		平方米			建筑面积
其他报批、报建费					
2.增容费					
供电贴费		平方米			建筑面积
水增容费		平方米			建筑面积
煤气增容费		户数			
二、作业时间成本					从签订土地合同到获得土地证,每天时间成本按"资本化利息总额/总作业时间"计算
三、管理费用					
工资及福利					
行政及财务费用					
其他					

注:作业时间成本计算中,总作业时间为从签订土地合同到竣工入伙的时间,部门作业时间成本=单位时间成本×部门作业时间。成本测算时采用计划作业时间,动态结算或结算时采用实际作业时间。

2. 牵头控制成本

项目开发部负责组织设计部、工程部、项目经理部、成本管理部、营销管理部等相关部门进行控制的产品实体成本，包括内容如下表所示。

项目	作业量	单位	单价	总费用	备注
总计					
1.政府地价及市政配套费					
2.合作款项					
3.红线外市政设施费					
4.拆迁补偿费					

四、控制要点

（1）充分利用公司知名度和信誉，在不违反公司原则的条件下力争各项费用的减免。

（2）对大额款项争取延迟支付以降低资金成本。

（3）报批、报建工作应争取与其他工作同步开展，避免成为唯一的关键线路。

五、资金计划

应根据成本目标，合理安排本部门的资金（付款）计划，为公司的现金流管理提供支持。

费用名称	费用额度/万元	资金计划/万元				
		××××年×季度	××××年×季度	××××年×季度	××××年×季度	××××年×季度
土地成本						
报批报建费						
管理费用						
总计						

重要提示：

以上作业成本与牵头控制成本归属为项目开发部责任成本管理范围，基本控制在目标成本范围之内，并在保证作业目标的前提下力求降低。成本管理部参与公司各项成本决策，制定成本目标并反馈动态信息，并有责任为各部门成本管理工作提供支持，请本部门及时向成本管理部通报成本决策信息和动态成本信息。财务管理部着重对报批、报建费和管理费用等非合同性成本和资金计划等进行管理，请及时反馈和沟通。

【实战范本2-02】

设计部成本控制责任书

一、主要作业目标

（1）组织实施设计阶段的方案优化，使设计方案具有更大的经济合理性。
（2）在目标成本范围内实行景观限额设计。
（3）依据项目开发计划按时完成图纸设计，保证出图质量。
（4）按制度办理设计变更，设计变更造价不得超过合同造价的2%，为____万元。
（5）准确核算项目销售面积。
（6）根据本部门年度费用预算计划控制管理费用。

二、工作时间目标

序号	工作内容	时间	
		开始	完成
1	规划设计		
2	实施方案		
3	施工图设计		
4			

三、成本目标

设计部除完成上述主要作业目标外，为满足公司经营管理需要，还需完成如下成本目标。

1.作业成本

设计部为完成项目的方案与施工图设计而消耗的成本，是设计部独自控制的责任成本，包括内容如下表所示。

项目	作业量	单位	单价	总费用	备注
总计					
一、开发前期准备费					
1.规划设计费					
建筑方案设计费		平方米			设计面积
施工图设计费		平方米			设计面积
环境设计费		平方米			设计面积
会所设计费		平方米			设计面积，含规划、施工图、周边环境、装修

续表

项目	作业量	单位	单价	总费用	备注
样板间装修设计费		平方米			设计面积
模型制作费、晒图费		平方米			设计面积
售楼中心设计费		平方米			设计面积
社区管网设计费		平方米			设计面积,如属政府垄断工程,归入社区管网工程费
2.建筑研究用房					
二、作业时间成本					从获得土地证到主体施工图完成,每天时间成本按"资本化利息总额/总作业时间"计算
三、管理费用					
工资及福利					
行政及财务费用					
其他					

注:作业时间成本计算中,总作业时间为从签订土地合同到竣工入伙的时间,部门作业时间成本=单位时间成本×部门作业时间。成本测算时采用计划作业时间,结算时采用实际作业时间。

2.牵头控制成本

设计部负责组织工程部、项目经理部、成本管理部以及营销管理部等相关部门进行控制的产品实体成本,包括内容如下表所示。

项目	作业量	单位	单价	总费用	备注
总计					
一、主体建筑安装工程设计变更					
二、主体建筑工程费					
1.公共部位精装修					
大堂精装修					
楼梯间精装修					
屋面精装修					
外立面精装修					
电梯厅精装修					
单元入口精装修					
外墙外保温					

续表

项目	作业量	单位	单价	总费用	备注
栏杆					
2.室内装修					
厨房装修					
卫生间装修					
厅房装修					
阳台露台地面					
三、园林环境工程费					
1.绿化建设费					
公共绿化		平方米			绿化面积
组团绿化		平方米			绿化面积
私家花园绿化		平方米			绿化面积
2.建筑小品					
花坛、假山小品					
雕塑					
水景					
3.道路广场建造费					
普通车行道		平方米			建造面积
硬质铺装车行道		平方米			建造面积
广场及人行道		平方米			建造面积
4.围墙建造费					
5.室外照明					
6.室外零星设施					
四、配套设施费					
游泳池		平方米			建造面积
会所		平方米			建筑面积
幼儿园		平方米			建筑面积
学校		平方米			建筑面积
设备用房		平方米			建筑面积
球场		平方米			建造面积
车站		平方米			建筑面积

四、控制要点

（1）加强前期总体方案的优化工作，充分考虑同各专业的协调。

（2）考虑设计变更量较大的因素，景观设计成本限额应控制在目标成本的一定范围内。

（3）控制不计容积率面积的比例，合理配置配套设施。

（4）在保证工程质量、效果、品质的基础上考虑装修做法及选材的经济性。

（5）施工图设计单位的选择建议采用招标方式，并将结构指标作为评价的重要指标。

（6）施工图出图时间和质量需满足工程量清单招标要求。

（7）设计变更应在施工前尽早提出，减少拆除工程的费用。

（8）准确计算销售面积并与政府部门核对。

五、资金计划

设计部应根据成本目标，合理安排本部门的资金（付款）计划，为公司的现金流管理提供支持。

费用名称	费用额度/万元	资金计划/万元				
		××××年×季度	××××年×季度	××××年×季度	××××年×季度	××××年×季度
规划设计费						
建筑研究用房						
管理费用						
总计						

重要提示：

以上作业成本与牵头控制成本归属为设计部责任成本管理范围，基本控制在目标成本范围之内，并在保证作业目标的前提下力求降低。成本管理部是公司整体成本管理部门，参与公司各项成本决策，制定成本目标并反馈动态信息，并有责任为各部门成本管理工作提供支持，设计部及时向成本管理部通报成本决策信息和动态成本信息。财务管理部着重对管理费用等非合同性成本和资金计划等进行管理，请及时反馈和沟通。此外，设计部还应积极配合项目开发部完成规划和施工图的报批工作，配合工程部完成材料、设备的选样（型）工作，配合项目经理部完成零星工程设计工作。

【实战范本2-03】

工程部成本控制责任书

一、主要作业目标

（1）开展结构方案优化，控制结构指标的经济性，钢筋含量控制在____千克/平方米以内；混凝土含量控制在____立方米/平方米以内。

（2）按金额统计，工程合同招标率不低于90%，总包工程量清单招标率不低于65%，其中费率招标范围为____，清单招标范围为____。

（3）确保招标工作公开、公平、公正，获得性价比最高的材料和施工单位。

（4）发展扩大合格供应商队伍，确保招标的充分竞争。多标段同时发标时，总体中标率不高于50%。

（5）组织相关部门进行材料选样、定样，控制在成本目标以内。

（6）根据本部门年度费用预算计划控制管理费用。

二、工作时间目标

序号	工作内容	时间	
		开始	完成
1	工程量清单招标		
2			
3			

三、成本目标

工程部除完成上述主要作业目标外，为满足公司经营管理的需要，还需完成如下成本目标。

1. 作业成本

工程部为完成部门工作而耗费的成本，是工程部独自控制的责任成本，包括内容如下表所示。

项目	作业量	单位	单价	总费用	备注
总计					
一、工程管理费					
工程质量监督费					
安全监督费					
工程保险费					
外聘专家进行图纸优化					

续表

项目	作业量	单位	单价	总费用	备注
二、作业时间成本					
三、管理费用					
工资及福利					
行政及财务费用					
其他					

注：作业时间成本计算中，总作业时间为从签订土地合同到竣工入伙的时间，部门作业时间成本＝单位时间成本×部门作业时间。成本测算时采用计划作业时间，动态结算或结算时采用实际作业时间。

2. 牵头控制成本

工程部负责组织设计部、项目经理部、成本管理部以及营销管理部等相关部门进行控制的产品实体成本，包括内容如下表所示。

项目	作业量	单位	单价	总费用	备注
总计					
一、结构经济指标					
钢筋含量		千克/平方米			
混凝土含量		立方米/平方米			
二、材料采购成本					
外墙涂料		平方米			展开面积
内墙涂料		平方米			展开面积
外墙保温		平方米			保温面积
外墙面砖		平方米			展开面积
空调百页		平方米			展开面积
屋面瓦		平方米			屋面面积
雨水管		米			长度
信报箱		户			户数
小院灯		盏			数量
公共部位地面		平方米			地面面积
小院门		樘			数量
公共部位楼梯栏杆		米			长度
阳台栏杆		米			长度
私家花园栏杆		米			长度

续表

项目	作业量	单位	单价	总费用	备注
单元门		樘			单元数
入户门		樘			户数
户内门		樘			房间数
窗、阳台门		平方米			门窗面积

四、控制要点

（1）发展扩大供应商队伍，并进行评估和分级，确保每次招标都能得到充分的竞争。

（2）定期分析统计工程合同招标率、工程清单招标率、定标方式比率和中标率。

（3）组织设计单位、相关部门或外请专家进行各项工程的方案优化，重点关注基础类型、结构形式和结构布置，确保各项经济指标控制在集团平均以下。

（4）积极进行新材料和新工艺的发掘及应用。

五、资金计划

工程部应根据成本目标，合理安排本部门的资金（付款）计划，为公司的现金流管理提供支持。

费用名称	费用额度/万元	资金计划/万元				
		××××年×季度	××××年×季度	××××年×季度	××××年×季度	××××年×季度
管理费用						
总计						

重要提示：

以上作业成本与牵头控制成本归属为工程部责任成本管理范围，基本控制在目标成本范围之内，并在保证作业目标的前提下力求降低。成本管理部是公司整体成本管理部门，参与公司各项成本决策，制定成本目标并反馈动态信息，并有责任为各部门成本管理工作提供支持，工程部及时向成本管理部通报成本决策信息和动态成本信息。财务管理部着重对工程管理费、管理费用等非合同性成本和资金计划等进行管理，请及时反馈和沟通。

【实战范本2-04】▶▶▶

项目经理部成本控制责任书

一、主要作业目标

（1）按制度办理现场签证，现场签证造价不得超过合同造价的1%，为____万元。

（2）根据工程实际情况展开施工方案优化，力求成本节约。

（3）提高工程质量，加入后一年内因工程质量造成的维修、赔偿费用不得超过____元/平方米。

（4）根据本部门年度费用预算计划控制管理费用。

二、工作时间目标

序号	工作内容	时间	
		开始	完成
1	基础施工		
2	主体结构		
3	竣工备案时间		
4			

三、成本目标

项目经理部除完成上述主要作业目标外，为满足公司经营管理的需要，还需完成如下成本目标。

1.作业成本

项目经理部为完成工程施工、确保工程质量和工期而消耗的成本，是项目经理部独自控制的责任成本，包括内容如下表所示。

项目	作业量	单位	单价	总费用	备注
总计					
一、开发前期准备费					
1.勘察丈量费					
测绘					
文物古迹勘探					
初勘					
详勘					
施工放线					
竣工测量					

续表

项目	作业量	单位	单价	总费用	备注
2."三通一平"费					
临时道路					
临时用电					
临时用水					
场地平整					
3.临时设施费					
临时围墙					
临时办公室					
临时场地占用					
临时围板					
二、工程管理费					
工程监理					
施工合同外奖金					
三、作业时间成本						从工程定标到具备开盘条件开盘之日，每天时间成本按"资本化利息总额/总作业时间"计算
四、管理费用					
工资及福利					
行政及财务费用					
其他					

注：作业时间成本计算中，总作业时间为从签订土地合同到竣工加入的时间，部门作业时间成本=单位时间成本×部门作业时间。成本测算时采用计划作业时间，动态结算或结算时采用实际作业时间。

2.牵头控制成本

项目经理部负责组织设计部、工程部、成本管理部以及营销管理部等相关部门进行控制的产品实体成本，包括内容如下表所示。

项目	作业量	单位	单价	总费用	备注
总计					
一、主体建筑安装工程现场签证					
二、社区管网工程费					

续表

项目	作业量	单位	单价	总费用	备注
1.室外给排水系统费					
室外给水系统		平方米			建筑面积
雨污水系统		平方米			建筑面积
2.室外采暖系统费					
管道系统		平方米			建筑面积
热交换站		平方米			建筑面积
锅炉房		平方米			建筑面积
3.室外燃气系统费					
管道系统		平方米			建筑面积
调压站		平方米			建筑面积
4.室外电气及高低压设备费					
高低压配电设备及安装		平方米			建筑面积
室外强电管道及电缆敷设		平方米			建筑面积
室外弱电管道埋设		平方米			建筑面积
5.室外智能化系统费					
停车管理系统		平方米			建筑面积
小区闭路监控系统		平方米			建筑面积
周界红外防越		平方米			建筑面积
小区门禁系统		平方米			建筑面积
电子巡更系统		平方米			建筑面积
电子公告屏		平方米			建筑面积

四、控制要点

（1）对现场的施工条件做详细调查，保证地质勘查科学准确，优化施工方案与施工做法。

（2）合理安排好主体建筑安装工程、社区管网、景观工程的施工顺序，保证合理连接，有充分的时间进行清单招标。

（3）临时实施应考率永久化或长期重复利用，避免短期内重复性建设造成成本浪费。

五、资金计划

项目经理部应根据成本目标，合理安排本部门的资金（付款）计划，为公司的现金流管理提供支持。

费用名称	费用额度/万元	资金计划/万元				
		××××年×季度	××××年×季度	××××年×季度	××××年×季度	××××年×季度
勘察丈量费						
"三通一平"费						
临时设施费						
主体建筑工程费						
主体安装工程费						
社区管网工程费						
园林环境工程费						
配套设施费						
工程管理费						
管理费用						
总计						

重要提示：

以上作业成本与牵头控制成本归属为项目经理部责任成本管理范围，基本控制在目标成本范围之内，并在保证作业目标的前提下力求降低。成本管理部是公司整体成本管理部门，参与公司各项成本决策，制定成本目标并反馈动态信息，并有责任为各部门成本管理工作提供支持，项目经理部及时向成本管理部通报成本决策信息和动态成本信息。财务管理部着重对管理费用等非合同性成本和资金计划等进行管理，请及时反馈和沟通。此外，项目经理部还应积极配合工程部进行工程招标和供应商评估工作，配合成本管理部完成项目结算工作。

【实战范本2-05】▶▶

营销管理部成本控制责任书

一、主要作业目标

（1）根据营销计划按项目、年度分别编制营销费用计划，项目整体营销费用最高不得超过销售收入的3%，本期营销费用额度____万元，最高不得超过本期销售收入的____%。

（2）定期进行营销费用分析，使营销费用的支出与项目销售节奏相匹配，开盘前营销费用使用不得超过本期营销费用额度____%。

（3）营销设施的设计、建造、装修及部品采购必须实行招标或询价议价的方式。

（4）样板房装修工程按照不低于70%标准价收回。样板房设计费及物品按照不低于50%标准价收回。

（5）提高销售回款率加速资金周转，合同签约一个月内回款率不低于90%。

（6）根据本部门年度费用预算计划控制管理费用。

二、工作时间目标

序号	工作内容	时间	
		开始	完成
1	市场定位		
2	销售展示区实施时间		
3	销售开盘时间		
4			

三、成本目标

营销管理部除完成上述主要作业目标外，为满足公司经营管理的需要，还需完成如下成本目标。

作业成本：营销管理部为确保项目的销售按照经营计划的要求完成而消耗的成本，是营销管理部独自控制的责任成本，包括内容如下表所示。

项目	作业量	单位	单价	总费用	备注
总计					
一、营销设施建造费					
广告设施及发布					
现场包装					
接待厅装修装饰					
样板间					
销售模型					
二、营销费用					
1.广告费用（媒体）					
广告公司设计					
户外广告牌					
电视媒体拍摄发布					
现场包装					
2.销售道具					

续表

项目	作业量	单位	单价	总费用	备注
外卖场租用					
营销活动					
促销活动					
3.销售代理费及佣金					
中介策划及咨询					
总产权登记					
4.分户产权转移登记费					
5.房屋交易费及其他					
宣传资料及礼品					
销售人工					
看楼交通					
三、物业完善费					
四、作业时间成本					从具备开盘条件之日到销售回款金额达到收回成本，每天时间成本按"资本化利息总额/总作业时间"计算
五、管理费用					
工资及福利					
行政及财务费用					
其他					

注：作业时间成本计算中，总作业时间为从签订土地合同到竣工入伙的时间，部门作业时间成本＝单位时间成本×部门作业时间。成本测算时采用计划作业时间，动态结算或结算时采用实际作业时间。

四、控制要点

（1）营销费用计划应考虑全面、编制详细，分期（月、阶段）按计划使用，与销售进度保持协调。

（2）营销中心、样板间、广告牌、围板等营销设施根据需要设置，对营销有促进作用，不得盲目、重复建造。

（3）居家示范物品和现场销售设施最大限度回收组合利用。

（4）发售前，应组织设计、工程和成本人员拟订详细的"销售承诺事项清单"，防止因销售承诺增加公司投入。

五、资金计划

营销管理部应根据成本目标，合理安排本部门的资金（付款）计划，为公司的现金流管理提供支持。

费用名称	费用额度/万元	资金计划/万元				
		××××年×季度	××××年×季度	××××年×季度	××××年×季度	××××年×季度
营销设施建造费						
营销费用						
物业完善费						
管理费用						
总计						

重要提示：

以上作业成本与牵头控制成本归属为营销管理部责任成本管理范围，应努力控制在目标成本范围之内，并在保证作业目标的前提下力求降低。成本管理部是公司整体成本管理部门，参与公司各项成本决策，制定成本目标并反馈动态信息，并有责任为各部门成本管理工作提供支持，营销管理部及时向成本管理部通报成本决策信息和动态成本信息。财务管理部着重对除营销设施建造费用以外营销费用、物业完善费、管理费用非合同性成本和资金计划等进行管理，请及时反馈和沟通。

【实战范本2-06】▶▶▶

成本管理部成本控制责任书

一、主要作业目标

（1）提供准确合理的项目目标成本测算。

（2）按月进行动态成本评估，准确分析成本动态信息并向公司管理层和相关部门通报。

（3）根据公司经营目标、项目目标成本组织实施全方位、全过程项目成本管理，对项目成本总体控制负责，结算成本不得超过目标成本____%（即目标成本变动率____%）。

（4）工程合同结算准确率不低于99%。

（5）根据本部门年度费用预算计划控制管理费用。

二、工作时间目标

序号	工作内容	时间	
		开始	完成
1			
2			
3			
4			

三、成本目标

成本管理部除完成上述主要作业目标外,为满足公司经营管理的需要,还需完成如下成本目标。

1.全面负责项目的目标成本

序号	费用项目	成本总额/万元	销售面积单方成本/(元/平方米)
一	土地获得价款		
二	开发前期准备费		
三	主体建筑工程费		
四	主体安装工程费		
五	社区管网工程费		
六	园林环境费		
七	配套设施费		
八	开发间接费		
九	开发成本		
十	期间费用		
十一	总成本		

2.作业成本

成本管理部为完成成本管理而消耗的成本,是成本管理部独自控制的责任成本,包括内容如下表所示。

项目	作业量	单位	单价	总费用	备注
总计					
一、造价咨询费用					
二、作业时间成本					从主体施工图完成到定标之日,每天时间成本按"资本化利息总额/总作业时间"计算

续表

项目	作业量	单位	单价	总费用	备注
三、管理费用					
工资及福利					
行政及财务费用					
其他					

注：作业时间成本计算中，总作业时间为从签订土地合同到竣工入伙的时间，部门作业时间成本＝单位时间成本×部门作业时间。成本测算时采用计划作业时间，动态结算或结算时采用实际作业时间。

3. 牵头控制成本

成本管理部负责组织设计部、工程部、项目经理部以及营销管理部等相关部门进行控制的产品实体成本，包括内容如下表所示。

项目	作业量	单位	单价	总费用	备注
总计					
一、主体建筑工程费					
1. 基础工程费					
土方工程		平方米			建筑面积
护壁护坡		平方米			建筑面积
桩基础		平方米			建筑面积
桩基础检测		平方米			建筑面积
降水		平方米			建筑面积
2. 结构及粗装修费					
混凝土框架		平方米			建筑面积
砌体		平方米			建筑面积
找平及抹灰		平方米			建筑面积
防水		平方米			建筑面积
其他		平方米			建筑面积
二、主体安装工程费					
1. 室内水、气、电管线设备费		平方米			建筑面积
室内给排水系统		平方米			建筑面积
室内采暖系统		平方米			建筑面积
室内燃气系统		平方米			建筑面积
室内电气系统		平方米			建筑面积
2. 室内设备及其安装费					

续表

项目	作业量	单位	单价	总费用	备注
通风空调系统及安装		平方米			建筑面积
电梯及其安装		平方米			建筑面积
发电机及其安装		平方米			建筑面积
人防设备及其安装		平方米			建筑面积
消防系统及其安装		平方米			建筑面积
3.弱电系统费					
居家防盗系统		平方米			建筑面积
宽带网络		平方米			建筑面积
有线电视		平方米			建筑面积
"三表"远传		平方米			建筑面积
对讲系统		平方米			建筑面积
电话系统		平方米			建筑面积

四、控制要点

（1）做好成本信息的收集工作，用好成本软件，每月分析、发布项目动态成本信息并据以控制项目成本。

（2）按《项目设计阶段成本管理工作指引》参与设计各阶段的优化工作，及时对设计方案进行估算，提供给设计部门和公司决策层作为决策的依据。

（3）坚持工程量清单招标，减轻后期结算压力。

（4）做好预结算编审交底工作，合理确定审减金额，合理确定委咨询费用。由于造价审减金额过大导致外委咨询费用的增加，应按合同约定由扣除对方违约金递减咨询费用。

五、资金计划

成本管理部应根据成本目标，合理安排本部门的资金（付款）计划，为公司的现金流管理提供支持。

费用名称	费用额度/万元	资金计划/万元				
		××××年×季度	××××年×季度	××××年×季度	××××年×季度	××××年×季度
预决算编审费						
管理费用						
总计						

> **重要提示：**
>
> 成本管理部作为项目成本管理的业务主管部门，负责对项目成本管理的全过程、各环节进行协调，参与各项成本决策，负责造价审核和成本结算，向公司及各部门及时、准确通报相关成本信息。在成本决策过程中，重点配合设计部、项目经理部优化设计及施工方案，配合工程部开展工程量清单招标工作。成本管理部还应积极协助其他部门开展成本控制相关工作，提供专业支持，与财务管理部共同协作做好成本核算工作。

第二节 目标成本的预测

目标成本管理首先要进行的是成本预测。目标成本预测是指房地产企业在市场调研和对以往的历史数据进行分析的基础上，结合自身的经济技术条件和发展定位，在项目前期合理地预测开发项目的目标成本。在项目开发之前，要对即将开发的项目做一个成本预测，也可称为成本估算，一般在项目前期决策和可行性研究中进行。目标成本预测的目的是为了在开发前期对所建项目有一个清醒的认识，通过详细的市场调查，了解该项目的市场定位、销售的目标人群、该项目的竞争对手、公司对该地区的发展规划以及期望的利润率，并依此制定出目标成本，目标成本的预测也是将来制订各阶段成本计划的基础。

一、目标成本预测的注意事项

在进行目标成本的预测时应注意以下几点。

（一）目标成本的预测要在成本计划制订之前进行

因为目标成本预测是全过程成本管理的首要环节，是必不可少的科学分析阶段，在项目前期，通过调查和反复测算，才能确定该项目的成本水平；反过来，如果已经制订了成本计划，那么在将来的执行过程中难免会出现由于早期考虑不够周全、调查不够详细而产生各项费用，这样就不能很好地进行成本控制，所以目标成本的预测是成本控制的第一步。

（二）可以利用目标成本预测寻找可降低项目总成本的途径

在进行成本预测之前，必然要进行详细的调查，在此过程中，可以掌握成本的构成并且详细了解成本形成的条件。这样就有机会发现可以尽量避免产生的成本类型，在项目前期到以后的实施过程中注意监控，尽可能多地节约成本。

（三）目标成本的预测可作为工程项目招标的依据之一

目前建设项目招标的依据主要是甲方造价人员依据施工图做出的施工图预算，但招标的标的并不等同于施工图预算。因此,进行过反复测算的目标成本预测可用于招标决策的依据。

（四）以市场为导向

在市场经济的环境下,企业的所有经营活动都要以市场为导向,房地产企业的成本管理也不例外。虽然土地成本在房地产开发项目中占有非常重要的地位,土地的价格是项目开发成本的决定性因素,但在如今的形势下,国家的宏观调控政策不断缩紧,房地产项目的开发成本必须要低于市场价格,否则企业将不能盈利,消耗的成本都将成为损失。

在房地产开发项目的成本预测过程中,还应充分考虑项目未来的风险因素对成本的影响。首先是价格风险,房地产开发项目的开发周期一般比较长,在此期间,各种人工、材料、机械的价格都有可能产生波动,如不充分考虑价格风险的影响,在项目实施过程中将无法有效地控制成本。其次还要考虑项目施工过程中出现设计变更等因素,所以应该预留出适当的成本预测来应对。

二、目标成本预测的方法

目标成本的测算有多种方法,目前主要采用的有倒扣测算法、比率测算法、直接测算法等。目标成本测算方法的比较如表2-3所示。

表2-3 目标成本测算方法的比较

名称	方法	优点	缺点	适用条件
倒扣测算法	目标成本=预计销售收入–应缴税金–目标利润	简单易行	先要根据市场调查确定预计收入和目标利润	可用于多种产品成本预测
比率测算法	目标成本=预计价格/（1+成本利润率）	倒扣测算法的延伸	要求事先确定成本利润率	常用于新产品的目标成本预测
直接测算法	根据上年预计成本总额和企业确定的成本降低目标来确定	简单易行	误差较大	只适用于可比产品的目标成本预测

最常用的方法是倒扣测算法,倒扣测算法可用以下公式来表示。

$$TP_i = P_i - M_i$$

式中　TP_i——产品i的单位目标成本；

　　　P_i——产品i的单位售价；

　　　M_i——产品i的单位利润。

在房地产开发项目的目标成本制定过程中,目标成本并不是通过一次测算就能完成的,需要不断地进行调整。一个项目的售价取决于该地的房地产市场和企业所制定的在本地区的战略规划,其可调整的幅度并不太大。这样一来,目标利润和成本之间就成了反比关系。如果利润太低,目标成本就会增加,导致成本的浪费。而如果利润太高,目标成本就会太低，或者根本无法实现，这样成本控制也就失去了意义。

综上所述，在房地产项目开发的前期，应根据市场情况和企业自身的战略目标反复测算目标成本，并最终确立一个合理有效的总目标成本。在项目实施的过程中，目标成本也并不是一成不变的，它需要跟随项目进展情况动态变化。当项目中出现政策变化、经济波动、市场变化或者设计变更等项目前期没有完全考虑到的情况发生时，应将这些变化导致的成本改变计入目标成本中，也就是说，目标成本的制定是一个动态的过程。

三、房地产目标成本构成维度的分解

房地产开发成本是指房地产企业为了开发一定数量的产品所需支付的全部费用，主要包括土地费用、前期工程费、建筑安装工程费、基础设施建设费、不可预见费、开发期间税费、销售费用以及为开发项目而在企业内部产生的财务费用和管理费用等。

依据房地产开发历史数据，各项成本在房地产开发项目的总成本中所占的比例如图2-4所示。

图2-4 房地产开发项目中各项成本构成所占的比例

从图2-4中可以看出，在整个房地产项目开发的成本中，土地费用、建筑安装工程费用和基础设施建设费所占的比例较大，分别为30%、40%和10%。在商品房的建设中，土地为国家所有，通过拍卖、挂牌等方式由政府出让，土地价格也由政府根据规划制定。由于土地价格偏高，在所有成本中，土地费用占有相当大的比例，因此在成本分配中，应综合开发公司经济实力和对所需地块的战略规划合理分配土地成本。建筑安装工程费和基础设施建设费是开发项目的主要成本，而且为工程分包性质，如果成本分配过少，

会导致施工单位低价中标，但在以后的施工过程中偷工减料，获取利润。前期工程费和不可预见费为弹性费用，成本的高低取决于公司对规划设计和风险管理的认知。其他费用包括销售费用、开发期间税费、财务费用和管理费用等，虽然所占比例不大，但也不可忽视。销售费用可以根据市场调研和目标人群的定位来分配。开发期间税费、财务费用和管理费用等，应根据以往开发项目的历史数据来综合分析，尽可能地减少这些成本支出，提高资金的利用率，降低总成本。

因此，在目标成本分解时，要根据各项成本的不同性质和比重，分别分配成本计划，这样在项目实施过程中，才能根据成本计划来有效控制成本。目标成本在成本构成中的维度分解如图2-5所示。

图2-5　目标成本在成本构成中的维度分解

【实战范本2-07】▶▶▶

房地产项目开发总目标控制表

1. 项目概况

（1）总体规划指标

容积率_____，绿化率_____。

总建筑面积_____平方米，计入容积率的总建筑面积_____平方米，其中：可售面积_____平方米，不可售面积_____平方米，住宅总套数_____套，总车位_____个。

（2）期规划指标

容积率_____，绿化率_____，建筑面积_____平方米，计入容积率的建筑面积_____平方米，其中：可售面积_____平方米，不可售面积_____平方米，住宅套数_____套，车位_____个。入伙日期____年____月。

2. 经营目标

年份	销售面积/万平方米	结算面积/万平方米	销售金额/万元	项目利润/万元	净利润/万元	结算收入/万元

注：含住宅、商业、车库等所有可售资源。

3. 销售目标

××××年 ×季度		××××年 ×季度		××××年 ×季度		××××年 ×季度		××××年 ×季度	
面积/万平方米	金额/万元	面积/万平方米	金额/万元	面积/万平方米	金额/万元	面积/万平方米	金额/万元	面积/万平方米	金额（万元）

注：含住宅、商业、车库等所有可售资源。

4. 开发计划

序号	工作内容	时间	
		开始	完成
1	取得土地证		
2	市场定位		
3	规划设计		
4	实施方案		
5	施工图设计		
6	工程量清单招标		
7	基础施工		
8	销售展示区实施时间		
9	主体结构		
10	销售开盘时间		
11	竣工备案时间		
12	入伙时间		

5.成本目标

_____项目目标成本确定为元/平方米,按成本科目具体构成如下。

序号	费用项目	成本总额/万元	可售单方成本/(元/平方米)
一	土地获得价款		
二	开发前期准备费		
三	主体建筑工程费		
四	主体安装工程费		
五	社区管网工程费		
六	园林环境工程费		
七	配套设施费		
八	开发间接费		
九	开发成本		
十	期间费用		
十一	总成本		

注:含住宅、商业、车库等所有可售资源。

各部门责任成本汇总如下。

序号	费用项目	成本总额/万元	销售面积单方成本/(元/平方米)
	合计		
	一、项目开发部		
1	作业成本		
2	牵头控制成本		
	二、设计部		
3	作业成本		
4	牵头控制成本		
	三、工程部		
5	作业成本		
6	牵头控制成本		
	四、项目经理部		
7	作业成本		
8	牵头控制成本		

续表

序号	费用项目	成本总额/万元	销售面积单方成本/(元/平方米)
	五、营销管理部		
9	作业成本		
10	牵头控制成本		
	六、成本管理部		
11	全面负责项目的目标成本		
12	作业成本		
13	牵头控制成本		
	七、其他调整		
14	行政管理费用		

6. 成本分摊计划

成本跨期分摊表

项目名称	费用总额/万元	跨期分摊/万元		
		一期	二期	三期
游泳池				
会所				
幼儿园				
学校				
球场				
设备用房				
车库				
合总计				

营销费用分期计划表

分期	销售收入/万元	营销费用比例/%	营销费用/万元
一期			
二期			
三期			
合计			

注：整体营销费用比例=营销费用总和÷销售收入总和。

7. 资金计划

部门	费用总额/万元	资金计划/万元				
		××××年×季度	××××年×季度	××××年×季度	××××年×季度	××××年×季度
项目开发部						
设计部						
工程部						
项目经理部						
营销管理部						
成本管理部						
合计						

【实战范本2-08】▶▶▶

房地产项目目标成本测算表

建设项目名称：　　　　　　　　　　　制表单位：

项目	面积/平方米	造价指标/（元/平方米）	计划总金额/万元	按建筑面积摊/（元/平方米）	计算方法或依据文件
一、土地价款支出					
1.政府地价及市政配套费					
（1）支付的土地出让金					
（2）土地开发费					
（3）向政府交纳的大市政配套费					
（4）交纳的契税					
（5）土地使用费					
（6）耕地占用税					
（7）土地变更用途和超面积补交的地价					
2.合作款项					
（1）补偿合作方地价					
（2）合作项目建房转入分给合作方的房屋成本					

续表

项目	面积 /平方米	造价指标 /（元/平方米）	计划总金额 /万元	按建筑面积摊 /（元/平方米）	计算方法或 依据文件
3.红线外市政设施费					
（1）红线外道路、水、电、气费用					
（2）网络建造费					
（3）管线铺设费					
（4）接口补偿费					
4.拆迁补偿费					
（1）建筑物或附着物的拆迁补偿净支出					
（2）安置及动迁支出					
（3）农作物补偿					
5.其他支出					
二、前期开发准备费					
1.勘测丈量费					
（1）初勘					
（2）详勘					
① 多层					
② 小高层					
③ 高层					
（3）沉降观测					
（4）验线、复线、定线、放线、面积丈量					
2.规划管理费					
（1）规划设计					
（2）可行性研究					
（3）方案招标					
（4）方案评审					
（5）交通影响分析					
（6）模型制作					
（7）效果图设计					
（8）施工图设计					
① 高层					

续表

项目	面积 /平方米	造价指标 /（元/平方米）	计划总金额 /万元	按建筑面积摊 /（元/平方米）	计算方法或 依据文件
② 小高层					
③ 多层					
④ 地下车库					
⑤ 公建					
（9）人防设计					
（10）装修设计					
（11）制图、晒图、赶图					
3. 建筑研究用房					
4. 报批报建费					
（1）安检					
（2）质检					
（3）标底编制					
（4）交易中心手续费					
（5）人防报建					
（6）消防配套设施					
（7）散装水泥集资					
（8）白蚁防治					
（9）墙改基金					
（10）建筑面积丈量					
（11）路口开设					
（12）规划管理					
（13）拆迁管理					
（14）招投标管理					
（15）其他支出					
5. 增容费					
（1）水					
（2）电					
（3）煤气					
6."三通一平"费					
（1）临时道路					
（2）临时用电					

续表

项目	面积 /平方米	造价指标 /（元/平方米）	计划总金额 /万元	按建筑面积摊 /（元/平方米）	计算方法或 依据文件
（3）临时用水					
（4）场地平整					
7.临时设施费					
（1）临时围墙					
（2）临时办公室					
（3）临时场地占用					
（4）临时围板					
（5）河道清淤、回填					
8.其他支出					
三、主体建筑（装修）工程费					
1.基础工程					
（1）土方					
①高层					
②小高层					
③多层					
（2）护壁（坡）					
（3）桩基					
①高层					
②小高层					
③多层					
（4）桩基检测					
（5）降水费					
（6）基础处理					
2.结构及粗装修					
（1）高层					
（2）小高层					
（3）多层					
3.门窗工程					
（1）室外门窗					
（2）户门					
（3）防火门					

续表

项目	面积/平方米	造价指标/(元/平方米)	计划总金额/万元	按建筑面积摊/(元/平方米)	计算方法或依据文件
4.公共部位精装修					
（1）大堂					
（2）楼梯间					
（3）屋面					
①高层					
②小高层					
③多层					
（4）外立面					
①高层					
②小高层					
③多层					
5.室内精装修					
（1）厨房					
（2）卫生间					
（3）厅房					
（4）阳台、露台					
6.地下车库					
7.临街公建					
8.其他支出					
四、主体安装工程费					
1.室内水暖气电管线设备					
（1）室内给排水系统					
（2）室内采暖系统					
①高层					
②小高层					
③多层					
（3）室内燃气系统					
（4）室内电气系统（强、弱电预埋管）					
（5）其他支出					
2.室内设备及其安装					

续表

项目	面积/平方米	造价指标/(元/平方米)	计划总金额/万元	按建筑面积摊/(元/平方米)	计算方法或依据文件
(1) 空调及其安装					
(2) 电梯及其安装					
(3) 发电机及其安装					
(4) 高低压配电及其安装					
(5) 消防及其安装					
(6) 背景音乐及其安装					
(7) 其他支出					
3. 其他支出					
五、社区管网工程费					
1. 室外给排水系统费					
(1) 自来水系统					
(2) 雨污水系统					
(3) 直饮水系统					
(4) 热水系统					
2. 室外采暖系统费					
(1) 管道系统					
(2) 热交换站					
(3) 锅炉房					
3. 室外燃气系统费					
(1) 管道系统					
(2) 调压站					
4. 室外高低压系统费					
(1) 高压线路工程					
(2) 低压线路工程					
(3) 配电站					
(4) 开闭站					
5. 室外消防系统费					
六、智能化系统费					
1. 室内智能化系统费					
(1) 电信网络					
(2) 背景音乐及其安装					

续表

项目	面积/平方米	造价指标/（元/平方米）	计划总金额/万元	按建筑面积摊/（元/平方米）	计算方法或依据文件
（3）三表远传系统					
（4）家居智能化系统					
（5）其他支出					
2.室外智能化系统费					
（1）保安监控					
（2）小区停车管理系统					
（3）电子巡更系统					
（4）围墙监控照明系统					
七、园林环境工程费					
1.环境设计费					
2.绿化建设费					
（1）区内绿化					
（2）区外绿化					
3.建筑小品					
4.道路、广场建造费					
（1）道路广场铺设					
（2）开设路口工程及补偿					
5.大门围墙建造费					
6.室外照明					
7.标识系统制作					
8.室外零星设施					
9.其他支出					
八、配套设施费					
1.游泳池					
2.会所					
3.幼儿园					
4.学校					
5.儿童游乐设施					
6.环卫设施					
7.运动设施					
8.超市					

续表

项目	面积/平方米	造价指标/（元/平方米）	计划总金额/万元	按建筑面积摊/（元/平方米）	计算方法或依据文件
9.其他支出（零星公建）					
九、其他建设工程支出					
1.工程管理费					
（1）工程监理					
（2）预结算编审					
（3）行政管理					
（4）施工合同外奖金					
（5）质检登记					
（6）其他支出					
2.物业管理启动费					
3.其他支出					
十、管理费用					
1.职工工资					
（1）工资					
（2）奖金					
2.办公费用					
（1）办公用品					
（2）通信费					
（3）水电费					
（4）工具书					
（5）其他办公费用					
3.业务招待费					
4.差旅费					
（1）旅差费					
（2）通勤费					
（3）误餐费					
5.工资附加费					
（1）职工福利费					
（2）工会经费					
（3）公积金					
（4）社会保险					

续表

项目	面积 /平方米	造价指标 /（元/平方米）	计划总金额 /万元	按建筑面积摊 /（元/平方米）	计算方法或 依据文件
6.折旧及摊销					
（1）固定资产折旧					
（2）低值易耗品摊销					
7.车辆费用					
（1）公司					
（2）车改					
8.房屋租赁费用					
（1）办公用房租赁费					
（2）职工住房租赁费					
9.咨询费					
10.其他支出					
十一、销售费用					
1.媒介广告费					
（1）报纸广告					
（2）刊物广告					
（3）电视广告					
（4）电台广告					
（5）灯箱广告					
（6）公交广告					
（7）互联网广告					
（8）印刷品广告					
（9）户外广告牌					
（10）工地围墙广告					
（11）其他媒体广告					
2.促销活动					
（1）产品推介会					
（2）开盘庆典费					
（3）房屋展销会					
（4）促销活动费					
3.销售大厅					
（1）样板房装修					
（2）销售大厅装修					

续表

项目	面积 /平方米	造价指标 /（元/平方米）	计划总金额 /万元	按建筑面积摊 /（元/平方米）	计算方法或 依据文件
（3）销售大厅设备					
4.销售提成					
5.其他费用					
（1）平面设计费用					
（2）沙盘模型费用					
（3）建筑面积测量费用					
（4）产权交易费用					
（5）促销礼品费用					
（6）赞助评奖费用					
（7）销售人员服装费用					
（8）机动费用					
十二、财务费用					
1.利息收支净额					
（1）短期借款利息					
（2）长期借款利息					
（3）存款利息收入					
2.汇兑净额					
（1）汇兑损失					
（2）汇兑收益					
3.调剂外汇手续费					
4.金融机构手续费					
5.其他支出					
十三、各项税金					
1.营业税					
2.城建税					
3.所得税					
4.其他支出					
十四、预备费					
十五、总计					

第三节　目标成本的动态管理

目标成本制定后，企业及项目各职能部门需根据已制定的成本目标进行各项工作的开展。目标成本是静态的数据，但设计、施工、客户的变化，市场营销环境的变化等都会导致以上确定的目标成本在实施过程发生变化，决策层需要实时的成本数据，以便能及时知会实际的成本及利润预测，针对房地产这样开发周期较长的项目，动态成本反映的是项目实施过程中的预期成本，通过实时反映目标成本和动态成本的差异，帮助相关部门及时发现问题并解决问题，实现对成本的控制。

一、动态成本的内涵

项目动态成本按其成本产生的阶段可划分为已产生成本和待产生成本，随着项目开发的推进，已产生成本数据越来越多，待产生成本数据则越来越少，项目成本也越来越真实。而在这个渐进的过程中，动态成本由已产生成本和待产生成本构成。非合同性成本是指发生在一个工程项目所有没有合同的费用支出，如报建费、间接费、甲供材料费用等，如图2-6所示。

图2-6　动态成本构成示意

二、目标成本动态管理的意义

目标成本动态管理的意义体现在如图2-7所示几个方面。

意义一　保证成本的动态可控

> 因为项目开发是一个动态过程，各类工程成本指标是一个可变项，以往的工程成本管理往往是在竣工结算环节才能显示最终成本，其成本并非是动态的，当发现成本超控时，已不能采取措施更正。而动态目标成本管理能够提供实时成本，并通过成本预警指标的设置控制，以及合同数据、财务数据、工程变更数据的同步提供，避免了成本的失控

意义二 使目标成本贴近实际，切实可行

通过目标成本与动态成本的跟踪对比，能够及时找出差异，为后续合同签订、工程设计方案提供指导性的参考。而动态成本是目标成本的执行过程，成本在跟踪过程会出现成本科目结余、科目成本追加、投资等级的变化甚至整个目标成本的更改情况，这些均需要动态管理来进行

意义三 支持决策层做出合理的判断

房地产市场竞争是激烈的，项目决策层需要根据市场外部环境的变化、项目实际的需求、营销定位的需求，重新进行投资等级的变更，必要时，对开发计划进行重新调整，并出具新的调整版目标成本，重新测定盈利率，从而使目标成本成为真正的可行指标，而不是僵化的数据

意义四 使公司的资金流能够保持合理水平

房地产企业是资金密集型企业，在较长的开发周期中，需要合理的资金分配及筹措计划来保证项目的运作，因此动态成本管理能够适时地反映各种款项的支付、计划情况，如土地款、配套费、各类工程备料款、进度款、结算款、保修款的数据，均通过实时的成本数据反映至相关财务部门，及时筹备合理的应付资金

意义五 能够促使公司进行全员成本管理，项目管理上台阶

成本管理是一个全员的过程，并不只是成本部门的职责，动态管理的成本管治，促使项目各职能部门发挥其应有的职能，并将成本指标分解落实到部门，如规划设计部门的限额设计、工程部的变更控制、预算部的预结算进度控制、合约部门的招投标控制等，均以目标成本为纲，并辅以相应的考核制度，从而促使成本流通环节从源头到结尾均形成环流，实现全员成本

图 2-7　目标成本动态管理的意义

三、目标成本动态管理的支持文件

目标成本动态管理的支持文件有许多，如表2-4所示。

表 2-4　目标成本动态管理的支持文件

序号	文件名	说明
1	开发计划	开发计划是房地产企业为确保开发项目的顺利有效开展而制定的目标体系及其实施方案，是对整个项目的统筹规划，按照开发项目的规模，需制定不同的时间节点、开发进度要求等，由于不同的开发时点，其工程费用特点可能会有所增减，同时不同节点，其资金需求量亦会波动

续表

序号	文件名	说明
2	营销及投资计划	项目营销中首要考虑的是项目的定位问题,即项目为谁而建,而营销及投资定位与目标成本的关联度较高。从成本管理角度看,并不是一味地强调成本低即是好,目标成本是价格引导的成本管理。当企业的营销定位确定后,即其销售价格范围已经确定,而支撑这个价格的因素除了市场外,还有产品的内在品质因素,为了达到这个销售的目标,工程上需有相应的产品设计、材料选用来匹配,亦即所谓的"优质优价",成本各分项均围绕这个目标进行计算。同时,当市场环境的实际情况或过程发生变化,决策层将根据定位及销售策略的改变,需要增加或减少部分成本项目的开支,目标成本亦会因此而变动
3	目标成本责任书	目标管理是目标成本的执行过程,所有的业务流程均以目标成本为纲,目标成本在实施中需设立一定的预警控制指标,使管理者能够及时对成本进行纠偏,定期分析,使目标成本完成其完整的动态流程,最终积累形成企业的成本数据库指标
4	流程控制文件	在实际的成本管控工作中,各部门之间的成本工作连接是以成本管理流程文件及制度进行控制及约束的。流程文件中的内容包括流程目标、流程范围、流程责任人、流程图(反映在各部门或岗位的活动流转)、流程方法描述、流程输入输出以及支持文件等内容(即一份流程清单)。按照流程办事,可以使成本管理工作能够在公司内部新项目中快速复制,在日常工作中,结合流程规定进行成本责任考核工作,可以使成本工作效率提高
5	合同文件	在房地产项目的整个开发过程中,目标成本的执行是围绕合同管理进行的,如果说目标成本只是一个指标数据的话,合同则是各目标成本的细化及数据落地执行。在成本跟踪中,每一份合同文件的签订,则意味着一项已定的成本的确定,而合同金额的变化,则对应动态成本的变化。合同文件中有关各种款项支付日期的约定,则与项目资金安排计划息息相关

四、建立房地产开发项目目标成本动态控制机制

(一)目前房地产开发项目成本控制机制的不足

根据调查情况看,目前很多房地产开发项目的成本控制主要通过每月计划成本和实际成本的比较来完成,即月初提出当月成本计划和原材料消耗数量,月末通过会计报表形式计算该月施工中实际产生的原材料消耗,对比指标完成情况。其过程如图2-8所示。

图2-8 传统成本控制机制图

分析其成本控制机制，有以下不足。

（1）在计划实际输出后发现偏差。成本控制数据的归集基本上是以月作为一个归集周期，每个月实际产生的成本到月底才能知道，可能会出现由于原材料消耗偏差的不断积累，无法及时控制，失去纠偏时机，成本控制的作用难以发挥。

（2）成本控制数据的归集是通过计划报表和统计报表形式体现的，而成本控制的实际主体——现场施工管理人员没有参与。施工管理人员每天的施工日志记录的是进度完成情况、质量安全隐患、检查验收等内容，一般不会准确记载每天实际完成工程量和相应的原材料消耗量。

（3）采集到的所有成本控制数据能够反映出每个月完成的分部分项工程中人工费、材料费和机械费的支出，却不能有针对性地说明每项工序产生的消耗是否合理，相应地工程责任也变成了一个整体的概念，项目部的人员不需要承担各自的责任。

（二）房地产开发项目目标成本动态控制机制原理

成本控制是在不断变化的环境下进行的管理活动，为了控制好整个房地产项目的成本支出，必须从每个成本支出的时间段开始，从项目工程的每个分项分部工程开始，一步一步地进行控制。所谓目标成本动态控制，就是在整个项目实施的过程中，将成本控制责任量化分解，尽可能做到事前控制，预先控制，并定期地、经常地归集成本产生的实际值，进行计划值和实际值的动态核算、对比和分析，检查实际执行中有无偏差，若没有偏差，继续执行计划；若出现偏差，应查找具体原因，采取相应措施，并分析总结，制定预防措施。

（三）房地产开发项目目标成本动态控制机制模型研究

目前的成本控制机制不利于成本的动态控制，有必要缩短成本统计周期，使成本管理精细化，为取得更为及时、准确的基础数据，可采用"周计划、周统计"做法，并通过目标成本落实到人，保证动态控制和预先控制机制的实现。目标成本动态控制机制如图2-9所示。

从图2-9可以看出，目标成本动态控制机制主要是要将预先控制和动态控制结合起来，经由有关人员，通过投入、转换、反馈、对比和纠正等基本环节，及时跟踪了解项目的进展情况，归集实际数据。在对反馈信息进行分类、归纳的基础上，和计划目标值比较，确认是

图2-9　目标成本动态控制机制

否偏离，如果偏离，视具体情况采取纠偏措施，使项目回归计划轨道；如果没有偏离，则进入下一个控制循环，到工程结束，应兑现所有奖罚。目标成本动态控制机制的建立需要有与之相配套的制度体系，主要有如表2-5所示的制度。

表2-5 目标成本动态控制机制相配套的制度

序号	制度名	说明
1	项目目标成本责任制	将大预算分解成可操控的小预算，建立一个成本控制责任量化分解到具体责任人的体系，可以用图表形式标示，要求责任明晰，横向到边，纵向到底，动态调整。目的在于使所有管理人员思路清晰，重点明确，做到人人肩上有指标，有效地避免责任交叉与推诿
2	成本优化制度	工程量管理是控制效益流失的一个重点，通过对工程量的逐级控制，将各级的经济责任、经济利益与工程数量的控制相关联，防止效益从计量过程中流失。以成本优化为目标，理顺各级之间的经济关系，本着"谁优化谁受益"的原则，鼓励各级管理人员对施工方案加以完善，方案优化产生的效益分别由各级分配，使方案优化与个人收益挂钩。把施工方案同目标成本预算联系起来，将技术预控的作用前置于施工前，保证事前控制的有效实施
3	项目经理基金调控制度	项目经理作为项目开展目标成本管理的关键，为体现其责任与权利，将公司批复目标预算与项目责任中心预算之间的差额交由项目经理统一调配使用，其净结余由企业与项目部分成，项目部留用部分主要用于对项目经理和有关人员的奖励
4	项目成本监督制度	设立专门的目标成本监督小组，可由成本部门以外的财务或审计人员组成，负责对项目目标预算的编制、目标预算的执行、目标预算的调整以及其他各项基础业务进行检查，并按规定考评计分。目标成本监督工作实行一票否决，对成本管理不合格的项目，效益工资不予核批。对在责任范围内造成亏损的，以预留的责任工资予以弥补。严格的监督机制是目标成本管理新机制运行的有效保证
5	动态调整制度	开发项目的成本具有不确定性，往往会受到方案变更和工程量调整的影响而产生较大的变化，为确保企业和员工两方面的利益不因客观原因的影响而受到损害，可采用本项制度规定的可调范围、调整方法及审批程序，对经过批准的方案变更和工程量的增减相应调整目标预算，减少因为不可控的因素导致成本大幅度节约和大大超预算的现象
6	项目成本效绩考评制度	从经济效果和工作标准两方面制定详细的考评细则。建立项目成本的记录、归集、核算台账和报表制度，及时掌握项目的成本状况，按成本管理的规定对项目进行考核兑现

（四）房地产开发项目目标成本编制管理办法

编制合理的目标成本是目标成本动态控制的基础。任何房地产公司都需要制定一套科学的、适合本公司具体情况的目标成本编制管理办法。

1. 资料准备阶段

弄清楚目标成本确认书中的构架：目标成本确认书主要由项目概况表，总目标成本表，报批报建费用责任成本，设计费用责任成本，咨询顾问费责任成本，主体建安、室外及公共配套设施工程目标成本六大部分组成，如表2-6所示。

表 2-6　目标成本确认书的组成

序号	组成部分	说明
1	项目概况表	主要为项目的基本信息，如总用地面积、建筑面积、可售面积、户数等数据，这四项数据为基础数据，应重点与集团设计部及项目前期部确认，采用报建文件或政府审批文件中的数据，以防今后数据分析时造成错误
2	总目标成本表	主要分为开发前期准备费、建安及公共配套工程成本、室外工程成本、物业维护费、不可预见费、营销费用六大部分。其中物业维护费及营销费为物业公司和营销中心核算的金额，项目造价工程师则需针对其余三项进行测算。其中不可预见费按建安及公共配套工程成本、室外工程成本两项费用总和的5%计取
3	报批报建费用责任成本	主要为交房前、中、后三阶段的报批报建费用，所有费用项目均有政府的计费标准，只需按照标准要求进行计算则可
4	设计费用责任成本	为该项目各工程实体设计费用，包括总包费用及各分包工程设计费用
5	咨询顾问费责任成本	为第三方或专家评审费用，包括监理费用、造价咨询公司费用及其他第三方费用
6	主体建安、室外及公共配套设施工程目标成本	是最重要的目标成本确认模块。该部分又分为基础建安、土建部分、装修部分、机电部分、室外工程、园林景观六大部分。每一部分都有分项组成明细，如遗漏任何一项都将造成目标成本缺失，今后将对项目实施过程中的成本控制造成不良影响

2. 编制阶段

（1）合约预算部负责根据目标成本测算表，按照成本分类的科目逐项进行编制。

（2）政府报建报批费用、前期定位策划费用、勘察设计费用、销售费用、管理费由各职责部门负责提供数据，其他各项由合约预算部负责按照类似工程的经验数据进行测算。

（3）测算过程中遵从以下原则：量价分离、根据经验和通过计算确定工程量、根据经验或单价分析确订单价、计算合价。

（4）主体工程的目标成本根据建安成本估算编制。

（5）目标成本测算完成后，按使用功能进行成本分摊。

3. 对比分析阶段

编制完成后，合约预算部负责与类似的工程进行对比分析，找出工程成本差异，并进行项目目标成本分析。

目标成本的数据对比分析分为两个阶段：第一阶段为与类似工程数据对比，通过分析差异原因找出可优化部分，对其进行方案调整及优化；第二阶段为方案调整前后数据对比，通过此类对比可得出方案优化程度及成本降低幅度，反映方案优化的成效。

4. 审批阶段

提交给集团、区域、项目公司相关领导、部门，按规定进行审批，以确定项目正式目标成本。

五、整合项目管理全过程业务链

（一）有效控制源流

控制成本要从成本产生的源流入手，业务源流和结构源流是成本产生的两大主要源流。

业务源流亦称执行性成本动因，是指房地产企业在日常的生产经营过程中，对成本的产生起决定作用的因素。房屋产品的设计方案、材料设备选用的标准、招标与合同管理的运用等是业务之源。尽管成本产生于各项业务过程中，业务产生过程中的成本控制措施（如预算审计、材料限价、设计变更与洽商管理等）对成本高低和成本控制效果起到直接的作用，但这些控制只有在非效率的因素（如供应商的非合理性报价、管理浪费等）存在时才会起作用，才会使成本大幅降低。一旦非效率的因素被消除，业务过程中的成本控制对降低成本的正面效果就会降低，因此业务过程中所实施的成本控制措施就变成了防范性的，其主要作用是防止成本的无效率上升，而不能使成本进一步降低。限额设计，选用满足市场需要的性价比好的材料与设备，集成化、专业化的招标组织，以及严谨的合同管理是成本不断降低的源泉。

结构源流亦称结构性成本动因，是指影响房地产企业在各项具体活动展开之前，其成本结构就已被大致锁定的因素。它包括企业的规模（年开发量）、商业信誉（对供应商的诚信与履约）、财务计划（与供应商的付款方式和工期要求）、生产组织结构（委托外包或自行生产）、管理制度、企业文化、经验曲线、外部协作关系等诸多因素。它们是成本产生的基础条件，从深层次影响着企业的成本地位，对成本的未来变化趋势起着长期的作用。控制结构性成本动因可以从根本上改变企业的成本结构，帮助房地产商取得长期成本优势和竞争优势。

（二）建立信息管理系统

作为集团化管理的房地产企业，对企业而言，项目管理、财务管理、客户管理、人力资源管理及协同办公管理是核心内容。房地产的信息管理资源包括数字、文字、图形等形式表达的法人组织信息、客户信息、合作伙伴信息、产品信息、项目任务信息、合同信息等。项目管理是面向项目本身的，客户管理面向的是客户，人力资源管理面向的是内部员工，协同办公面向的是员工及管理架构，财务管理是管理的最终结果。

（三）完善责权利相结合的成本管理体系

管理的严密对于控制成本的作用是不言而喻的。与其他项目相比较（如软件开发项目），房地产开发项目对于管理的要求是更高的，因为它更复杂，涉及的面更广，时间跨度更大。如果管理上稍微出现纰漏或者松懈，可能就会造成很大的经济损失，所以说那些松散的管理形式是不适合房地产项目管理的。企业领导者要形成正确的经营理念，成本管理人员要熟悉开发产品形成的过程。对于一个施工项目，应该包括从市场启动阶段到售后服务阶段的所有业务，公司管理人员应该充分理解每个业务节点的工作内容以及业务之间的逻辑关系。也就是说，每项工作需哪些前提条件才能开始，这些前提条件是哪项工作或哪几项工作的结果，同时此项工作又产生哪些结果，产生的结果又作为哪项工作或哪几项工作的开始条件。并对其他各类人员进行经常性的全员培训，提高企业整体素质，使每一名员工都有成本控制意识。

【实战范本2-09】▶▶

某房地产公司责任成本体系管理指引

1.目的

为提高集团成本管理水平，形成分工负责、有机协调的成本管理体系，特制定本管理指引。

2.范围

本管理指引旨在为集团所属各房地产公司建立责任成本体系，适用于某某集团所属各房地产公司。

3.职责

（1）某某集团成本管理委员会负责本管理指引的制定、修改、指导、解释与检查落实，集团财务管理部成本组负责有关具体对接事宜。

（2）某某集团所属各地产公司负责贯彻实施本管理指引。

4.方法与过程控制

4.1 责任成本体系释义

4.1.1 房地产业务操作过程是程序性很强的专业合作过程，各个专业过程所确定、形成的经济支出的叠加构成了房地产成本。

4.1.2 房地产成本管理效果依赖于各环节自身的良好运作，房地产成本管理依赖于各环节之间有机协调与配合。

4.1.3 责任成本体系旨在明确专业职能部门的成本管理职责，并借助技术经济指标反馈、考核评价其职责履行情况。

4.1.4 责任成本体系旨在加强不同专业、不同流程之间的合作和沟通，形成分工负责、有机协调的责任成本体系。

4.2 责任成本体系组成要素

4.2.1 责任主体：以公司设计、工程、项目、销售等职能部门为责任主体，在各业务环节区分主导部门和配合部门。

4.2.2 责任范围：建造成本按产生程序划分责任部门，建造成本以外按成本项目划分责任范围。

4.2.3 责任目标：按公司成本管理宗旨"以经济合理性最大的成本提升产品的竞争力，并形成行业成本优势"，各个责任范围内成本管理目标应以经济合理性、产品竞争力、行业成本优势为追求目标。

4.2.4 反馈指标：以定量指标为主。反馈指标的系列数值反映项目成本特性，单一反馈指标高低并不能如实反映成本理性。

4.2.5 评价部门：及时计算并提供反馈指标。在各部门发表自我评价的基础上，就各责任成本管理结果是否经济合理，是否符合成本管理宗旨，发表评价意见，并形成系统的项目责任成本分析报告。

4.2.6 责任成本体系之要素概括表。

责任范围		责任主体	配合部门	评价部门
土地、报批报建费		项目发展部		财务部
责任目标	建造成本			
	1.建造内容、建筑形式合理化	设计部	销售部	成本部
	2.结构指标合理化及施工图质量	设计部/工程部		成本部
	3.获取竞争性的合理低价	工程部/成本部	项目经理部	招标领导小组
	4.现场成本管理、施工质量与效率	项目经理部	工程部	工程部
销售费用		销售部		财务部
管理费用		各职能部门		财务部

4.3 责任成本体系的范例

某某集团房地产有限公司责任成本体系表

	主导部门	配合部门	反馈指标	考核部门
土地获得成本	项目发展部	销售部	每平方米地价 土地获得时间	财务管理部
开发前期准备费				
（1）报批、报建费	项目发展部	办公室	报建费用节减率	财务管理部
（2）设计费	设计部	工程部	每平方米设计费	成本管理部
（3）三通及临时设施费	工程部	设计部		
主体建造成本（主体建筑工程费、主体安装工程费）				
社区建造成本（社区管网工程费、园林环境费、配套设施费）				
规划设计	设计部	销售部 项目部	规划设计周期	成本管理部

续表

	主导部门	配合部门	反馈指标	考核部门
结构、安装设计	工程部 设计部		每平方米钢筋含量	成本管理部
			每平方米含混凝土量	成本管理部
招标及签约	工程部	成本部	招标比率	成本管理部
		项目经理部	最低价定标比率	成本管理部
材料采购	工程部	成本部	甲定材料占造价比率	成本管理部
		项目经理部	统购材料购买率	
设计变更	设计部	工程部	变更比率	成本管理部
工程签证	项目经理部	工程部	签证比率	成本管理部
工程结算	成本部	工程部 项目部	结算错漏率	工程管理部
开发间接费				
（1）工程管理费	项目经理部	工程管理部	每平方米管理费	财务管理部
（2）利息	财务管理部			
（3）营销支持费用	销售部	客户事务部	每平方米营销费	
管理费用	各部门		人均行政费用	财务管理部
			每平方米管理费用	
			人均销售收入	
销售费用	销售部	客户事务部	每平方米销售费用	财务管理部
			每平方米广告费用	
			人均销售员面积	
税金	财务部		实际交纳税率	集团财务部
物业经营损益	物业管理公司		物业实际盈亏额	财务管理部

上表供各公司建立责任成本体系参考用，其中责任成本范围至少应包括上述划分范围，但可做更明细的划分。

4.4 责任成本体系建立程序

4.4.1 由公司总经理牵头，成本管理部具体组织，按本指引划分责任成本范围，确定责任主体和配合部门，并进一步细分职责。

4.4.2 各公司可根据本指引选择、调整具体反馈指标，可自行协商确定反馈指标的合理区间。

4.4.3 经各部门讨论、总经理批准，整理形成适用于本公司的"责任成本管理办法"，报总部备案，并在公司内做普及宣传和具体执行。

4.4.4 根据本公司管理能力和项目情况，制定适用于本公司的阶段性目标，譬如：

招标金额定价比例	90%以上
设计变更占造价的比例	3%以下
钢筋含量的合理控制比率	90%以上
每平方米质量维修成本	5元/平方米
规模经济成本优势	50元/平方米
每平方米售后物业净支出	0元/平方米
销售费用占销售收入比率	2.50%

公司成本管理部会同财务管理部按项目定期公布"责任成本考核报告"，并抄报集团成本管理委员会。

5. 支持文件

成本指标明细表

项目	反馈指标	单位	计算公式	备注
土地获得成本	每平方米地价	元/平方米	土地获得成本÷总建筑面积	与听证会通过时的指标相比较
	土地获得时间	天	从购地签约到土地按约定使用功能落实到某某名下时为止	与听证会通过时的指标相比较
开发前期准备费				
报批报建费	报建费用节减率	%	（按政策应交纳报批报建费－实际交纳报批报建费）÷按政策应交纳费用	报批报建费可用广义概念，将土地出让金等包括在内
设计费	每平方米设计费	元/平方米	设计费总额÷总建筑面积	可分类计算每平方米规划设计费、施工图设计费、景观设计费
三通及临时设施费	每平方米三通费用	元/平方米	三通费用总额÷总面积数	
	每平方米临时设施费	元/平方米	临时设施费用总额÷总建筑面积	
主体建造成本（主体建筑工程费、主体安装工程费）				
社区建造成本（社区管网工程费、园林环境费、配套设施费）				
规划设计	规划设计周期	天	自土地协议签署日（或上一期动工之日）至施工图完毕之日	可区分为规划方案周期和方案实施周期

续表

项目	反馈指标	单位	计算公式	备注
结构安装设计	每平方米钢筋含量	千克/平方米	钢筋总用量÷总建筑面积	可分类计算基础、上部结构、屋面的钢含量
	每平方米含混凝土量	立方米/平方米	混凝土总用量÷总建筑面积	可分类计算基础、上部结构、屋面的混凝土含量,注明混凝土标号
招标及签约	招标比率	%	通过招标定价的合约总额÷造价总金额	也可按合同次数来统计
	最低价定标比率	%	最低价中标的招标合同总额÷招标合同总金额	
材料采购	甲定材料占造价比率	%	甲供、甲限及三方合同材料总额÷主体建筑工程成本总额	
	统购材料购买率	%	参与集团统购的材料金额÷统购品种的材料总额	
设计变更	变更比率	%	设计变更造价总额÷工程造价总额	可分类计算设计错漏、市场变更、客户要求的变更比率
工程签证	签证比率	%	现场签证的成本总额÷工程造价总额	
工程结算	结算错漏率	%	(甲乙方结算价格-审核后结算价格)÷审核后结算价格	
开发间接费				
(1) 工程管理费	每平方米管理费	元/平方米	项目工程管理费总额÷项目建设总面积	
(2) 利息				
(3) 营销支持费用	每平方米营销费	元/平方米	项目营销费用总额÷项目建设总面积	
管理费用	人均行政费用	元/人	行政费用总额÷当年加权总人数	
	每平方米管理费用	元/平方米	管理费用总额÷当年结算面积	
	人均销售收入	元/人	销售收入总额÷当年加权总人数	

续表

项目	反馈指标	单位	计算公式	备注
销售费用	每平方米销售费用	元/平方米	销售费用总额÷当年销售面积	
	每平方米广告费用	元/平方米	广告费用总额÷当年销售面积	
	人均销售员面积	元/人	销售面积总数÷当年加权销售人员数	
税金	实际交纳税率	%	实际交纳的税额÷计税税基	分类计算所得税、契税、营业税率
物业经营损益	物业实际盈亏额	元/平方米	当年售后物业总支出−当年物业总收入	

第二部分

房地产项目全过程成本控制

第三章　房地产项目投资决策环节的成本控制
第四章　房地产项目设计环节成本控制
第五章　房地产项目招投标环节成本控制
第六章　房地产项目采购环节成本控制
第七章　房地产项目工程管理环节成本控制

第三章
房地产项目投资决策环节的成本控制

> **引言**
>
> 投资决策环节的成本控制是影响项目投资成败的关键,项目投资决策成败直接关系到项目将来产生的实际成本。房地产开发投资的综合性、投资额大、建设周期长和涉及面广等特点使房地产投资决策难免出现失误,所以对一个房地产开发企业而言,如何建立科学的决策机制,正确规避决策中的各种风险,成为成本控制的关键。

第一节 投资决策阶段成本概述

一、投资决策阶段的费用组成

投资决策阶段要考虑的是整个项目从建议书开始到建成交付使用所产生的全部费用,现行建设工程项目投资构成包括两大部分,即建设投资和流动资产投资。其中,最主要的就是建设投资。建设投资主要包括以下几项内容。

(1) 建筑安装工程投资(直接工程费、间接费、计划利润、税金)。
(2) 施工设备、工器具的购置费。
(3) 工程建设其他费用(土地使用费、与建设项目有关的其他费用、与未来企业生产经营有关的其他费用)。
(4) 预备费用(基本预备费、涨价预备费)。
(5) 项目建设期贷款所产生的利息。

二、投资决策阶段成本管理存在的问题

在房地产开发项目前期的投资决策阶段,项目的选址、建设标准、建设规模以及融资方式等内容都已基本确定了,在这期间,开发公司一般已经通过调研等方式拿出了几个方案以供决策。项目的前期决策是否正确,会直接影响到项目的成败。因此,前期阶

段正确的投资决策，是有效控制工程总成本的前提。如果前期的投资决策是失败的，那么后期整个项目所投入的全部成本都有可能无法收回，即使投入更多的成本也无法扭转失败的局面。这样的后果对房地产开发公司而言有可能是毁灭性的，会因为一个项目的失败而影响到整个公司的全部项目；反过来，如果投资决策正确，那么在这个阶段所节约的投资也将是最大的。因此，在前期要非常重视投资决策阶段的成本控制。

三、前期投资决策阶段影响成本的主要因素

房地产开发项目的前期投资决策阶段影响成本的主要因素包括项目的区位选择、开发项目的方案选择、建设时机选择等，如图3-1所示。

因素一　项目的区位选择

项目的区位选择主要指开发项目处于不同的地区，该地区的建安成本、配套设施成本等会有比较大的差异，不同地区的消费能力不同也导致了项目后期的营销推广费用不同，并且项目处在繁华地段会使前期的土地成本和拆迁费用等比在新城区的项目高出许多。因此，要根据项目的性质和市场调研选择项目的区位条件

因素二　开发项目的方案选择

开发项目的方案选择对成本的影响主要表现在好的方案会直接降低建安费用等成本，或是虽不能直接降低建安成本，但在后期的推广营销中可大量地减少营销费用，进而使项目的总成本降低，不适合的方案会增加项目的开发成本

因素三　建设时机选择

房地产开发项目在国民经济中的地位比较特殊，因此它受到国家宏观政策和区域经济的影响很大，因此，选择好的建设时机也是降低成本的一种有效方法

图3-1　前期投资决策阶段影响成本的主要因素

四、现阶段房地产开发项目投资决策的成本控制存在的问题

目前我国房地产开发企业大多对项目前期阶段的成本控制重视不够，我国现阶段房地产开发项目投资决策的成本控制存在着如图3-2所示的问题。

（一）投资决策阶段的不确定性较多

由于投资决策阶段的不确定性较多，容易出现突发事件和突发状况，造成不能按照原计划来控制项目总成本，或者出现决策失误，从而影响成本控制。

图3-2 现阶段房地产开发项目投资决策的成本控制存在的问题

投资决策阶段的不确定性主要包括市场经济因素的不确定和政策法律因素的不确定。房地产开发项目的投资周期一般较长,在如此之长的时间内,房地产供求市场和宏观经济都有可能发生改变。比如在投资决策阶段的房地产产品供不应求,但到了项目开盘的时间,市场发生了变化,导致项目销售困难,增加了销售费用和金融风险,造成了项目投资的失败。也有可能在此期间国家的宏观经济发生变化,利率、税率等发生了较大程度的波动,影响项目成本。另外,房地产开发项目所处的地区的宏观政策和法律制度的变化也会直接影响到项目成本。这之中影响最大的包括住房制度改革、财政政策和金融政策的改变等。

(二)在投资决策阶段不太重视投资估算,或者投资估算的精度不高

这一点会直接影响到后期的成本控制。大部分的开发商为了提高资金的周转率和资金的使用效率,一味地追求工程进度,对投资决策阶段没有投入相当的重视,或者对项目意见书及可行性研究报告采取敷衍了事的态度来对待。不能深入地进行市场调查,也无法系统科学地进行投资估算,导致投资估算的精度完全达不到要求,从而影响后期的成本控制。

(三)无专门的投资决策部门或者缺少完整的投资决策的流程

房地产开发企业没有专门的投资决策部门或者缺少完整的投资决策的流程,投资决策阶段的随意性较强。大多数的房地产开发企业对投资决策并没有一个清醒的认识,投资决策被认为是部分领导人该做的事情,与大多数的员工并无关系。这样就会导致领导在做决策时的主观性加强,受个人因素的影响过大。一旦领导对某一项目的宏观经济形势、市场需求、政策信息等的了解和把握上发生了偏差,或者对项目过于乐观,而忽略了周期性的因素,就可能导致决策的随意性较强,使项目的成本难以控制。

(四)成本控制人员并没有参与到投资决策的工作当中

在投资决策阶段中,成本控制人员很难参与项目的投资决策工作,而往往是在项目

实施阶段进行成本的后期控制。一旦前期的决策就是失误的，那么后期的成本控制将无法进行，成本超支也无法挽回，这种现象对房地产开发项目的整体成本控制工作是极为不利的。

（五）信息不对称，或者信息获得不准确从而造成投资决策的失误

当前大多数房地产开发企业信息化水平比较低，缺少有效、先进的信息收集手段，使收集市场信息或者进行投资估算时获得的信息并不准确。这样会使前期的投资估算出现偏差，并直接导致项目的后期运行阶段的成本与前期的估算金额有较大的出入，造成成本失控的局面。

五、投资决策不当对成本的影响

当前，我国房地产开发市场的投资环境日趋复杂，潜藏着各种风险。且我国房地产市场竞争激烈，稍有不慎，就会决策失误，给企业带来巨大的投资风险。在企业管理体系下，风险的存在直接会影响到项目的开发成本。房地产开发企业决策不当对项目成本的影响主要体现在以下几个方面。

（一）经济形势变动影响项目开发成本

经济形势变动会导致房地产开发商经济上的巨大损失，如市场需求、购买力、利率、税率、汇率等，由于从可行性研究到楼盘上市的时段内，市场需求变动的可能性很大，消费者对户型结构及单元面积的偏好也会发生变化。原来的细分市场上该类物业还供不应求，而不久却可能大量积压，难免使投资收益远远偏离预期。通货膨胀时期，货币贬值，价格全面上涨，房地产虽然具有一定的抵抗通货膨胀的能力，但其价格也会上涨。而人们手中持有的货币量是一定的，这样购买力相对下降，可能无力支付日渐升值的房地产，从而导致房地产企业开发的项目难以售出而承担风险。

（二）法律政策风险影响项目开发成本

法律政策风险是指一个国家所处的国际、国内政治环境变动及相应的政策法律调整（如金融政策和财政政策变动、土地使用制度改革、住房制度改革），造成房地产开发商经济上的损失。对房地产开发商影响最为直接的是金融政策和财政政策。就金融政策而言，实行紧的货币政策还是松的货币政策直接影响开发者和购买者所持有的资本，影响项目的开发和出售，从而影响到企业项目开发所需的成本费用。

（三）相关决策人员素质偏低加大开发成本

首先，在我国房地产企业中，有些从事项目考察、项目测算的人员素质不高。根据这些人员指定的项目企划进行投资分析，决策者很难做出正确的决策，从而造成了项目投资失误，给企业带来一定的损失，这些损失都要计入企业的开发成本。其次，企业开发决策者自身缺乏敏锐的市场洞察力和战略眼光，对项目预期不准确，盲目开发盲目建

设，造成项目开发后难以出售或在出售后难以得到预期效果，使得成本难以收回或收回速度较慢。

第二节 投资决策阶段成本控制的对策

投资决策阶段的成本控制是事前控制，由于决策阶段影响项目投资的程度最高，因此在决策阶段就应对项目投资成本进行预测，建立成本控制目标体系，确定投资控制目标。对于投资决策阶段的成本控制目标就是投资估算，投资估算的准确与否，是决定决策阶段成本控制的关键。因此，在投资决策阶段重点应对项目的投资估算的精确度进行控制，采用合理的估算方法进行编制，从而确保项目投资决策的可靠性。而正确的投资决策来源于高水平的项目可行性研究，所以投资决策阶段的成本控制主要从项目的可行性研究和投资估算这两个方面来考虑。

一、企业内部完善投资决策流程

在房地产企业内部应该设立专门的机构来进行投资决策分析，并且使成本控制人员参与到前期的投资决策阶段。各部门的员工共同进行分析可以避免人员单一导致的考虑不周全等，使项目的决策变得科学化、合理化，避免盲目投资。不同部门的员工在以后的项目管理中也可以通过对项目投资决策的了解深入，而及时地提出各种意见和建议，有利于项目从立项开始的成本控制工作就进行得很彻底。

二、充分了解市场和政策法规信息

（一）充分了解房地产市场的相关信息，随时跟踪经济形势的发展和房地产市场的动态

房地产是一个行业关联性很强、政策导向性很强的一个行业，它的发展与国家及地区的政治经济、社会形态、法律、金融等因素息息相关。因此，在进行房地产开发项目的投资决策时要充分了解这些相关的政策信息，并且要随时跟踪房地产行业发展的动态。了解项目所在地区的经济情况、竞争对手情况和已有项目的销售状况等，甚至对今后几年，到项目建成时期潜在的需求进行分析和预测。在这方面，房地产开发公司可以设立专门的部门和人员来进行投资决策的分析，或者委托信誉度较好的中介公司进行随时跟踪和分析预测，定期地给出房地产开发项目的动态情况报告，使投资者可以做出更好的决策。

（二）要尽量充分地了解房地产开发行业和其他相关行业的政策及法规

房地产开发企业的领导和相关工作人员一定要充分了解行业的政策和法规及政府出台的相关信息，避免在开发过程中不按规则办事，导致额外的行政处罚或者导致项目无法顺利进行。如果项目的进度受到影响，那么项目的成本也将大幅增加，造成浪费。

三、做好投资项目决策分析工作

在投资决策阶段,项目管理人员主要要做好以下方面的工作:投资机会分析、土地竞投、可行性分析。

(一)投资机会分析

投资机会分析一般用来正确识别投资机会,包括投资的时间和方向。识别投资机会可以从以下三个方面来分析,分别是客观环境分析,企业经营目标和战略分析,企业内部和外部资源条件分析。

1. 客观环境分析

客观环境分析主要是分析房地产开发项目所在区域的地理环境、市场供求情况和政府政策与规划,如图3-3所述。

内容一 —— 地理环境分析
主要是指房地产开发项目所在区域的地理位置、气候条件、交通配套、发展前景等

内容二 —— 市场供求情况分析
主要是指收集房地产开发项目所在地区的全部开发商和消费者信息,通过运用科学的方法对过去和现在的供销状况及动态的影响因素进行分析研究,为开发做出正确的决策分析提供可靠的依据,还可以为开发项目的建设规模和产品方案提供依据

内容三 —— 政府政策与规划分析
主要指分析政府的规划和产业政策、财政税收政策以及预测经济可能发生的变化等,主要是为了了解政府最新的限制政策和优惠政策以及规划方案等,提高开发项目投资决策的准确度

图3-3 客观环境分析的内容

2. 企业经营目标和战略分析

主要是分析该开发项目的决策是否符合开发企业的经营目标和在当地的战略,以及建成投产以后对经营目标和战略的影响主要有哪些。

3. 企业内部和外部资源条件分析

企业内部资源条件主要包括企业的管理能力、研发能力、资金状况、销售网络等,外部资源条件主要包括经济和社会环境、政治法律环境以及技术环境等。企业要对内外

部的资源条件进行分析,可采用SWOT分析方法(详见实战范本3-02),即着重分析企业内部的优势、劣势和外部环境带给企业的机会、威胁等。

【实战范本3-01】

土地开发地块信息表

四至	东		西	
	南		北	
总用地面积			净用地面积	
			代征用地面积	
居住用地	住宅用地(面积及比例):			
	公建用地:			
	区内道路用地:			
绿地	公共绿地:			
	道路绿化带:			
市政用地			道路用地	
用地性质				
用地年限				
地块现状	地块现状简述:			
	基地内影响规划的主要因素(河渠、保留建筑、树木、高压、微波或其他管线等):			
	地上情况:			
	地下情况:			
周边地块现状	东		西	
	南		北	
	建筑可视效果(分别从各个方向的能见度):			
	A.看见地块主体<10% 　　B.看见地块主体20%~40%			
	C.看见地块主体40%~80% 　　D.看见地块主体80%~100%			
地块交通条件	项目临街面:□四面临街 □三面临街 □二面临街 □一面临街			
	□城市快速路 □高速公路			
	车道宽度:□单向单车道 □双向两车道 □双向四车道 □双向六车道 □双向八车道			
	道路隔离影响:□有绿化带或隔离栏 □无绿化带或隔离栏			

续表

地块交通条件	主入口情况：
	次入口情况：
	其他入口情况：
地块公交设施	公交设施：□地铁 □轻轨 □公交车 □有轨电车 □出租车
	公交线路（在地块及其周边的线路）：公交车____条；地铁____号线；轻轨____
	公交站点距离（距地块最近的）：公交车____米；地铁____个出口；轻轨出口____米
	距市中心最近距离和时间：距离____米；时间____分
地块周边公建配套情况	项目周边（3000米）的配套设施、商业等设施的数量及位置：
	教育设施：□小学 □中学 □大专院校 □幼儿园
	商业网点：□综合商场 □农贸市场 □超级市场 □其他 □银行 □邮局 □医院
	文化体育：□公园 □运动场馆 □图书馆 □游泳馆 □其他
规划指标及要求	可规划总建筑面积：
	其中地上： 地下：
	其中对住宅、商业、办公或酒店等功能面积配比的要求：
	容积率 / 综合容积率 / 住宅容积率 / 建筑密度 / 绿地率 /
	说明： （1）确认清楚以上规划指标是以总用地面积计算，还是以净用地面积来进行计算 （2）地下建筑面积是否需计入容积率 （3）以上规划指标是否已是政府的明确要求，有无调整空间，若能调整，可能的底线指标要求是什么
	建筑限高 /
	红线要求 /
	建筑挡光 / 地块周边需考虑的挡光因素和情况： / 当地建筑挡光规范要求：
	需保留或保护的建筑物、构筑物和树木情况：
	要求保留程度说明：
	对规划有影响的周边主要现状设施：
	项目周边的政府规划设施及功能情况：
	需注意的其他规划条件和要求：
市政配套情况	道路、水、电、燃气、有线电视、通信、网络、排水情况及相应的容量、接口位置等现状及规划情况

续表

地块拆迁条件	拆迁方式：□可开工净地　□未拆迁地块（有民房）　□未拆迁地块（无民房）
	未拆迁地块（有民房）：□政府承诺负责包干拆迁为净地　□协商拆迁自主拆迁
	需要安置或动迁的居民户人涉及单位____个
	拆迁强度：有大量的拆迁（拆迁难度＞3.0）；有少量的拆迁（难度＜3.0，且＞2.0）；无民房的少量拆迁（难度＜1.0）
	市政配备情况说明：□三通　□五通　□七通
	说明： (1) 政府承诺负责拆迁出让为净地，需确认拆迁周期需要多长拆迁费用可能是多少 (2) 协商拆迁：估计拆迁周期、拆迁难度、拆迁费用及拆迁过程中的种种不确定性因素 (3) 自主拆迁：估计拆迁量、拆迁安置成本、迁拆周期、拆迁难度及拆迁过程中的种种不确定性因素 (4) 拆迁强度计算公式：拆迁强度＝（拆迁面积/征地面积）×N/12。式中，N为拆迁需要的时间，单位为月
地块平整条件	根据挖填方工程量及工程造价占工程总价的比例进行：
	场地挖方（m^3）：3.0万以下　3.0万～5.0万　5.0万～7.0万　7.0万～9.0万 成本：占工程总价5%　占工程总价10%　占工程总价15%　占工程总价20%
	场地填方（m^3）：3.0万以下　3.0万～5.0万　5.0万～7.0万　7.0万～9.0万 成本：占工程总价5%　占工程总价10%　占工程总价15%　占工程总价20%
政府出让土地方式	土地获得方式（政府净地出让，是否招标、挂牌或拍卖？收购项目公司？进行项目合作）：
	土地取得的主要流程：
合作要求	合作条件（付款条件、土地前期开发工作、规划调整、市政公建配套要求等）：
	土地价格及构成（土地出让金或政府土地收益是多少？）：
	优惠政策（能否享受政府政策减免优惠）：
	市政配套费及其他（城市基础设施配套费标准是多少？项目所在地政府税费标准）：
项目报批程序及文件要求	政府立项批准文件情况（是否有项目立项批准等）：
	政府规划批准文件情况（是否有规划意见书、规划批复、建设用地规划许可证、建设工程规划许可证等）：
	政府土地批准文件情况（是否有用地批文、土地出让合同、土地证等）：
	其他文件情况（是否有项目环境评估、项目交通评估等）：

【实战范本 3-02】

土地 SWOT 分析表	
Strengths（优势）	Weaknesses（劣势）
Opportunities（机会）	Threats（威胁）
结论：	

（二）土地竞投

土地竞投阶段主要是对所需土地进行各方面的调研并进行土地价格预测。影响土地价格的主要因素有许多，如图3-4所示。

图3-4　土地竞投阶段的成本影响因素

对土地进行科学合理的价格预测是投资决策的一个重要方面，也是有效控制项目总成本的一个重要前提。如果土地成本超出预期，会导致项目总成本的高居不下，难以控制。目前，预测土地价格的方法主要有市场比较法和剩余法两种。但是，由于房地产开发项目的可比较性差，在同一地段内具有相似属性的地块较少，因此，房地产开发项目的土地预测无法采用市场比较法，而运用较多的方法为剩余法。所谓剩余法，就是从预计的不动产总价中减去除土地外的预计成本和预期收益后的"剩余价格"。

【实战范本3-03】

地块成交信息一览表

项目名称：

地块编号	出让日期	地块坐落	出让面积	用途	容积率	成交价	竞得单位	楼面价

【实战范本3-04】

房地产板块分布情况表

板块差异	板块1：_____区	板块2：_____区	板块3：_____区
地理范围			
划分依据			
商品住宅平均价格			
多层			
小高层			
高层			
别墅			
商品住宅供求状况			
多层			
小高层			
高层			
别墅			
热销区域			

制表人：　　　　　　　　　　制表时间：

（三）可行性分析

可行性分析对成本控制有非常重要的影响，它不仅是房地产开发项目前期投资决策的主要依据，而且是编制设计任务书、与有关部门签订合同的依据。通过编制可行性研究分析报告，可以使开发商对开发项目的各项经济技术指标以及风险因素做到心中有数，这样在后期可以有效地控制相关成本。

1.可行性研究的操作流程

房地产开发项目的可行性研究，就是要从市场、技术和经济等多方面对项目的前景进行分析预测，对项目进行整体的综合评价，从而判断项目在技术上是否可行、经济上是否合理，并对多个方案进行优选的科学方法。可行性研究使决策科学化、程序化，提高决策的可靠性，帮助我们更透彻、更清楚了解市场和项目本身的特点、定位，有效规避投资风险，增强投资者对项目的把握能力。

2.可行性研究的主要工作

房地产开发项目可行性研究的目的主要是解决四个问题：研究开发项目产品的可行性；研究开发项目的市场定位和技术方案的可行性；研究开发项目的建设条件；进行财务、经济技术分析和评价，解决项目建设的经济合理性。

针对以上的四个问题，可行性研究主要从如图3-5所示的几个方面进行考虑。

图3-5 可行性分析的内容

3.可行性研究阶段的成本控制

可行性研究阶段的三大支柱是市场研究、技术研究和效益研究，三者缺一不可。因此，这个阶段首先对市场进行研究预测。例如针对目前市场上存在的许多空置房，分析空置的原因，为合理的规划提出参考数据。技术研究阶段的分析则需要紧密结合初步设计方案，进行功能分析及方案比选，从而选择出技术与经济结合较好的方案。

可行性研究阶段是建筑项目初始阶段，这个阶段的定位决定着项目是否能顺利实施，以及项目的整体规模和经济目标是否可以利润最大化。因此，加强建设项目的前期分析，可以有效提高项目的投资收益。

四、对开发项目进行投资估算

（一）投资估算的意义

投资估算是在对开发项目的建设规模、产品方案、新技术应用及设备方案、建筑设计方案及项目实施进度等进行研究并基本确定的基础上，估算开发项目所需资金总额并测算建设期各年资金使用计划。投资估算是拟开发建设项目建议书和可行性研究报告的重要组成部分，是项目决策的重要依据之一。

在整个房地产开发投资过程中，是否进行开发决策取决于开发项目投资估算。投资估算要保证必要的准确性，如果误差太大，必将导致决策失误。因此，准确全面地估算开发项目的造价是项目可行性研究及整个项目投资决策阶段造价管理的重要任务。在可行性研究的各个阶段，由于基础资料、研究深度和可靠程度要求不同，决定了各阶段的内容和投资估算精度也有所不同。

（二）投资估算对成本控制的影响

投资估算是房地产开发项目决策阶段成本控制的总目标，是以后各阶段成本控制目标分解的基础。投资估算成本控制是项目筹资决策和投资决策的重要依据，对确定融资方式、进行经济评价和进行方案优选起着重要作用；投资估算是编制初步设计概算的依据，同时还对初步设计概算起控制作用，是项目投资控制目标之一。

总之，项目决策的深度影响投资估算的精确度，也影响工程造价的控制效果。投资决策过程是一个由浅入深、不断深化的过程，依次分为若干阶段，不同阶段决策的深度不同，投资估算的精确度也不同，如投资机会及项目建议书阶段，是初步决策的阶段，投资估算的误差率在30%左右；而详细可行性研究阶段，是最终决策阶段，投资估算误差率在10%以内。

第三章 房地产项目投资决策环节的成本控制

[实战范本3-05]

某项目成本及投资收益测算

明细项目	预算总投资/元	计费标准	单位	计费基础	单位	可售面积单方成本	总建面积单方成本	计算依据及备注
一、土地费用								
1.土地出让金			元/平方米					
商业				7000.00	平方米			
住宅				17962.50	平方米			
地下可售商业面积								根据具体情况填写
其他可售面积								按土地价格计算（也可按楼面计算）
2.土地转让款			万元/亩	0.00	亩			按照交易地价计算
3.契税		3.00	%		万元			
4.其他								
二、前期费用	314.81					118.69	100.69	
1.规划、设计费	209.79	3.00	%	6993.12	万元	79.09	67.10	设计费比例可以根据区域调整
2.水文、地质勘察费	15.00		万元		万元	5.66	4.80	费用单价或总价可以根据区域调整
3.测绘费	15.00		万元		万元	5.66	4.80	费用单价或总价可以根据区域调整
4."三通一平"费	35.02	35.00	元/立方米	1.00	万立方方	13.20	11.20	费用单价或总价可以根据区域调整

续表

明细项目	预算总投资/元	计费标准	单位	计费基础	单位	可售面积单方成本	总建面积单方成本	计算依据及备注
5.其他	40.00		万元			15.08	12.79	环境评价、交通影响评估等费用
三、建筑安装工程费	5886.07					2219.11	1882.60	
1.地上	4252.13	1700.00	元/平方米	25012.50	平方米	1603.10	1360.00	30～45米高度，地下2层
2.地下	1563.28	2500.00	元/平方米	6253.13	平方米	589.37	500.00	
3.监理费	12.51	4.00	元/平方米	31265.63	平方米	4.71	4.00	
4.其他	58.15	1.00	%	5815.41	万元	21.92	18.60	标底、合同预算、招标管理费、执照费、竣工图编制费等
四、基础设施及配套费	1107.05					417.37	354.08	
1.道路工程	15.01	150.00	元/平方米	1000.50	平方米	5.66	4.80	150元/平方米×道路面积
2.供水工程	93.80	30.00	元/平方米	31265.63	平方米	35.36	30.00	30元/平方米×总建筑面积
3.供电工程	297.02	95.00	元/平方米	31265.63	平方米	111.98	95.00	95元/平方米×总建筑面积
4.供气工程	62.53	20.00	元/平方米	31265.63	平方米	23.57	20.00	20元/平方米×总建筑面积
5.排污工程	125.06	40.00	元/平方米	31265.63	平方米	47.15	40.00	雨、污水，40元/平方米×总建筑面积
6.通信工程	93.80	30.00	元/平方米	31265.63	平方米	35.36	30.00	30元/平方米×总建筑面积
7.照明工程	31.27	10.00	元/平方米	31265.63	平方米	11.79	10.00	10元/平方米×总建筑面积
8.环卫工程	6.25	2.00	元/平方米	31265.63	平方米	2.36	2.00	2元/平方米×总建筑面积
9.园林绿化工程	54.03	180.00	元/平方米	3001.50	平方米	20.37	17.28	180元/平方米×绿地面积
10.消防工程	78.16	25.00	元/平方米	31265.63	平方米	29.47	25.00	15元/平方米×总建筑面积

续表

明细项目	预算总投资/元	计费标准	单位	计费基础	单位	可售面积单方成本	总建面积单方成本	计算依据及备注
11.小区智能	250.13	80.00	元/平方米	31265.63	平方米	94.30	80.00	70元/平方米×总建筑面积
五、不可预见费	219.24	3.00	%	7307.93	万元	82.66	70.12	一至五项的3%，可调
六、开发间接费	225.82					85.13	72.22	
1.管理费用	225.82	3.00	%	7527.17	万元	85.13	72.22	一至六项的3%的管理费用，可调
2.财务费用								按照资金需求计算
七、销售费用	281.15	1.80	%	15619.57	万元	106.00	89.92	销售收入的1.8%
八、公共配套设施费								根据具体情况填写
合计	8034.14					3028.95	2569.64	

效益分析

明细项目	总额	销售单价	单位	销售面积	单位	可售面积单价	总建面积单价	计算依据及备注
一、销售收入	15619.57	5888.74	元/平方米	26524.46	平方米	5888.74	4995.76	
1.住宅	15619.57	8000.00	元/平方米	19524.46	平方米			销售价格按照现有市场中等偏低价格计算，保证对可能市场降价预期的安全边际
2.商业		0.00	元/平方米	7000.00	平方米			
地上一层		0.00	元/平方米	5000.00	平方米			
地上二层		0.00	元/平方米	2000.00	平方米			
地下一层		0.00	元/平方米	0.00	平方米			按照地上面积及8%地下公摊计算
二、总投资	8034.14					3028.95	2569.64	

续表

明细项目	预算总投资/元	计费标准	单位	计费基础	单位	可售面积单方成本	总建面积单方成本	计算依据及备注
三、综合税费	1015.27	6.50	%	15619.57	万元	382.77	324.72	按照土增税预交1%计算
四、税前利润	6570.16					2477.02	2101.40	销售收入−总投资
五、项目总投资利润率	81.78%							利润/总投资×100%
销售利润率	42.06%							利润/销售收入×100%
六、企业所得税	1642.54	25%				619.25	525.35	简单计算，利润×25%
七、税后利润	4927.62					1857.76	1576.05	利润−所得税
八、税后投资利润率	32.54%	0		按自有资金计算详见现金流量表				税后利润/总投资×100%
税后销售利润率	31.55%							税后利润/总投资×100%

各项成本占总成本的比重图表

费用名称	比例/%	总额/万元
土地成本	0.00	
前期费用	3.92	314.81
建筑安装费	73.26	5886.07
基础设施费	13.78	1107.05
不可预见费	2.73	219.24
管理费用	2.81	225.82
财务费用	0.00	
销售费用	3.50	281.15
合计	100.00	8034.14 不含综合税费

注：1亩≈666.67平方米，下同。

[实战范本3-06]

某地产项目成本测算表

说明：本项目位于_____，规划建设净用地面积约24650.70平方米（合36.9761亩），容积率不大于2.8（中高层）；建筑密度不大于30%，建筑高度不大于40米；规划地上总建筑面积为74096平方米（含公摊、阳台面积），其中电梯公寓66577平方米，店面6856平方米，物管用房277平方米，配套用房30平方米，地上机动车车356平方米；人防地下室面积4653平方米。建电梯公寓（13层、9层），框架结构，地下室双层停车，高度4.9米；地下机动车车数351个（其中机械停车171辆，不能办理产权，地上车库车位15个

	项目名称	单价 /（元/平方米）	建筑面积 /平方米	造价控制 /元	备注
1	土地成本	1112.84	74096	82456703.00	按223万元/亩×36.9761亩＝8245.6703万元计算
2	土地契税	33.39	74096	2473701.09	按土地交易金额的3%（8245.6703×0.03）
3	交易服务费	32.54	74096	2411417.58	按差额累计法2000万元×0.035+3000万元×0.030+（8245.6703万元-5000万元）×0.025
4	放样核样测量费	0.50	74096	37048.00	勘测院收费
5	环境评估	1.00	74096	74096.00	环境检测部门收费
6	桩基检测（静载）	1.00	74096	74096.00	检测单位收费
7	钻探费（详勘）	3.00	74096	222288.00	地勘单位收费（一桩一孔）
8	水资源及污水处理	2.00	74096	148192.00	市政污水及水利局收费
9	建设报建费用	120.00	74096	8891520.00	政府规费（含配套费、工程质量监督费、中小学改善办学条件附加费、文物探测费、定额测定费、自来水增容费）
10	白蚁防治费	1.00	74096	74096.00	政府规费
11	建委综合管理费	0.50	74096	37048.00	

续表

	项目名称	单价/(元/平方米)	建筑面积/平方米	造价控制/元	备注
12	施工图审查费	1.93	74096	142714.00	按建安总价的0.2%
13	设计费用	8.50	74096	629992.00	包含住宅、商铺、地下室
14	建安总造价			71357000.00	包括桩基采用预制桩系列，每平方米55元。上部土建、水电安装（含消防、智能系统等）、土方外运及回填，住宅层高为3米；外墙为涂料、塑钢窗、入户门采用防盗门；楼梯间采用防滑地砖等步面宽275毫米×155毫米；门厅、候梯厅层高大于2.7米，电梯采用国产电梯，每部控制在18米以内；居住建筑内墙天棚为腻子面上涂料，地上建筑结构为框架结构，7度设防，地下室发电机系统、招标代理费并包验收。人防地下室费用不包含机械停车设备费用
	(1) 住宅（含物管用房）、店面	963.03	74096	71357000.00	
	(2) 人防地下室（双层停车，高度4.9米）	1800.00	4653	8375400.00	
15	审计费	1.93	74096	142714.00	按建安总价的0.2%
16	监理费	4.82	74096	356785.00	按建安总价的0.5%
17	自来水工程费	7.00	74096	518672.00	含施工用水工程费
18	小区绿化、路灯	12.00	74096	889152.00	
19	总平化粪池、污雨水	8.00	74096	592768.00	总平化粪池、污雨水、排污
20	消防管网	2.00	74096	148192.00	消防管网
21	大门、传达室、围墙、道路	10.00	74096	740960.00	围墙包含临时及永久性围墙
22	强电	45.50	74096	3371368.00	变压器电缆、一户一表及工程费、施工用电
23	安防系统、有线电视	10.00	74096	740960.00	弱电探头等及有线电视1元/平方米

续表

序号	项目名称	单价/(元/平方米)	建筑面积/平方米	造价控制/元	备注
24	销售费用	15.00	74096	1111440.00	售楼部、楼书、广告
25	投资利息	129.88	74096	9623334.17	(土地款+契税+交易费+报建费)×1%×10月
26	项目工资	22.86	74096	1694000.00	77000元/月×22个月
27	办公费	8.91	74096	660000.00	3万元×22个月，含房租、办公用品、低值资产、固定资产、物管费、水、电、气、邮电通信、公司年检、业务招待费等，超出部分从项目奖金中扣除
28	项目奖金	36.50	74096	2704208.00	销售收入×1%
29	产权交易手续费				
	(1) 住宅 (含物管配套用房、车库)、店面	4.96	74096	367289.40	住宅3元/平方米×67239+店面6900×0.0035×6856
	(2) 地下室车位	6.77	4653	31500.00	按成交额的0.35%计，即50000×0.35%
30	产权登记费	0.79	74096	58320.00	每户80元×729户
31	物业维修基金	38.50	74096	2852696.00	3.5%×1100×74094
32	企业所得税	120.44	74096	8923886.40	销售总收入×10%×33% (预征)
33	土地增值税	23.56	74096	1745499.20	125平方米占90%×销售收入×0.5%+店面、125平方米以上占10%×1%
34	土地使用税	3.99	74096	295808.40	占地 (净用地面积)×4元/(平方米·年)×3年
35	营业税金			15549196.00	共合计营业税为5.75% (含营业税×5%。城建:营业税×7%。教附:营业税×3%。地方教附:营业税×1%。副调:销售收入×0.1%。印花税万分之八、天然气税)

续表

	项目名称	单价 (元/平方米)	建筑面积 /平方米	造价控制 /元	备注
35	(1) 住宅、店面	203.01	73740	14970286.00	5.75%×3200×66577+5.75%×6900×6876+5.75%×3000×356
	(2) 地下室车位	111.22	4653	517500.00	5.75%×50000×180
	(3) 地上车库	172.50	356	61410.00	
	开发总成本	2998.12	74096	222148819.75	
	(1) 住宅、店面	2877.68	74096	213224419.75	
	(2) 人防地下室	1917.99	4653	8924400.00	
	销售总收入			270420800.00	
	(1) 住宅(电梯公寓)	3200.00	66577	213046400.00	
	(2) 店面	6900.00	6856	47306400.00	
	(3) 地下室车位	1934.24	4653	9000000.00	50000元/个×180个
	(4) 地上车库	3000.00	356	1068000.00	
	利润(元)			48271980.25	利润率 21.73%
	另案利润(车位不考虑销售)			39789480.25	17.91%
说明	(1) 所有工程施工图纸(包含配套工程)都必须由公司进行自审,自审目的是控制成本。参审人员均需在图纸上签字确认,经签字确认的图纸才可编制工程标底,标底每平方米造价与制订的计划指标进行对比,是否超标,若超标,要求设计院重新设计,直至达到计划成本指标内才可签订合同 (2) 所有工程均需按审计制度进行招标投标(至少要有三家单位参加),参加开标的部门和人员必须有工程部、财务部、审计部、分管副总、项目经理 (3) 签订所有工程合同,均包工期,包质量,包验收,包安全,包造价,一次性总包原则,分项工程能一次发包的,则不能进行分包				

续表

项目名称	单价 /(元/平方米)	建筑面积 /平方米	造价控制 /元	备注

说明：
(4) 项目在开发过程中应严格按此计划成本执行，若超出成本计划时，事先不得先签订合同、施工及隐蔽签证、支付工程款等必须事先按以下程序进行审批：经办人→部门经理→审计部→分管副总→项目经理→董事长办公室→董事长审批后才可以执行；若新的政策出台后，有增加成本的应单独审批，审批后视同公司可追加成本。项目公司可操作
(5) 本项目最低限额启动资金为9623万元（含土地成本、土地契税、交易服务费、报建费用）
(6) 本测算表暂未考虑土地增值税及所得税
(7) 地价每增加1万元/亩，成本增加39万元
(8) 4号楼半地下室300平方米层高低于2.2米，不能办理产权，按公司规定不能办理产权未单列成本，此项成本摊入该栋楼成本中

新项目	策划部		审计部		合同审核		董办		董事长
经办	经办		经办		经办		经办		
审核	审核		审核		审核		审核		
负责	负责		负责		负责		负责		

第四章
房地产项目设计环节成本控制

> **引言**
>
> 设计环节对投资的影响程度高达70%～90%。设计环节工作水平的高低、质量的高低不仅影响施工阶段投资的多少,而且也影响项目建成投产以后经济效益的高低。控制房地产企业项目的建设工程成本,首先应从设计开始,因为设计是工程项目付诸实施的龙头,是工程建设的灵魂,是控制基本建设投资规模、提高经济效益的关键。

设计环节的成本控制,是项目建设全过程成本管理的重点,项目设计要尽可能采用国家和省级的设计标准,因为优秀的设计标准有利于降低投资,缩短工期,给项目带来经济效益。开发商通过招投标方式选择设计单位,在委托设计范围之前一定要对项目投资进行详细分析,在此基础上一般采用限额设计的方式,保证有效的成本管理,并着重考虑以下两点。

(1) 设计前的投资估算。通过对社会同类项目的价格、材料、设备、人工费用、税收、管理费用、利润的调查,在项目评估的基础上进行详细的综合比较,进行投资估算,作为初步设计控制的依据。

(2) 初步设计要重视方案的选择,按投资估算进一步落实成本费用,将施工图预算严格控制在批准的范围内,同时应加强设计变更的管理工作。

第一节 房地产项目设计阶段成本控制的必要性

房地产开发在设计阶段的成本控制是为了实现项目开发全过程的事前控制,其目的是为了最大限度地减少建筑施工过程中不确定因素导致的事后变动而带来的成本增加,具有高屋建瓴的作用。在房地产开发的整个项目的成本预算中,设计费用占其中很小的比例,只有1.5%～3%,但是其对项目开发成本的影响深远,可影响整个房地产项目的

75%以上，所以设计阶段的成本控制具有十分重要的地位性作用。合理科学的设计阶段成本控制，能够在一定程度上非常有效地降低工程造价。

一、设计管理与成本的关系

房地产开发项目设计的每一个阶段都会受到上游成本工作的限制。要做到对房地产开发项目设计阶段的成本控制，就要做到将成本部门对成本控制的要求也要贯彻到设计部门，成为设计部门的成本控制的目标。设计管理和成本管理之间的关系如图4-1所示。

图4-1 设计管理和成本管理之间的关系

二、设计阶段成本控制的影响因素

（一）建筑设计

建筑方案的优劣关系到其余各专业的方面的优劣，关系到各专业成本控制的成败，可以说是单体设计中成本控制的第一步。建筑专业设计得好与不好，不但决定着结构专业的成本，同时对给排水、电气、智能化、内外装修等也有重大影响。什么样的建筑方案才是最好的呢？其实没有最好的，这就需要我们在美观舒适与控制成本之间找到一个平衡点。从这个角度考虑，房地产企业可以从如表4-1所示的几个方面控制成本。

表4-1 建筑设计成本控制的考虑点

序号	考虑点	说明
1	规划设计方案	在项目规划设计方案时，要根据项目的基本功能和要求，合理安排住宅建筑、公共建筑、管网、道路及绿地的布局，确定合理的人口与建筑密度、房屋间距和建筑层数；布置公共设施项目、规模及其服务半径，以及水、电、燃气的供应等，并划分上述各部分的投资比例

续表

序号	考虑点	说明
2	建筑的平面布置	对于同样的建筑面积，若建筑平面形状不同，其工程量和建筑工程费用也不同。一般来说，正方形和矩形的建筑既有利于施工，又能降低工程造价。另外，在单元住宅设计时，小单元住宅以4个单元，大单元以3个单元，房屋长度在60～80米较为经济，相应可以降低工程费用
3	建筑的层高和净高	建筑层高和净高对工程费用影响较大。据资料表明，在满足规范的情况下，层高每降低0.1米，就可以节约成本1%，同时，还可节省材料，节约能源，节约用地，并有利于抗震
4	建筑的层数	建筑层数的多少，直接影响着工程费用的高低。低层建筑具有降低工程费用、节约用地的优点。建筑超过6层，就要设置电梯，需要较多的交通面积（过道、走廊要加宽）和补充设备（垃圾管道、供水设备和供电设备等）。特别是高层建筑，要经受较强的风力荷载，需要提高结构强度，改变结构形式，使工程费用大幅度上升。高层建筑超过18层和高度超过100米都有较大费用变化的界限，因而，合理规划建筑层数有利于降低工程费用
5	户型和住户面积	建筑户型分一室户、两室户、三室户和多室户。户室比要根据一般家庭人口组成、生产活动、工作性质等情况来决定。户型和住户面积以及配套功能房和辅助房的数量对工程造价的影响非常大。因此，房地产项目要根据项目的实际情况，确定小区内多层住宅、小高层和高层住宅的配比

（二）结构设计

结构是建筑的骨架和主体，其造价在土建成本中占有相当大的比重，因此，优秀的结构设计是控制成本的重要部分。根据行内专家的建议，结构方面的成本控制主要从以下几个方面考虑（表4-2）。

表4-2 结构设计成本控制的考虑点

序号	考虑点	说明
1	选择合理的结构体系	结构体系的选择，是结构设计中的第一要素。一般而言，钢结构贵过钢筋混凝土结构，而钢筋混凝土结构又比砖混结构造价更高。因此，应根据建筑的层数和使用功能，选择合理的结构体系
2	优选结构方案	在确定采用何种结构体系之后，还需对结构进行多方案比较。由于现代的建筑平面越来越不规则，体型越来越复杂，加上现在科技更先进，在满足结构安全的前提下，有多种结构方案可供选择，通过比较后，选取一个最佳方案。这种比较是非常有必要的，一个优秀的结构方案比一个差的结构方案要节省很多，对工程造价影响比较大
3	严格控制计算结果	在结构设计中，设计人员在计算与配钢筋时，常犯的错误：一是计算时取荷偏大，该折减的不折减，该扣除的不扣除；二是在输入计算机时，计算参数有意识放大1.05～1.15倍；三是出施工图配筋时，担心计算不准，有意识地根据计算结果扩大10%～15%的配筋量，所以其最终出图结果显然比精确计算大很多。此外，还有所谓的"算不清加钢筋"等现象。因而，作为房地产的管理人员，应该与设计人员多沟通，认真审核计算书与设计图，及时调整

续表

序号	考虑点	说明
4	优化基础设计	建筑基础的合理选型与设计是整体结构设计中的一个极其重要和非常关键的部分。它不但涉及建筑的使用功能与安全可靠,还直接关系到投资额度、施工进度和对周边现有建筑物的影响。基础的经济技术指标对建筑的总造价有很大的影响,基础的工程造价在整个工程造价中所占的比例较高,尤其是在地质状况比较复杂的情况下,更是如此

三、设计阶段成本控制的重要性

(1) 在设计阶段,工程造价控制分析的科学和合理的方式可以提高资金的使用效率,项目成本结构更加合理。设计编制预算是设计阶段的工程造价的重要工作,通过设计预算项目成本构成资金分配的合理分析,也可以利用价值工程分析与工程理论相匹配的功能和成本各组成部分的功能及调整,使其有更合理的成本。

(2) 工程成本估算分析可以提高投资控制在设计阶段的效率。房地产企业可以分析了解项目设计的各个组成部分的投资比例估计,投资比例相对较大的部分应作为投资控制的重点,它可以有效地提高投资控制的效率。

(3) 在设计阶段控制工程成本将使成本控制更主动。在设计阶段工程造价的控制,首先按照项目计划的费用,列出各部分的质量标准和该方案的费用。在系统详细设计中确定该方案的成本估计,并且列出项目各部分的成本控制指标,如果有比较大的差异,主动采取一些控制方法,减少分歧,提前达到控制成本的目的。

(4) 在设计阶段,项目的成本控制技术与经济要相结合。不仅要考虑项目的功能、审美和使用要求,还应充分考虑开发项目的成本。设计实现科技与经济的结合,达到设计的目的——经济、美观。

四、明确设计阶段各专业人员的成本责任

一个开发项目从方案设计开始,到之后的建筑、结构、电气、给排水等设计图纸的完成,涉及多个专业的设计人员,并且设计过程将贯穿整个开发项目的始终。无论在哪一个设计阶段,都不能离开成本控制人员的参与,只有这样,才能达到对规划设计阶段进行成本控制的目的。

对规划设计阶段进行有效的成本控制还要从优化设计流程上着手。对于房地产企业而言,建立一个规范的管理流程可以使工作变得更加高效,还可以节约时间成本。因此房地产开发项目就要针对规划设计阶段的流程进行不断的探讨,使设计流程和成本控制流程都可以变得更加合理,通过规范的、系统的流程引导,规划设计管理和成本管理就可以相互联系、相互制约。

同时要提高全员的成本意识。房地产开发项目的成本控制并不仅仅是成本部门的责任,而应该是所有部门共同来参与,相互协作完成的。成本部门在制定成本目标并在实

施控制成本的过程中向其他部门不断渗透成本控制的思想，使设计部、工程部、销售部等每一个部门的员工都能知道成本控制的重要性，了解自己应该担负起成本控制的责任。各个部门在成本管理中的职责如表4-3所示。

表4-3　各个部门在成本管理中的职责

职能部门	在成本管理中的职责
设计部	（1）设计费用的管理与控制 （2）根据相关部门及专家的建议进行设计优化
成本管理部	（1）开发项目成本管理与控制 （2）材料设备的采购管理 （3）合同及招投标管理 （4）目标成本的编制和动态成本的跟踪控制
工程部	（1）对工程的质量、进度和成本进行全面的集成控制 （2）工程签证和设计变更的现场管理和控制
销售部	销售费用的管理与控制
财务部	（1）财务费用的管理与控制 （2）公司总体资金计划的管理 （3）项目财务指标的控制
行政部	对公司管理费用的订效控制

【实战范本4-01】▶▶▶

项目设计阶段成本管理工作指引

1. 目的

为了提高设计阶段的成本意识，提供在设计阶段进行成本管理的基本手段，特制定本工作指引。

2. 范围

主要包括概念设计、实施方案设计、施工图设计三个阶段和建筑、结构、安装、景观、室内设计五个专业。

3. 原则

3.1 以客户价值为核心：在设计阶段应选择客户认可价值与支付代价最大差值的方案与部品，不宜单纯追求效果，也不宜片面追求低成本。公司可结合成本收益等综合情况，选择应用一定的新产品、新技术，但从中长期看不降低选择常规产品和技术时的项目利润率，在应用新产品、新技术的同时，应做好市场培育和客户引导工作，增加品牌价值并尽早让客户认同。

3.2 方案优化：在各阶段设计和单项设计中，都应持续地开展方案优化工作，比较不同设计方案所带来品质、效果、成本、效益等方面的差异，同时还要考虑物业维护成本、客户使用成本，从中选择最优设计方案，兼顾长期利益和短期利益的平衡。

3.3 动态测算、及时反馈：成本管理部门在概念设计、实施方案设计、施工图设计等决策过程中，都应全面测算项目成本，及时计算出单位可售面积成本等指标，并联合财务部门测算项目效益水平，提供给设计部门和公司决策层调整设计，使之满足公司的经营要求作为最后设计决策的必备资料。

3.4 取得设计单位配合：公司应做好与设计单位沟通工作，着力取得设计单位在成本控制方面给予最好的配合，并在设计合同中，将需要设计单位给予的工作配合事项和技术经济指标要求，清晰、明确地表述在设计合同中，可设置一定的履约奖惩措施。

4. 组织与分工

4.1 集团成本预算中心、规划设计部、工程管理部负责本指引的编写、修订、解释和培训。

4.2 项目一经确定，进入设计阶段后，分公司设计部应牵头设立项目设计工作小组（非常设性组织）。小组成员应覆盖设计、成本、工程、物业四个部门，并包括建筑、结构、安装、景观、室内设计等各个专业，公司设计部项目负责人组织工作的开展。

4.3 小组可根据自身能力，外聘专家，协同做好设计阶段的成本管理工作。

4.4 在各设计阶段的重要节点工作中，项目设计工作小组应组织专题研讨会，并与设计院保持良好和紧密的沟通，深入广泛地讨论和比较各方案的经济性。成本管理部应及时提供方案比较需要的成本分析，综合效果与经济性，以及各专业的要求选择最优秀的方案。

4.5 各阶段设计完成后，成本管理部提供包括成本测算在内的成本资料，方案论证应结合成本因素进行综合评价。

5. 概念设计阶段

5.1 本阶段工作的基础是在投资分析阶段营销部门、设计部门、成本部门共同完成的《项目定位分析报告》和《项目可行性研究报告》，定位需要调整时仍需以上三个专业共同讨论。

5.2 公司于设计工作开展之前，应按项目总体经营要求和市场定位，确定项目的成本控制目标。一般情况下，项目可行性研究及定位报告中确定的成本估算应作为确定设计阶段成本控制目标的主要参考。

5.3 本阶段的设计任务书中，除应包含"项目概况及用地分析"等设计专业的要求外，对于成本，应根据项目的地理位置、自然景观、配套情况等自身特点，以及项目定位时确定的拟建产品类型及风格，结合预期售价，给出一个相对宽松的成本区间范围，对概念设计单位进行交底。

5.4 在多个概念设计间进行选择时，除关注交通、功能分区、景观分析等方面以外，成本方面应重点考虑以下内容。

（1）建筑主体应避开原水塘等软地基所在位置。

（2）道路环境标高、基础埋深等引起土方挖填总方量最小。

（3）水泵房、配电房、煤气调压站、控制中心等配套设施的位置能使得各种管线的铺设长度最短。

5.5 对方案调整引起的下列变化应重点关注。

（1）商业面积调整。

（2）地下室及人防面积调整。

（3）停车比例及方式的调整（提高架空停车、地下车库等非路面停车的比例）。

（4）基础形式的调整。

（5）设备配套方案的调整。

（6）场地平衡基础处理等。

5.6 方案调整引起的建筑覆盖率、计容积率面积、不计容积率面积等发生变化时，各项具体的成本费用的变化是不一致的，部分科目的费用等比例变化，部分科目不严格按照比例改变，部分费用甚至不变。即不同方案进行成本收益比较时，应准确反应其实际变化情况。

5.7 因各产品的利润率不同，在测算项目总利润时，往往会调整各产品类型的比例。在测算地价、配套设施、环境等费用时，应综合考虑各产品的实际受益，在按占地面积、建筑面积、可售面积等分摊标准中选择最切合实际的分摊方法，准确反映各产品类型的成本和收益情况，为产品比例的调整指引正确的方向。

5.8 概念设计阶段需要特别注意不可售的建筑面积（会所、管理用房、设备用房、不可分摊的走廊），在满足项目配套需要的前提下，要与项目的定位相适应，同时兼顾长期的使用和经营管理的成本。

5.9 人防地下室造价较高，某些城市可以在自行建造或缴纳人防异地建设费中选择，本阶段应对两种方案分别测算，选择较为经济的方案。

5.10 进行实施方案的成本测算时，应检查设计有没有考虑物业管理模式、以往的特殊要求，避免后期修改。

5.11 测算时要注意不计建筑面积的实体（不足2.2米的设备层、不利用的吊脚架空层等）对成本的影响，防止遗漏。

5.12 不同阶段的成本测算发生变化时，成本人员应对变化情况和原因做分析，并向设计部门、营销部门提供改进建议。

5.13 本阶段应对建筑平面、户型结构、主要设备、停车方式等的可行性及经济性进行预研究，避免实施方案设计阶段调整幅度过大。

6. 实施方案设计阶段

本阶段重点关注：建筑平面、基础类型、结构形式、结构布置、建筑装饰标准、停车方式及比率、小区供配电方式、主要设备选型。

6.1 建筑专业。

6.1.1 确定建筑方案时，要尽可能从结构设计方面考虑建造成本，尽可能减小建筑专业的不合理布置带来的结构设计成本的增加。同时兼顾结构类型的选择，分别评估平面、竖向等各方向的复杂程度，不选择不规则或非常不规则的建筑方案。

6.1.2 单体及户型设计时，应寻求效果与成本的平衡，除商业与公建外，不宜选择体型过分复杂的单体；单体周长与面积的比例系数无特殊要求时应选择适中，在体现一定超前意识的同时，不至于同市场上的常规选择差异悬殊，符合产品的定位。

6.1.3 在确定层高时，应综合市场取向，产品自身的定位，同时考虑长期的取暖及制冷的能源消耗，不盲从客户要求，对销售人员培训以对客户能有正确的引导。选择合适的层高，层高每增加0.1米造价增加该层造价的3%～5%。

6.1.4 在门窗的设计中，在必须满足通风及采光要求的同时，应注意选择合适的窗地比（外墙门窗面积与建筑面积比）。铝合金或塑钢门窗除风格要求外，分格不宜过小，以降低型材的用量。

6.1.5 在选择停车方式时，必须满足规划的要求，若规划只要求停车位的数量，各停车方式的优势与劣势一般如下所述。

（1）地面露天停车造价最低，业主使用较为方便。但不可销售，除月租金可补贴物业管理外，开发商没有收益，且对于景观的影响较大。

（2）建筑物一层架空停车。多数城市可以颁发产权证，允许销售或长租；结构可以利用上部住宅的柱网，若无环境的要求，对围护结构要求也不高，故造价属中间水平。但因上部住宅的柱网不规则，平均每个车位的面积往往较大，对环境亦有轻微的影响。

（3）建筑物下的地下停车库，多数城市可以颁发产权证，允许销售或长租。造价较高，且因上部住宅的柱网不规则，平均每个车位的面积往往较大，但因可以利用建筑的基础，实际增加的成本较空地下的停车库反而要低，多数情况下可以通过销售收回成本。地下室兼作地下车库的经济柱净距建议如下。

地下室兼作地下车库的经济柱净距

停车类型	小轿车（标准车型尺寸为长×宽×高=4.90m×1.80m×1.60m）
两柱间停车数	建议柱净距/m
1	2.4
2	4.7
3	7.0
4	9.3

（4）人防地下室停车库：多数城市不颁发产权证，不可销售，但对于是否可以长租各城市规定不一，可以长租的往往还需与人防管理单位分成；和平时期一般可以用月租的方式补贴物业管理费用。人防地下室兼作停车库的成本非常高，即便可以长租往往也无法收回成本，故该种停车方式除硬性要求外，一般不主动选择。

（5）半地下停车：往往用于坡地或山地建筑，其成本与收益情况介于一层架空停车与地下室停车之间。

6.1.6 材料部品的选择必须满足集团工程或设计部确定的通用标准，另外还要与所建产品的定位与售价相适应，在此基础上尚有选择余地时，可以运用价值工程进行计算，选择最合适的材料部品。

6.1.7 材料部品的选择应考虑当地市场的供求状况，尽可能利用当地的优势资源，减少选用差异不大但需从外地购买的材料部品。

6.1.8 地面、楼面、屋面以及墙面等建筑做法应遵循技术合理、实用经济的原则。

6.1.9 方案比较进行成本测算时，应注意容易忽略的露台、不算面积的架空层、假复式、骑楼等引起的成本增加；有计算退台的建筑的占地面积和屋面面积时，应注意与普通建筑的区别。

6.1.10 规划设计方案确定之后，成本管理部应即根据方案做出细致的成本测算，并分析与可行性研究阶段成本估算的差异，反馈给公司设计部和公司管理层。

6.2 结构专业。

6.2.1 钢筋和混凝土成本占主体建筑成本的较大比重，单方钢筋含量和单方混凝土含量应作为结构设计控制、审查重点，并于同类建筑进行比较分析。

6.2.2 设计工作小组应与设计院设计师就各结构参数做深入探讨与交流，力求得到安全、经济的结构参数。其中重点审查以下内容：结构计算时输入的荷载值、结构计算参数、结构计算结果、结构构件的几何尺寸及配筋率。

6.2.3 一般情况，各基础类型的成本按以下顺序递增：天然浅地基基础、复合地基浅基础（有时采用强夯挤密砂桩等处理方式代替）、筏板、预应力管桩、人工挖孔桩（逐渐受限制）、灌注桩；相邻的两种在具体的设计方案中成本有时会颠倒，最准确的方法是请设计院初步估算进行设计，再测算其准确造价。

6.2.4 结构形式的成本递增顺序一般是：矩形柱框架、异形柱框架、框架短肢剪力墙、框架剪力墙、剪力墙；住宅一般较少采用框架筒体结构。同样，相邻的两种在具体的设计方案中成本有时会颠倒。

6.2.5 采用框架结构和框剪结构时，建筑与结构专业应互相进行反复修正，在对户型进行少许修改能够在结构上有较大节省的方案时应积极采用，避免建筑定型后再进行结构设计的被动局面。

6.2.6 异形柱框架与矩形柱框架相比较，结构造价一般会高出10%～20%，同时矩形柱的使用可能会对建筑使用功能造成一定影响，建议异形柱和矩形柱综合考虑。

6.2.7 柱、梁截面尺寸直接影响结构的混凝土和钢筋含量，也对建筑使用功能有一定影响，项目设计工作小组需着重考虑。

6.2.8 上述三个重要节点工作确定时的成本工作，一种方法是根据初设进行计算，另外也可邀请外部专家进行成本比较的定性分析，选择合适的方案。

6.3 安装专业。

6.3.1 给水管、排水管、导线的种类选择：应符合行业的发展方向，保证一定时间内不会被淘汰。

6.3.2 给水管、排水管、导线的规格选择：满足使用要求，有一定的富余量。

6.3.3 给排水、电气设备、智能化设备的选择：首先应充分调查市场，了解各种品牌的声誉及供应状况；其次在满足使用要求的前提下，性价比较高，且兼顾长期使用成本。

6.3.4 对于分期建设的大型小区的总配电房、分配电房及水泵房的方案设计时，应提前做到合理规划，全面考虑。

6.3.5 提交设计院的住宅套内的设计负荷指标、回路数量应合理考虑，对于项目应急负荷的指标应准确提供，以便进行发电机型号、功率的合理选择。

7. 施工图设计阶段

7.1 建筑专业。

7.1.1 设计人员应根据规划设计阶段的成果，撰写施工图设计招标文件和设计合同，制定"项目设计任务书"。负责跟踪控制目标技术经济指标；负责保证图纸及时到位和质量；组织图纸会审、设计交底等工作。

7.1.2 项目设计工作小组中的成本人员应协助设计人员确定设计合同的经济条款、技术经济指标要求。在设计过程中，须及时提供设计优化需要的各项目成本数据。

7.1.3 主体的外立面及公共部位的二次装修费用易被忽略或控制不严，设计与成本应提前在施工图设计时预测、确定其费用控制目标。

7.1.4 厨卫有装修时，固定橱柜、镜面覆盖处可以不满铺墙砖（或地砖）。

7.2 结构专业。

7.2.1 若结构布置已确定，本阶段成本工作的重点在于设计过程中对计算书进行复核，核查配筋率，并在正式出图之前进行细致的审图工作。

7.2.2 设计前应根据规划方案设计的成果，结合集团成本数据库中已建类似建筑，提出钢筋、混凝土的限额指标，并在施工图设计开始前在设计指导书中列明。也可在合同中约定，在最终成果达到要求后，给予一定的奖励，惩罚条款需谨慎采用。

7.2.3 应要求设计院或结构工程师完成结构结算后提供包括结构设计计算书、各层结构平面布置图、各层墙梁柱板的配筋量简图、柱底内力图在内的相关资料，并就计算书中的内容与设计师交涉、探讨。

7.2.4 具体结构计算及设计的细节中，以下方法可供参考。

（1）地基承载力的确定：勘察单位提供持力层地基承载力数据后，与相近类似地块的数据进行比较，在保证安全的前提下，与设计院一道同勘察单位沟通，保证提供的地基承载力数据不偏于保守。

（2）地下水压（浮）力是确定地下室底板与外墙厚度的主要因素。设计部、成本管理部负责争取勘察单位提供的地下水压（浮）力数据准确，无夸大。

（3）明确各层使用功能，可以得出较为准确的设计使用荷载，有利于结构设计。竖向墙体荷载按已明确的材料计算，应注意扣除窗和门洞的面积。

（4）在满足规范最小埋深及建筑功能的前提下，尽量减小地下室的高度和埋深。

（5）裙楼、地下室剪力墙与上部塔楼剪力墙及其洞口应尽量保持上下对齐。

（6）剪力墙体厚度在满足结构要求的前提下，在当地施工工艺的能力范围内应尽量取接近规范要求的最小厚度，墙非计算要求时一般采用构造配筋。

（7）高层建筑中，柱墙等竖向构件混凝土等级与梁板混凝土等级宜按受力要求分别采用，不得将梁板混凝土等级为求施工方便而刻意提高。

（8）梁板体系及简支构件的跨高比选择要经济；梁、柱截面尺寸都可按初估的荷载先行估算，并结合工程师自己的经验确定，再进行细致核算。柱在满足规范轴压比限值的情况下，宜减小截面尺寸，柱截面尺寸以轴压比和构造配筋为衡量标准。梁筋按计算配置即可，尤其是梁端面筋不应人为放大。

（9）主、次梁的负筋全部拉通的数量满足规范要求即可，不得全部直通。

（10）除地下室底板、屋面、剪力墙板及特殊要求部位外，其他各板式构件一般不宜采用双层双向配筋，其上部负筋在跨中应考虑断开。

（11）满足使用功能前提下，优先采用规范规定的最小板厚，但要验算变形和裂缝。条件许可时（板跨在经济范围内），应尽量少设梁，尤其是厨卫降板处不宜多设小梁（可采取折板或建筑垫层的做法），去掉小梁后板仍为构造配筋。不要因预埋或其他局部性的构造要求全面加大板厚。

7.3 给排水专业。

7.3.1 室内管线敷设，满足管线敷设长度最短的要求。

7.3.2 外立面的雨水管、空调凝结水管除了在建施图中反映外，还需在水施图中表示，便于施工。空调凝结水管可考虑尽量合并到雨水管，以节约管材、改善立面。立管的布置应综合考虑建筑使用功能，避免影响门窗的开启。

7.3.3 避免雨污水管穿越斜屋面，并详细标注安装高度。禁止雨污水管穿越客厅及卧室，禁止雨水直接排放到露台。

7.3.4 对于底层花园、顶层为假复式或斜层面有单独水电要求时，应单独绘制水电施工图；避免用标准层代替，而在施工过程中再以变更进行纠正。

7.3.5 给排水施工图中各类套管的位置及规格标注不能遗漏。

7.3.6 雨污水出户管应结合总平面排水设计，避免施工期间的大量调整。

7.4 电气专业。

7.4.1 电气系统的线路设计时，应考虑各楼层共用电缆母线，到达楼层再接分枝，在具备条件的情况下，优先考虑使用预分支电缆。室内线管的敷设方案应在"沿地暗敷""沿墙敷设"中选择线路较短的敷设方式。

7.4.2 卫生间的金属构件接地建议采用在卫生间埋设构件的方法，不从配电箱内单独分设PE（聚乙烯）线回路。特别是给排水管采用塑料管的，在满足规范的前提下建议不进行等电位联结板的设计。

7.4.3 选择低压断路器，确定保护整定值，校验低压线路末端单相短路保护灵敏度应符合规范要求。导线电缆截面的选择应在满足发热及各种校验的条件下，取最经济值。

7.4.4 户内配电箱的系统图设计应做到在满足规范的前提下，尽量减少漏电开关数量，建议优先采用插座回路共用一个总的带漏电保护的断路器的配电方式，照明回路采用单级开关，根据户内配电箱与上级电表箱的开关配合情况选择双级隔离开关作为户内配电箱的总开关。

7.4.5 小区智能化系统中，监控系统的摄像头、周界防越界系统的定位应做到合理考虑，在满足功能的情况下采用尽量合理的设备数量。

7.4.6 对于居家防盗报警、对讲系统的方案设计，应充分了解产品性能，确定性能稳定的对讲产品，了解当地相关政策，在满足规定的情况下，尽量优先选择安保型（对讲报警一体）的对讲产品。

8. 环境设计阶段

8.1 委托环境设计之前，应根据项目档次、定位报告的目标成本，确定环境工程的单位成本，并向设计师进行交底，作为概念设计的依据。

8.2 根据景观区域的位置可把环境分为重要景观区、组团景观区、宅间景观区等，设置成本分配系数，让成本投入能在重要的区域有所侧重。

8.3 详细的环境方案设计中，可把总的环境费用按道路及广场、绿化、建筑小品、室外照明、室外部品及设施、围墙等进行拆分，明确方案的成本目标。在方案完成后，再逐步核算分项费用、总费用是否超标，并反馈给设计师，再调整、再核算。

8.4 环境设计方案的调整，多数情况下属于面层不同做法的调整，或者是树木种类及规格的调整，建立完善的环境部品及材料库有利于环境设计的成本测算。

8.5 景观设计公司的景观结构设计做法往往较为保守，项目设计工作小组应重点进行优化，同时将优化后的常用景观结构做法提供给景观设计公司。

8.6 对于表观性景观材料，最好由设计部、成本管理部共同确定，保证合理的性价比。

8.7 环境设计还需考虑长期的物业维护费用，如入口的数量、水景的选择、草皮与乔灌木的比例。

8.8 景观设计应综合考虑与各种管网的协调,避免绿化树木根系对管网的潜在破坏,避免管井井盖对路面的不雅影响。

9. 销售包装工程设计阶段

9.1 精装修中设计费所占比例较高,对于设计师的选择有三个档次——普通设计师、国内知名设计师、国际著名设计师。普通情况下选择第二类,或选择合作较多、配合较好的第一类设计师,对于高档别墅和卖场可适当提高。

9.2 样板房实施前,应由设计部门、营销部门、成本部门共同讨论确定装修的套数和费用总额,并按每套房的设计费、装修工程、家具及家电设备、饰品等几项费用进行分拆,向设计师交底,各项费用可以互相调剂,但总额一般情况不允许超出。

9.3 装修工程编制预算时应考虑一定比例的设计变更费用。

9.4 家具、家电设备、饰品根据效果的需要,由设计部与成本管理部(或财务)共同按货比三家的原则进行购买。

9.5 样板间的饰品及家具,在风格不相冲突时,可在下一期的样板房中重复利用。

9.6 样板间总费用控制方法:事前给设计师一个最高限额,由设计师自行把握效果与成本(公司设计师及领导认为效果不佳时仍然可以要求变更),完成后根据确定的合同单价对工程进行结算,不超过限额时按实结算,超过时只支付最高限额。此方法只有当设计和施工是同一公司时方可实施。

第二节 规划设计阶段成本控制的措施

规划设计的考虑,要围绕住宅和商业店铺产品销售的市场及利润的大小来研究,如高层、多层的比例要合理,容积率高,设计平面组合好,将会使产品销售好,从而经济效益也高。因而要保证设计的质量,尽量减少施工期间的洽商变更,就必须采取有力措施,切实加强设计阶段的工程成本管理。

规划设计阶段成本控制的措施主要有以下几个方面。

一、加强设计阶段的经济论证

设计阶段是工程建设的重要环节,它决定整个工程项目的规模、建筑方案、结构方案,设计方案优化与否,直接影响着房产项目工程总造价,影响着工程建设的综合效益。在方案比较时,可以采用成本-效益分析方法,在满足工程结构以及使用功能的前提下,依据经济指标选择设计方案。设计单位在技术经济分析中应大力开展价值工程方法的应用。价值工程是分析产品功能和成本的关系,力求以最低的产品寿命周期成本实现产品的必要功能的一种有组织的活动和管理方法,以求获得最佳综合效益。

二、实行限额设计

限额设计就是按照批准的设计任务书和投资估算，在保证功能要求的前提下，控制初步设计以及按照批准的初步设计总概算控制施工图设计。同时，各专业在保证达到使用功能的前提下，按分配的投资额控制设计，严格控制设计中不合理的设计变更，保证工程竣工结算不突破总投资额。限额设计并不是一味考虑节约投资，也绝不是简单地将投资"砍一刀"，而是要尊重科学，尊重事实，精心设计和保证设计科学性的实际内容。投资分解和工程量的控制是实行限额设计的有效途径及主要方法。

在各设计阶段，尤其在限额设计目标值确定之前的可行性研究及方案设计时，房地产企业应加强价值工程活动分析，认真选择功能与工程造价相匹配的最佳设计方案。

> **特别提示：**
>
> 当投资限额确定以后，一般来说，要留下直接费用的60%作为调整使用。为了克服投资限额的不足，可以根据具体情况适当增加调整使用比例，从而更好地解决限额设计不足的问题。

三、实行工程造价和设计方案相结合的设计招标方法

目前，房产项目普遍实行了招投标制度，设计的招投标制度对提高设计水平、促进良性竞争起到了很好的作用。推行工程造价和设计方案相结合的设计招标方法，可以促使设计单位和设计人员不仅在建筑造型、使用功能上动脑筋，而且在如何降低工程造价上下功夫。一个优秀的设计方案，既要建筑造型美观，又要造价合理，从而保证项目的经济利益。

四、要加强设计出图前的审核工作

加强出图前的审核工作，将工程变更的发生尽量控制在施工之前。从设计阶段所设计的成果来看，设计方案的不足或缺陷加以克服时，所花费的代价最小，可取得的效果最好。在设计出图前加强对设计图纸的审核管理工作，以求得提高设计质量，避免将设计的不足带到施工阶段，减少不必要的浪费。

> **特别提示：**
>
> 房地产企业应成立专门的工程设计管理部门，配备经验丰富的建筑、结构、水电方面的专业人才和经济分析人员。制定详细的设计要求和下达设计任务，并对设计单位所出的设计方案和施工设计图进行审核。对工程项目的结构形式、装修标准、材料设备选型、设计的合理性和安全性等进行全面的评估和审核。

五、有效规范工程招投标制度，推进设计监理制

要切实推行工程招投标制度，房地产企业就要建立一个健康、公平的竞争环境，严厉杜绝不规范的行为发生。只有这样，在技术先进、造型新颖、安全适用、经济合理、节约投资基础上的最优设计方案才有可能脱颖而出。为了实现这一点，建设主管部门已经做了大量工作，如严格设计行业人员的执业资格考试与注册制度，施工图的审查制度，开展ISO 9000贯标活动，以及积极推进工程设计责任保险工作等。随着设计监理制的推进，还可以利用监理作为第三方的特殊位置，使其参与到招投标的全过程，对招投标的整体环境起到一个约束、监督和协调的作用。

此外，通过设计阶段监理，能在一定程度上更正设计工程中出现的技术、经济方面的失误，从而提高设计质量，有效地控制工程造价。具体做法是：当设计单位确定后，建设单位应及时委托监理单位对设计单位的执业资质及参加人员的专业素质进行核定，进而对工程项目设计的全过程进行监理，协调建设单位与设计单位的异议，运用自己的专业知识对设计提出合理建议，必要的时候请技术人员对设计方案及其重要环节进行技术经济论证。

【实战范本4-02】▶▶▶

某地产企业项目限额设计参考意见

1.项目档次界定及设计费限额

序号	项目档次界定	售价	设计费限额/（元/平方米）	备注
1	超高档	当地平均房价200%以上	多层：中高档、高档：	超高档次项目设计费可上浮10%；中档次项目设计费可下浮10%
2	高档	当地平均房价140%以上		
3	中档	当地平均房价80%～140%		
4	低档	当地平均房价80%以下		
5	别墅	与当地别墅的平均房价相对比	联排： 独栋：	

注：沿用成熟产品方案，其设计费总额应低于限额的下限。

2.结构设计

序号	限额措施
1	在设计任务书中应列入各主项指标限量，如每平方米钢筋用量、每平方米混凝土用量等，具体根据项目所在地区抗震、结构形式、层数等确定

续表

序号	限额措施
2	招标之前或过程中,若发现实际材料数量超出设计限量,必须要求设计单位进一步对施工图进行优化,力争控制在指标限量以内
3	地下室结构设计,除重点控制钢筋、混凝土用量指标外,应降低地下室顶板覆土的厚度。顶板上部地面用作园林景观时,应该尽可能地安排灌木和草地,避免种植大型乔木,以免过度增加覆土厚度;顶板覆土以1米左右为宜。消防通道也应尽量避免经过顶板上部地面
4	屋面造型造价影响建筑安装成本明显,在设计上应注意简洁;16层以下建筑,尽可能不采用斜屋面,或控制斜屋面面积比例。

3. 外窗

序号	限额措施
1	窗积比控制在0.30以内,以0.25~0.28为宜
2	控制开窗面积,降低外墙保温投入,减少飘窗、转角窗面积
3	如无外立面保温隔热地方性规范要求,除超高档物业以外,不宜选用断桥隔热铝型材、双层中空玻璃
4	若项目成本利润率低于15%,则应降低一个档次选择门窗用料
5	各不同物业外窗选材参考

物业类型	档次	铝型材表面处理	玻璃	小五金	限额(地上单方)/(元/平方米)
非别墅	超高档	可选用氟碳喷涂	双层中空,可按需要选用单面LOW-E玻璃(单反玻璃)		
	高档	粉末喷涂	双层中空		
	中档	表面粉末喷涂	单层或双层玻璃		
	低档	塑钢型材	单层玻璃		
别墅	超高档	可选用氟碳喷涂或采用复合材料	双层中空,可按需要选用单面LOW-E玻璃		
	中高档	粉末喷涂	双层中空		

4. 外立面装饰

序号	限额措施
1	墙积比控制在1.2左右,不宜超过1.5
2	除超高档次项目以外,不宜在除造型线条以外大面积采用氟碳喷涂、高级弹性涂料或金属漆,应选用合资品牌的中等档次产品

续表

序号	限额措施
3	中档及以下项目，不宜选用大比例、成规模的幕墙类饰面，如石材幕墙、玻璃幕墙、金属板类幕墙
4	若项目成本利润率低于15%，则应考虑降低一个档次选择用料
5	不同物业外立面用料及档次选材参考

物业类型	档次	石材及比例	面砖及比例	涂料及比例	限额（地上单方）/（元/平方米）
非别墅	超高档	可选用进口石材，石材用量不宜超过六层	可选用高档合资品牌外墙砖，比例不限	无限制	≤160（不含抹灰、保温）
非别墅	高档	可选用进口石材，但进口石材占石材总量的比例不宜超过40%	可选用较高档次外墙砖，比例不限	比例不限，不宜选用高档涂料	
非别墅	中档	不宜使用进口石材	普通面砖	比例不限，不宜选用高档涂料	≤110
非别墅	低档	不宜使用	普通面砖，比例不宜超过50%	不宜选用高档涂料	≤80
别墅	超高档	可选用进口石材，石材比例可以达到60%	可选用高档合资品牌外墙砖，比例不限	无限制	
别墅	高档	可选用进口石材，比例不超过40%，石材总量比例不超过外墙面积的50%	可选用高档合资品牌外墙砖，比例不限	无限制	
别墅	中档	不宜使用进口石材	宜选用较高档次面砖，比例不限	比例不限，不宜选用高档涂料	

5.公共部位装饰

物业类型	档次	大堂	电梯厅	消防楼梯（电梯）	限额/（元/平方米）
非别墅	超高档	可使用进口石材，地面和墙面可满铺石材	地面可使用进口石材，墙面可选用高档次抛光砖	不宜满铺地砖；楼梯扶手应以简单的钢质材料为主，不宜使用木质装饰性扶手	
非别墅	高档	墙面不宜选用石材，地面可以使用进口石材	地面可使用少量进口石材，墙面可使用较高档次抛光砖		

续表

物业类型	档次	大堂	电梯厅	消防楼梯（电梯）	限额/（元/平方米）
非别墅	中档	墙面不宜选用高档次大规格抛光砖；地面可使用少量国产石材	地面不宜使用进口石材，墙面不宜选用大规格高档次抛光砖	不宜满铺地砖；楼梯扶手应以简单的钢质材料为主，不宜使用木质装饰性扶手	
	低档	墙面不宜使用抛光砖；地面不宜使用石材	地面不宜使用石材，墙面不宜使用抛光砖		

6. 室外园林

序号	限额措施
1	注意软景与硬景的比例搭配；少用名贵苗木，多用本地普通苗木；水景造价高，使用管理费用更高，应控制其规模
2	限额指标参考

物业类型	档次	按空地面积单方造价限额/（元/平方米）	按项目总建筑面积单方造价限额/（元/平方米）
非别墅	超高档		
	高档		
	中档		
	低档		
别墅	超高档		
	高档		
	中档		

【实战范本4-03】▶▶▶

某地产企业限额管理标准

1. 指引目的

（1）本指引旨在强化公司项目前期及设计阶段的成本控制。

（2）推进设计阶段成本管理作业的标准化、专业化。

（3）掌握可靠成本信息，保证影响成本的主要要素在设计阶段控制在合理范围，挖掘成本控制的重点，以符合公司成本管理精细化的要求。

（4）范围：适用于公司所属独资或合资并由本公司操盘的项目，经董事会审议确定的特殊项目，其限额指标可做个案处理，不受本指引限制，以成本委员会审核的限额指标为准。

2. 定义

2.1 设计限额

为了保证项目成果的经济性而制定，是设计阶段相关技术经济指标进行控制的目标值。项目限额包括成本限额设计和主要指标的限量设计。

2.2 建筑面积

指按照《建筑工程建筑面积计算规范》（GB/T 50353—2013）计算的建筑面积，全国统一计算规则。

2.3 装修面积

指装修范围内的地面面积，其中阳台、露台和带装修的庭院按一半面积计算。

2.4 赠送面积

指不计算容积率建筑面积或计算一半建筑面积的区域，通过外围建筑门窗的改造能变成房间或提高有效使用面积的阳台或露台。赠送面积需在策划委员会纪要中明确，限额指标可以分开考核。

2.5 项目档次定位

2.5.1 "高档住宅"指该项目平均售价定位为该区域中档住宅均价200%及以上的项目，且一线城市销售单方建安成本占售价比重不超过20%，二线及其他城市销售单方建安成本占售价比重不超过25%。

2.5.2 "准高档住宅"指该项目平均售价定位为该区域中档住宅均价140%～200%（含140%）的项目，且一线城市销售单方建安成本占售价比重不超过30%，二线及其他城市销售单方建安成本占售价比重不超过35%。

2.5.3 "中档住宅"指该项目平均售价定位为该区域中档住宅均价80%～140%（含80%）的项目，且销售单方建安成本占售价比重不超过50%。

2.5.4 "普通住宅"指该项目平均售价定位为该区域中档住宅均价80%以下的项目或销售单方建安成本占售价比重超过50%。

2.5.5 若售价达到上述要求，但是成本比重超标的，应降低一档套用本限额指标。项目档次定位应在土地获取时在项目可行性研究阶段明确。

2.6 项目区域分类

2.6.1 一线城市（北京、上海、深圳、广州）的中心区。

2.6.2 其他城市（一线城市之外省会城市）中心区及一线城市的非中心区。

2.7 限额指标均为上限

限额标准主导及参与部门：成本管理部、策划设计中心、精装修景观项目部、营销中心（商业地产中心）、项目公司（部）、地产财务部、发展部等各部门在限额管理中分别承担的职责。

2.7.1 成本管理部：参与制定及修订项目的限额成本管理指标，监督并统计限额成本的执行情况。

2.7.2 策划设计中心：组织制定及修订限额设计指标，并协助第二阶段成本目标下达限额设计指标；针对具体项目的限额指标进行复核，监督限额设计的实施。

2.7.3 精装修景观项目部：参与制定及修订公共部位装修、景观工程、样板房等限额指标，监督相关限额设计的实施。

2.7.4 营销中心：协助统计营销费用相关数据，并参与营销费用限额指标的制定及修订。

2.7.5 城市公司设计部：为限额设计的最终实施部门，在策划设计中心授权范围内，落实下达的限额设计指标，在限额范围内指导设计，负责对设计单位及设计成果的考核。

2.7.6 城市成本管理部：根据设计成果复核限额设计指标是否在范围内，并及时反馈到设计主责部门及设计管理部门；收集统计所属范围内项目的设计指标，并按照要求及时反馈到总部成本管理部。

2.7.7 发展部：在可行性研究报告中要求相关部门明确项目档次定位（豪宅、准豪宅、中档住宅、普通住宅）、售价、项目区域分类。

3. 工作程序

3.1 项目限额内容及范围（包括成本限额和主要指标的限量控制）

序号	指标名称	备注
1	设计费	设计费含规划设计、建筑设计、景观设计、室内设计（含公共部位、会所、样板房装修）、专项设计费、审图及专业设计顾问等费用。精装交楼及临时搭建的售楼处设计费不在本设计费限额范围内
2	营销费	项目为了销售而产生的各类费用，包括营销管理费、营销推广费、卖场营造费、中介销售代理费、物业管理及客户服务等相关费用
3	钢筋混凝土含量	在设计任务书中列入结构的钢筋、混凝土单位面积的含量，包括结构、建筑造型、女儿墙等构件的钢筋及混凝土，需要区分结构类型、建筑高度、抗震等级等分别列控制指标。为了防止单纯控制地下室钢筋及混凝土指标而降低车库停车效率，对地下室车位占用面积制定了相关控制指标
4	外立面门窗及铝含量	外立面门窗工程在本项目中的平均实物量单价、分摊到地上建筑面积单方等控制指标，实际控制包含铝含量控制、铝型材、涂层、玻璃、五金件、开窗率等几个方面 铝含量控制：指单位面积铝合金门窗的铝型材用量的控制，铝型材用量与框料断面类型、门窗分隔、开窗数量、铝型材厚度等因素有关
5	外立面用材	为外墙面的费用分摊到地上建筑面积的控制指标，实际控制包括墙地比控制、外墙面层材料的选择及比例控制等

续表

序号	指标名称	备注
6	景观工程限额	含硬景(消防道路、园路及广场等)、绿化、水景、外墙园建、雕塑小品、室外照明、标识、人工湿地、土方堆坡造坡及500毫米以内厚种植土回填等
7	公共部位装修限额	含会所、大堂、地下室电梯厅、公共卫生间等装修费用,一般包括硬装、软装及设备
8	样板房及销售分公司限额	为销售展示装修费用,包括装修单方的控制
9	安装	含给排水工程综合指标、强电工程综合指标、弱电工程综合指标、通风空调工程综合指标、消防工程综合指标和燃气工程综合指标

3.2 制定限额指标

通过分析本公司项目的指标,并与同行的限额设计指标对比,制定适合于本公司的限额成本指标。

3.2.1 设计费限额。

本指标为项目达到交付要求及销售推广而产生的设计与设计相关的费用的限额。其中包括的内容为含规划设计、建筑设计、景观设计、室内设计(含公共部位、会所、样板房装修)、专项设计(含基坑支护、人工湿地、特殊水景、人防工程、燃气工程、幕墙、铝合金、钢结构、标识系统、智能化、室内灯光设计、灯光及泛光照明、变配电及专线、结构检测等)、审图及专业设计顾问等费用。精装交楼及临时搭建的售楼处设计费不在本设计费限额范围内。

序号	住宅项目分档	设计费用限额/(元/平方米)	序号	写字楼项目分档	设计费用限额/(元/平方米)
1.1	豪宅	150	2.1	地标甲级	210
1.2	准豪宅	100	2.2	甲级	150
1.3	中档	70	2.3	乙级及高档研发楼	100
1.4	普通	50	2.4	研发楼	55

住宅设计费限额适用于住宅项目(含局部街铺、底层商业、独立会所等),写字楼设计费适用于一般公建项目(含局部街铺、社区商业、底层商业等)。

(1)参照《勘察设计收费标准》、本公司设计费统计及对标单位设计费统计。

(2)设计研发部作为设计管理主责部门,负责设计费管理的总协调,设计费使用出现分歧的由设计研发部或其授权部门解决,设计费超限额或目标的需由该项目设计主责部门按照相关流程报批。设计费有多个主责部门的,由设计研发部牵头,相关部门联合会签。

（3）为了确保项目的设计费计费基数的唯一性及严肃性，设计费取费基数为容积率面积+地面核增面积+地下室面积。其中核增面积及地下室面积之和不超过容积率面积的25%。若超过25%，设计费计算面积按照容积率面积的1.25计算。

（4）精装修设计费含在精装修总限额成本内，由精装修主责部门负责管理，精装总设计费不宜超过精装总成本的4%。

（5）星级酒店、地标建筑建议另行报批。

3.2.2 营销费用限额。

本指标指项目为了销售而产生的各类费用，包括营销管理费、营销推广费、卖场营造费、中介销售代理费、物业管理及客户服务等相关费用。营销费用计算以销售收入为基数。

序号	项目类型	取费（首期）/%	取费（二期）/%	取费（三期及以后）/%
1	新区域新项	3	2.5	2
2	原区域新项目	2.5	2	2
3	其他项目	在成本目标中明确备注		

备注：

（1）计费基础为销售项目第二阶段成本目标及盈利分析测算中的销售收入，不受实际销售收入增加影响。持有物业及保障性住房不计算营销费用，物业管理及客户服务等相关费用单计。

（2）物业管理前期介入费列入总营销费用控制，本内容与当前成本目标体系中的"销售费用"内容一致。

3.2.3 钢筋、混凝土限量设计标准。

由于钢筋及混凝土指标是相互关联的，因此将两个指标作为一个整体考虑，以下各项指标均以"建筑面积"为基数，即采用《建筑工程建筑面积计算规范》(GB/T 50353—2013)计算的建筑面积。

3.2.3.1 整体地下室指标。

根据其特征，在指标下达时分为三项指标：扩大地下室、人防地下室及塔楼地下室，裙楼地下室可以参考扩大地下室，因为其上部建筑对其影响较小，具体内容略。

3.2.3.2 地上指标

（1）地上标准层指标（该指标含阳台、凸窗等常规赠送面积）：适用标准层及不含转换层的地上结构，具体内容略。

（2）地上部分综合指标：适用于有露台赠送及转换层的结构。该限额为地上部分的限额指标，做面积赠送及结构转换时，需要满足以下指标：超大面积赠送的，需策委会明确同意赠送，并明确赠送面积及赠送方式，考核指标需由成本委员在审议成本目标时下达，具体内容略。

3.2.4 外立面门窗标准限额。

本限额适用于住宅产品。影响门窗成本构成的因素包括铝合金材料断面选择、铝合金材料表面处理、玻璃选择、五金选择、门窗地面面积比等。铝合金的成本限额需要从材料选择及开窗率等方面综合考虑，合理控制在合适水平。本限额指标由窗地比及参照标准化研究成果的铝合金门窗综合价格共同构成，具体内容略。

3.2.5 外立面用材。

影响成本的主要要素包括外立面材料选择、施工工艺、外墙地面面积比等。外墙的成本，需从外墙的材料选择和外墙地面面积比两个方面控制，以地上建筑面积单方成本作为限额控制上限，具体内容略。

外立面用材综合指标及墙地比控制指标（按地上建筑面积计算），具体内容略。

3.2.6 景观工程费限额。

为实施景观工程而产生的工程费用，包含硬景（消防道路、园路及广场等）、绿化、水景、景墙园建、外围墙、组团围墙、雕塑小品、室外照明、标识、人工湿地、500毫米以内厚种植土回填等。软硬景及按照景观面积单价均为刚性指标，具体内容略。

3.2.7 公共部位装修标准限额。

按照装修区域分为大堂、地下室电梯厅（大堂）、标准层电梯厅、标准层过道、会所及公共卫生间六个区域。对不同区域的单个大堂及会所面积应确定合理值，避免盲目做大公共区域，具体内容略。

3.2.8 销售展示装修标准限额。

样板房建造标准实施上限管理，各区域城市样板房建造标准的具体内容略。

4. 设计限额指标的下达

4.1 限额指引的适用阶段

在符合上述限额范围内的，自项目立项开始即适用本限额设计指标控制成本。在拿地阶段，项目初步定位确定时，成本预设及估算即采用本限额指标测算成本，用于拿地测算及第一阶段成本目标控制。在拿地后根据第一阶段成本目标测算的成本，用以指导后续各阶段的设计。

4.2 限额指标的下达

考核的限额指标均以下达的第二阶段成本目标为准，以公司经过成本委员会审议并下发的第二阶段目标及批准的限额为上限。若第一阶段项目的定位变化导致成本的增减，应按照《成本目标管理工作指引》流程审批，并在后续设计及实施过程中合理控制，未单独下达项目限额指标的项目适用于本《项目限额设计成本》。

4.3 限额设计的操作

在公司以利润为导向的考核体制下，限额设计的目的就是合理控制投资成本，降低开发风险，在实际执行限额中涉及多部门的，应由项目经理负责整体协调。可调整的增量成本仅限于提升项目档次的范畴，其他刚性不可调，可调整的增量成本内容包括：

（1）建筑效果提升（包括建筑外立面装饰、铝合金门窗、阳台栏杆）；

（2）景观效果提升（包括软硬景、小品、水景），红线外景观改造不在本调整范围之内，应另行报批；

（3）室内装修档次提升（包括大堂、标准层电梯厅、会所装修及入户门），项目增加精装修交房的内容属于项目定位问题，不在本调整范围之内，应另行报批；

（4）设备（包括电梯品牌、电梯装修、可视对讲）。

上述调整内容，总额在成本目标3.2.2～3.2.6项总和3%以内的，须详细列明增量成本细项，经公司成本管理委员会预审小组初审后，报备成本管理委员会；超出3%额度的，须报批成本管理委员会。

5. 限额设计的执行及检查

5.1 前期研究阶段

前期设计研究与概念草案中必须执行限额设计规定，与成本预设及估算相结合，将有关项目定位（豪宅、准豪宅、中档住宅、普通住宅）、售价、项目区域分类在可行性研究报告中明确。

5.2 概念设计阶段

（1）在设计任务书中应提出明确的限额设计指标，设计单位在进行概念设计时必须执行。

（2）概念设计提交策委会审议时，必须明确限额设计执行情况。

（3）本阶段限额设计成果应与第一阶段成本目标相对应。

5.3 方案设计阶段

（1）在设计任务书中应提出明确的限额设计指标，设计单位在进行方案设计时必须执行。

（2）方案设计提交策委会审议时，必须明确限额设计计划情况。

（3）本阶段限额设计成果应与第二阶段成本目标相对应，作为成本考核指标。

5.4 初步设计及施工图设计阶段

（1）在设计任务书中应提出明确的限额设计指标，设计单位在进行初步设计与施工图设计时必须执行，设计单位应根据方案对限额指标的执行及落地有初步判断，若由于方案原因导致限额无法达到要求，应在初步设计之前提出，并优化建筑方案。

（2）策划设计中心审查初步设计、施工图设计时，须审核限额设计执行情况。

（3）设计管理人员应要求设计单位在提交初设成果的同时提交根据初设图复核限额的数据供参考。

（4）本阶段限额设计成果应与第三阶段成本目标相对应。

5.5 后评价阶段

（1）项目总结应有限额设计执行情况专篇，说明各阶段限额设计执行情况。

（2）财务结算价格应与各阶段限额设计进行对比。

5.6 限额成本的检查

5.6.1 设计主责部门检查：设计主责部门在月报中对限额设计执行情况要求相关部门报备。

5.6.2 成本主责部门检查。

（1）在各阶段方案上报决策委员会时，主责设计部门会同对应的成本部门（控股策划设计中心为主责的项目对口成本部门为控股成本管理部，项目公司为主责的项目对口成本部门为项目公司成本部）复核设计是否符合限额指标要求，超限额指标的应书面告知主责设计部门及设计管理部门限额执行情况。

（2）在第二阶段成本目标下达过程中，控股成本管理部会同项目公司、项目部成本口复核各项指标是否在限额指标范围内，若超限额指标时，应书面通知设计主责部门及设计管理部门限额执行情况。

（3）在初步设计完成后，由项目公司、项目部成本口复核各项指标是否在限额指标范围内，若超第二阶段成本目标下达的限额指标时，应书面通知设计主责部门及设计管理部门限额执行情况。

（4）在施工图完成设计后，正式出图前由设计部门先行提交白图给项目公司、项目部成本口，通过快速计算，在规定的时间内复核主要限额指标，若未达到限额设计要求，应由设计主责部门会同设计部门进行优化，属刚性要求的指标未达到限额范围内的，若因工期原因不能优化的，需公司分管总经理同意方可进入施工阶段。

5.7 限额设计的执行情况的考核

5.7.1 限额内容相关主责部门的考核。将限额设计的执行情况作为绩效考核的内容，其中涉及项目公司、项目部、精装修景观部、策划设计中心、成本管理部、营销部门等。

5.7.2 对外部机构的奖惩。制定履约评价细则，将限额设计的执行能力作为重要考核指标之一，并可进行适当的奖惩，具体的奖惩办法应按照公司相关管理制度进行审批。

第三节 地产项目设计阶段成本优化

房地产企业应总结设计阶段成本优化的方法，在正式施工图完成前，实施成本优化，提高设计阶段的成本管理意识，提高成本控制效果。

一、设计前期成本控制要点

（一）整理出相关信息

房地产企业在开始设计前应要求设计部、开发拓展部、策划部整理出政府规划要点、土地属性（用地分析）、市场定位三方面信息。

1. 政府规划要点

房地产企业应根据政府规划要点批复，得出如表4-4所示的信息。

表 4-4　政府规划方面的信息

地块名称：

基本信息			
总占地面积		容积率	
建筑用地面积		建筑密度	
总建筑面积		绿地率	
计容积率面积		户数	
住宅建筑面积		限高	
配套设施			
商业		会所	
学校		幼儿园	
物业用房		设备用房	
活动中心		服务中心	
卫生院		电信、移动中心	
公共卫生间		……	
游泳池		球场	
其他			
车位类型	数量	面积	备注
自行车车位			
车位			
人防面积			

2. 土地属性

房地产企业应通过勘查现场，对土地属性信息进行分析如表4-5所示。

表 4-5　土地属性的分析内容

项目	详细描述	备注
市政解决方案（水、电、气、道路）		
市政污水		清楚了解距离红线的距离，是否组建污水处理站
市政给水		清楚了解距离红线的距离
临水		清楚了解距离红线的距离
永久电		清楚了解距离红线的距离
临时电		清楚了解距离红线的距离

续表

项目	详细描述	备注
市政煤气		清楚了解距离红线的距离,是否组建煤气瓶组处理站
出入道路		清楚了解是否需要维修、建造道路及高架桥等
公交站场		清楚了解小区建造公交站的数量
红线内土地情况		
场地高差情况		(1)清楚了解场地高差情况,以便估算场地平整费用、挡土墙费用 (2)山地建筑分析场地坡度面积比率
植被情况		清楚了解场地内植被情况,与设计部门一道确定是否有可以保留的树木,以便估算景观成本
河流、箱涵情况		清楚了解场地内是否有河流、箱涵,河流、箱涵的长度、深度及宽度,以便估算改造费用
鱼塘、湖泊情况		清楚了解场地内是否有鱼塘、湖泊,鱼塘、湖泊的面积,以便估算改造费用
高压线情况		清楚了解场地内是否有高压线通过,如果有,需要埋地或改变走向的长度
输油管等市政情况		清楚了解场地内是否有输油管、市政设施等,如果有,需要搬迁或改变走向的距离
市政道路情况		清楚了解场地内是否有市政道路或以后是否有规划市政道路,如果有,具体长度及宽度、建造标准
拆迁情况		
地质情况		清楚了解场地内地质情况,以便决定采用基础形式
建筑退让红线情况		清楚了解场地内建筑退让红线情况,以便准确计算建筑物占地面积
红线外土地情况		
噪声情况		考虑是否需要采用防噪玻璃
可视景观		清楚了解场地周边的可视景观情况,决定是否需要改造可视景观

3. 市场定位

房地产企业要清楚地了解该项目的市场定位(表4-6)。

表4-6 市场定位分析表

项目类型	面积比率	户型面积	层高	一梯几户	附加值				立面风格	开窗	园林	装修			售价
					花园	阳台	凸窗	地下室				大堂	电梯厅	室内	
项目1															
项目2															
项目3															

续表

车位配比要求	
车位售价、可售比率	
商业配套要求	
会所配套要求	

（二）成本控制需要关注的重点

以上信息整理完成后，成本控制需要关注的重点如下。

（1）场地内的特殊地形，如果出现河流、箱涵、高压线等问题需要仔细分析，了解清楚其处理办法以及影响，并估算其改造成本，注意需要预留部分不可预见费用。

（2）要重点关注车位的建造方式（地下、半地下、露天），是否计算容积率，会所是否可售。

（3）需要重点关注外电距离、是否已经有电缆沟、是否需要破路等费用，注意考察周边楼盘是否可以合作以便降低部分成本。

二、概念、规划设计阶段成本控制重点

（一）建筑、结构方面

规划设计前，成本管理中心应同设计部、策划部、销售部共同探讨产品类型布置方案，作单一产品估算以及组合方案的成本估算，形成较为详尽、准确的最优产品组合（已确定）方案的成本估算，用以指导概念、规划设计。应结合周边环境、用地景观资源，合理确定不同地域的不同产品布置；让产品销售利润、土地价值最大化。成本管理中心应就土地价值与建筑产品的组合向设计部、策划部、销售部提出建议（注意：重点是通过产品容积率来区分不同产品间成本差异）。

1. 路网布置

（1）道路设计满足消防及道路交通相关规范。

（2）路网应合理简洁（减少路网的不合理曲线、弯折）。

（3）优化出入口布置（优化建议时成本人员需要考虑周边环境以及客户使用需求，不能减少出入口后引起客户投诉，导致后期整改而增加成本）。

（4）道路宽度（设置双车道或单车道加会车区）。

2. 停车布置

要综合销售建议、规划要求、停车效率、成本等因素选定停车方式。

（1）土地利用，要确保地面露天车位最大化，地面停车按照最大边线原则布置。

（2）停车方式，要确保车位平面布置最优化，限定面积内停放量最大。

> **特别提示：**
> 车位建造成本由低到高的顺序为：地面露天车位→首层架空车位→地上独立车库→半地下车位→地下车位，具体停车方式要结合容积率情况综合考虑。

（3）停车位体形控制，主要包括高度、单独车位面积。

（4）车库设置，车库宜集中设置，减少建造成本，机械车位及地下车库高度要预留。

（5）车库设置注意考虑客户使用要求，占地面积较大项目，车位数量需要合理分配，避免集中设置而引起业主投诉（示范区尤其需要注意）。

3. 控制不可销售的公建及配套建设面积

（1）不可销售的公建及配套（含附加值多建面积）或不能整体转让经营的面积满足土地规划要求即可。

（2）提升附加值而多建的面积，要结合市场销售价格估算建设的必要性，注意提醒设计部：国家有了新的建筑面积计算规范，"虚报面积"而招致的政策风险需要注意避免。

（3）通过业态分析和市场调查合理确定商业面积。

4. 出入口布置

应综合物业管理成本、建造成本，合理布置规划物业出入口大小，出入口岗亭、车辆出入口、人流出入口组团布置相对集中，减少管理人员。

5. 确定场地标高

结合项目周边道路、市政管网的情况，按照土方费用最小的原则确定场地标高。

（1）因地制宜，确保动土量最小，尽可能使场地土方挖填平衡。

（2）设计规划，充分考虑现有地形，降低排水坡度。

（3）土方平衡需要在具体的工程实施前，由设计部、工程部出一份现场的等高线图以及拟修建建筑的标高图纸，两者合二为一后，再由成本部估算出整个项目的土方挖填工程量，以及挡土墙、护坡成本，并将计算结果交给公司决策。

6. 山地建筑

（1）山地建筑应结合地形情况确定产品类型，根据山体高差确定产品类型，控制土方开挖工程量及埋置在土方中的基础。

（2）山地建筑必须比较各种边坡支护方式，结合山体实际情况及高差明确边坡支护方式。边坡支护方式成本递增顺序一般是自然土方放坡、预应力锚杆+混凝土喷设、毛石挡墙、混凝土挡墙。

（3）山地建筑应该结合地形情况确定赠送面积大小，赠送面积大小对于市场的销售来说至关重要，所以要充分利用山地建筑。

（4）合理利用场地地形地貌，利用原有地形的起伏关系完成山水造型。避免洼地堆山、水系开挖的大量土方施工费用和地下管线反刨以及大面积新作水系增加防水、补水费用（此项优化工作需要成本人员熟悉项目地形和设计意图，并对管网给排水等成本都有一定的了解）。

7. 总图规划

总图规划，综合考虑开发周期和永久建筑、园建、交通的合理布局，避免（临时办公室、施工生活区以及项目临水、临电、临时道路）重复建设。

（二）安装方面（电梯布置方案选择）

从成本角度出发，超高层尽量选用两阶段提升布置方案。在市场无特殊要求下，采用一梯多户（或四户以上）方案。在设计时一定要估算以及选定电梯轿厢装修标准，建议按照不同档次设计一至两个装修标准，以后每次套用即可。

（三）园林环境方面

（1）充分考虑利用场地景观资源（天然景观及人造景观），提升项目品质。不同景观与建筑产品的合理搭配；不同分期、不同项目与景观位置、特性的均衡组合。

（2）明确景观单位控制成本，根据公司已有项目系列将每个项目的景观成本总结出来，然后根据最新的市场价格和项目的特殊情况调整后，提交最新单位景观成本供设计部、营销部考虑，同时提供给设计院作为设计控制参考，注意根据景观重要程度区别对待。

（3）明确软硬景控制比例，统计已有项目软硬景面积比例，提供给设计部及建筑规划设计院作为设计控制参考。通常软景比硬景便宜，因此应该尽可能多地设置软景，少做硬景。

三、方案设计阶段成本控制重点

（一）建筑、结构方面

1. 建筑方案选型

房地产企业应评估平面、竖向等各方向的复杂程度，选择规则的建筑平面，尽可能减少建筑专业的不合理布置带来成本的增加。

（1）高层建筑单体应选择对称形式。

（2）考虑抗震及成本要求，外挑外挂构件宜减少。

（3）控制屋顶造型。

> **特别提示：**
>
> 对于建筑项目方案的评估、选择等需要成本人员有一定的结构知识，因此成本人员平时要多参与相关结构方面的讨论和协商，提高结构方面的专业水平，积累经验，并形成一定的规则。

2.确定合理层高

要结合销售、成本等因素来确定层高,一般情况下,住宅层高为2.8米性价比较优,因为层高每增加0.1米造价增加该层造价的3%～5%。

3.窗地比控制

(1)通过节能估算指标来控制窗地比,注意节能控制主要是窗墙比以及可开启面积,要注意转换窗墙比和窗地比的关系。总体来说目前节能规范对成本控制窗地比是有利的,需要重点关注的是一旦节能方案在审批上不通过,成本管理部提的优化建议首先是减少开窗面积,并不是保持开窗面积不变而去采取其他措施来满足节能要求。

(2)单体方案确定后,估算不同单体户型窗地比,合理控制产品窗地比(是否开窗或开窗大小需要与设计一起沟通),窗地比应不超过同类产品经验值。

4.栏杆、栏板的限定

(1)栏杆类型尽量要少,估算以往项目单体户型栏杆、栏板的单价,进行参考。

(2)将各种栏杆、栏板的分类统计做成标准产品,以后栏杆的做法就不需要估算单价成本,只需要统计含量即可。

5.外墙装饰设计优化方案的初步确定

(1)提供目前不同产品外墙不同做法价格表,以便作为参考(平涂、质感涂料、劈开砖、釉面砖、石材等综合价格)。

(2)提供目前各种产品外墙平涂、质感涂料、面砖、石材各自占有比率,以便设计部合理确定外墙涂料、面砖、石材的面积比率。

(3)提供常用外装材料适用性能。

(4)关注外墙立面复杂程度,并提出改进建议。

6.优化比选阳台、露台、屋面等的具体做法

成本管理部应提供目前不同产品阳台、露台、屋面具体做法及价格表,以便设计部作为参考选择,并且优化比选具体的做法。

7.节能方案

(1)尽量采用体形系数满足节能要求的产品,以最优经济方式解决节能方案。

(2)通过合理的窗墙比实现节能达标。

(3)通过墙体材料来实现节能达标。

(4)控制节能取值范围。

8.结构方案优化

(1)结构模板平面确定后,设计、成本管理中心配合审核柱网布置,结构形式,选择最优结构方案。

(2)减少挑板、外挂装饰钢构件数量。

9. 山地建筑应结合地形情况确定产品类型

（1）根据山体高差确定产品类型。

（2）控制土方开挖工程量及埋置在土方中的基础。

10. 山地建筑必须比较各种边坡支护方式

（1）结合山体实际情况及高差明确边坡支护方式。

（2）边坡支护方式成本递增顺序一般是：自然土方放坡、预应力锚杆+混凝土喷设，毛石挡墙，混凝土挡墙。注意：挡土高度超过3米时，有可能混凝土挡墙成本比毛石挡土墙还便宜，因此高挡土墙需要进行方案估算比较。

11. 确定赠送面积

山地建筑应该结合地形情况确定赠送面积大小，注意从客户角度衡量其是否需要并考虑是否可以不计建筑面积或者容积率，尽量规避政策风险。

（二）安装方面

成本控制中心应估算配电设备（高压柜、变压器、低压柜、柴油发电机组）分期或分项目集中布置或分散布置不同方案的经济合理性，因为涉及供电等行业，有可能成本控制中心拿到图纸时方案已经定案，因此成本人员一定要提前关注到此事，避免优化工作不到位。根据场地等实际情况按不同方案计算测定，安装方面的优选要点如表4-7所示。

表4-7 安装方面的优选要点

序号	类别	优选要点
1	供配电设备安装定位设计优选	（1）所有供配电设备（除发电机组外的高压柜、变压器、低压柜）尽可能设在同一房间内，确保在符合规范要求下距离最短，以减少之间连接线路 （2）估算供电方案采用环网式或是开闭所式的综合经济性，提出优选方案 ① 一般情况下环网式比开闭式经济 ② 合理布置开闭所位置，使走线长度之和最短 ③ 设置开闭所时，应尽量考虑多期共用 ④ 条件允许时，可考虑借用项目附近原有开闭所，避免新建
2	供水方案的优选	供水方案中重点考虑建造水泵房的必要性 （1）现阶段采用建设水泵房方式供水方式 （2）建造水泵房时应考虑建造位置及占用空间 （3）当选用负压供水方案时要与水泵房水池供水方案估算对比，确认实施的经济合理性
3	合理设置消防分区	（1）在符合消防规范的前提下，最大限度布置消防分区 （2）布置防火分区时应注意住宅、商用、地下车库（单体、复式）的区别 （3）尽量利用建筑墙体设置防火墙，减少防火卷帘、防火门作为防火隔离等方法合理设置消防分区，减少消防喷淋系统的设置

续表

序号	类别	优选要点
4	中水处理站与中水提升泵站	（1）中水处理站应根据项目特征，选用设计规定的最小规模 （2）中水处理站与中水提升泵站应选择在地块中心，使管线布置长度最短
5	污水提升泵站	对大量填土地块，由于自然坡度无法达到排水要求，需考虑建设污水提升泵站
6	地块内高压线路改线	（1）入地方式：造价高 （2）电缆沟方式：相对较高 （3）管道埋设方式：相对较低 （4）建设高压走廊：造价较低

（三）园林环境方面

（1）园林环境方面按目标成本控制指标，实行限额设计。

（2）提供常用软硬材料规格型号及单价，铺地材料尽量本地化，避免大面积使用花岗岩等贵重材料，根据不同位置合理确定石材厚度；植物选择本地常用、易成活、养管费用低的种类。

（3）提供基层标准做法，供设计部及规划建筑设计院使用。

（4）软景观中，苗木比例适当。重点效果部分使用大规格苗木，一般区域和庭院使用小规格苗木。

（5）选择合适的材料尺寸，控制各类材料损耗。

（6）材料档次的选择主要以满足功能性需求为主，并综合考虑后期维护成本。

（7）控制木作的使用面积，尽量少用水景（主要是后期维护管理成本太高）。

（8）绿化灌木种类尽量少一些，灌木造价比草皮贵很多，优化时注意尽量减少灌木面积，灌木主要用在住宅或者水景周边起到一些防护作用，其余的地方尽量种草皮，并以不同乔木搭配以达到节约成本、保证效果的目的。

四、扩初设计阶段成本控制重点

（一）建筑、结构方面

1. 明确结构含量控制指标

（1）向设计部门（设计部或外聘规划建筑设计院）下发施工图结构设计成本控制要点，明确结构含量设计限额。

（2）结构含量中需要将各部位含量细化便于以后估算控制，如果遇到山地建筑等地形比较复杂而设计院不肯签订设计限额指标时可以采用地上限额、地下部分进行过程控制的方法来签订设计合同。

（3）限额后一定要设立合适的奖惩措施保证条款顺利执行。

2.选择最优基础形式及埋深

根据勘探报告，设计部门初步估算进行设计，成本控制中心审核设计部门选用的基础类型及基础设计的经济合理性。一般情况下，各基础类型的成本按以下顺序递增：天然浅地基基础、复合地基浅基础（有时采用强夯挤密砂桩等处理方式代替）、筏板、预应力管桩、人工挖孔桩（逐渐受限制）、灌注桩。

3.明确合理结构布置，复核结构参数

设计部门就各结构参数应做深入探讨与交流，力求得到合理结构形式、合理柱网布置、合理结构构件尺寸、合理结构计算参数以及安全、经济结构参数。其中重点审查：结构计算时输入的荷载值、结构计算参数、结构计算结果、结构构件的几何尺寸及配筋率。

4.结构含量指标计算

（1）成本管理中心根据设计院提供的设计电子稿或者白图计算钢筋含量及混凝土含量，保证钢筋含量及混凝土含量控制在目标成本范围内，并及时反馈设计部门，以便进一步优化。

（2）验算时注意抽取基础、首层、标准层、天面层等来予以验算，确保结果不会偏离太远，估算结果符合目标成本要求后再出施工图纸。

（3）如果局部或者全部指标超标，需要分列细项，详细分析超标部位原因，并将结果发给设计部门和主管结构优化的工程师以及相关领导，推进设计优化工作完成。遇到特殊情况确实需要超标的，要报主管领导审批同意后再进行下一部的设计工作。

5.复核建筑控制指标

复核窗地比、外墙面砖、涂料、石材比例等，控制在目标成本内。

6.选择符合节能要求的成本最优方案

配合设计部门开展节能方案估算比选，选择符合节能要求的成本最优方案。在立面方案已经确定的情况下，节能方案经济性优先顺序为：减小窗墙比→加厚外墙砌体材料→外墙聚苯颗粒砂浆→外墙保温板→采用LOW-E玻璃。

7.部品材料选配标准应尽量与目标成本估算标准保持一致

复核部品材料设计选用表，确定选配标准，不符合项要与设计部门协商解决方案并进行相关成本估算分析。

（二）精装修方面

（1）室内精装修。根据确定的装修标准，实行限额设计，控制在目标成本内。减少精装房的差异，对应不同建筑产品的装修方案，统一材料选用，便于提高经济采购批量。

（2）公共装修。装修方案确定后，估算销售大厅、会所、大堂、电梯厅成本是否在估算成本内。

（3）根据装修建筑尺寸，选择合适模数的材料尺寸，将各类材料损耗降到最低。

（4）材料档次的选择主要以满足功能性需求为主，并综合考虑后期维护成本。

（5）减少精装房的差异，对应不同建筑产品的装修方案统一材料选用，便于提高经济采购批量。

（三）安装方面

成本控制中心应估算并比选高压柜、低压柜的不同品牌、型号，以及不同组合方案情况下的成本。

1. 变压器（不同单台容量）组合方案的比选

（1）在需求总容量不变情况下，选用变压器台数越少越经济。除可节省费用外，还可节省空间。但若实际使用容量不能达到或接近本台较大变压器容量的，会形成空转，在按变压器计量收费情况下，电费可能较高，单台容量要综合评选。

（2）规格在1250千伏·安以上的变压器价格昂贵，建议不选用。

2. 配电主干线路方案比选

配电主干线路不同材料、不同敷设方式、不同走向方案比选。一般情况下，价格递增顺序为：电缆+电缆穿刺接头、电缆+预分支接头、母线槽、防火桥架（或线槽）+普通电缆（或阻燃电缆）敷设方式、普通桥架（线槽）+耐火电缆的敷设方式。当然回路较少时采用导线（或电缆）穿管（阻燃管价格远低于镀锌钢管）方式可能更加节省成本。

3. 室外供配电线路设计优化

室外供配电线路设计优化要点如表4-8所示。

表4-8 室外供配电线路设计优化要点

序号	类别	优化要点
1	市政供电线路引入	（1）在场地、环境允许情况下，架空线路最省 （2）当采用电缆时，单线电缆截面规格不得超过300平方毫米，避免再选大一级（或大一级以上规格），产生浪费 （3）在线路最短原则下，首选市政已建电缆沟敷设 （4）当在线路最短原则下市政无已建电缆沟，而延长线路就可利用市政电缆沟时，要根据实际情况估算在延长线路条件下利用市政电缆沟敷设与自行新建电缆沟或采用直埋敷设方式时的最优方案 （5）一般情况下，敷设方式不同时的价格从低到高排序为：利用市政已建电缆沟→直埋+过路套管→全程穿管→自行新建电缆沟 （6）电缆沟深度、宽度在满足有关要求前提下要控制在规格最小范围内
2	小区配电线路	最省方案排序：铠装电缆直埋+过路套管→导线+全程穿管→普通电缆+全程穿管→铠装电缆+全程穿管→普通电缆+电缆沟→铠装电缆+电缆沟。但当电线、电缆根数达到一定数量集中敷设时，可能选用电缆沟敷设方式更省，具体需要通过实际方案估算才能确认

> **特别提示：**
> 铠装电缆是由不同的材料导体装在有绝缘材料的金属套管中，被加工成可弯曲的坚实组合体。铠装电缆包括铠装热电偶、铠装热电阻、铠装加热器和铠装引线。

4. 配电箱内断路器、接触器等器件不同品牌、不同组合方案比选

尽量选用国产或合资产品，使价格降低，注意要符合当地供电部门的地方要求，避免来回反复，浪费工期。

5. 供水方案比选

根据项目产品组合（高层、小高层、多层），进行供水方案技术经济比选（带水箱变频加压控制系统；无负压管网直联式供水系统、市政压力直供或多方案组合等）。

6. 室内水暖材料设备选用要点

（1）在满足压力、温度等技术条件下优先选择综合单价较低的管材［如常用采暖管价格增序排列：PPR（三丙聚丙烯）管→铝塑复合管→PB（聚丁烯）管］。

（2）对价格较高的风管、冷凝水管的保温材料使用予以控制。

7. 消防报警器材、消防预埋管材的选用

（1）满足功能前提下，含超高层在内，对温、烟感探测系统的设备选型优先选用国产设备、报警器材（注意配套选用，以及项目产品的连续性和后期的维护费用一并考虑）。

（2）消防喷淋系统平面布置优化。

（3）通风、排烟管道选用形式（如镀锌铁皮风道、玻璃钢风道）应做经济对比分析后择优选择。

（4）对于消防预埋管，当地无明确规定时，选用阻燃塑料管替代钢管最为经济。

8. 空调设计优选

（1）根据实际情况估算比选集中空调方案或小中央空调方案的经济合理性，并对不同品牌、不同系统方案进行比选。

（2）集中空调系统应根据具体使用功能及长期能耗，估算确定氟系统或水系统方式。

（3）对价格较高的风管、冷凝水管的保温材料使用予以控制。

（4）空调安装设计过程中，一定要充分考虑出风口，出风口的合理布置对于项目建成使用后有很大的便利性。

（5）根据实际情况估算比选有无机房电梯方案或不同型号电梯适用范围的经济合理性，并对不同品牌、不同系统方案比选。

（四）园林环境方面

在园林环境方面，要考虑每个组团小品配置均衡，以免后期业主投诉。根据扩初成果图计算造价，确认成本是否控制在目标成本范围内。

（1）估算中列出各种不同材料用量比例提供给设计部门参考，并为以后的成本优化工作积累经验。

（2）估算中列出各种乔木每平方米的用量提供给设计部门参考，并为以后的成本优化工作积累经验。

（3）灯具设计优化时要考虑后期维护和使用情况，并通过收集物业管理公司的建议减少不必要的装饰灯具。

（4）建立统一的园建结构，从经济实用的角度出发，减少以后园建结构部分的优化工作。

五、施工图设计阶段成本控制重点

（一）建筑、结构方面

1.工程做法与交楼标准统一，避免因两者不一致造成拆改

（1）应力求设计院按我方交楼标准编写施工图工程做法。

（2）确属无法统一的做法，需在招标文件及其他相关技术标准中明确，并在项目实施时由设计师向工程部、施工方进行技术交底，避免错误施工造成拆改。

2.部品及材料选择

（1）根据项目定位、产品类型选择材料部品，避免功能溢价。

（2）在立面图基础上针对不同规格外檐墙、面砖进行合理排布，减少断砖损耗。

（3）厨卫大样图、楼梯间大样图根据平立面、踏步尺寸合理选择砖型，减少断砖损耗。

（4）减少栏杆、装饰钢构件等的种类，提高标准化产品的使用程度。

3.出图要求和图纸自审制度

设计部门对规划建筑设计院的出图要求和图纸要组织建筑、结构、安装各专业人员进行审核、协调，减少错漏碰缺。图纸自审由设计部门负责组织。接到图纸后，设计部门应及时安排或组织有关人员进行自审，并提出各专业自审记录。同时，要及时召集有关人员，组织内部会审，针对各专业自审发现的问题及建议进行讨论，弄清设计意图和工程的特点及要求。图纸自审的主要内容如下。

（1）各专业施工图的张数、编号、与图纸目录是否相符。

（2）施工图纸、施工图说明、设计总说明是否齐全，规定是否明确，三者有无矛盾。

（3）平面图所标注坐标、绝对标高与总图是否相符。

（4）图纸上的尺寸、标高、预留孔及预埋件的位置以及构件平、立面配筋与剖面有无错误。

（5）建筑施工图与结构施工图，结构施工图与设备基础、水、电、暖、卫、通等专业施工图的轴线、位置（坐标）、标高及交叉点是否矛盾。平面图、大样图之间有无矛盾。

（6）图纸上构配件的编号、规格型号及数量与构配件一览表是否相符。

4.组织图纸会审工作

房地产企业应组织图纸会审工作，完善图纸细部设计，减少错漏碰缺，为控制项目的建筑安装成本打下良好的基础，成本人员应该积极主动要求参加图纸会审并认真审核图纸。

（1）尽量赶在工程项目开工前进行，了解设计意图，明确质量要求，将图纸上存在的问题和错误、专业之间的矛盾等，尽最大可能解决在工程开工之前。

（2）审查施工图的基础工程设计与地基处理有无问题，是否符合现场实际地质情况。

（3）审查建设项目坐标、标高与总平面图中标注是否一致，与相关建设项目之间的几何尺寸关系以及轴线关系、方向等有无矛盾和差错。

（4）审查图纸及说明是否齐全和清楚明确，核对建筑、结构、上下水、暖卫、通风、电气、设备安装等图纸是否相符，相互间的关系尺寸、标高是否一致。

（5）审查建筑平、立、剖面图之间关系是否矛盾或标注是否遗漏，建筑图本身平面尺寸是否有差错，各种标高是否符合要求，与结构图的平面尺寸及标高是否一致。

（6）审查建设项目与地下构筑物、管线等之间有无矛盾。

（7）审查结构图本身是否有差错及矛盾，结构图中是否有钢筋明细表，若无钢筋明细表，钢筋混凝土关于钢筋构造方面的要求在图中是否说明清楚。

（8）复核结构指标是否满足限额要求。

5.通过管理减少对设计工作的拆分和尝试设计总包

进行设计总承包和施工总承包，设计总承包和施工总承包是为了相关专业间合理衔接并统一责任，为事后的投资方权力追溯提供保障。因而，房地产企业应通过管理减少对设计工作的拆分和尝试设计总包。

目前钢结构、幕墙、铝合金门窗、弱电、景园工程等分项工作的设计多由专业设计机构或公司来完成。比如，规划建筑设计院只负责施工图中土建及水暖电等部分的设计，结果是施工图与专业分项图纸矛盾点较多或冲突，不同专业工程衔接性差，造成工程中的变更、签证数量激增，返工和修整量大，致使施工进度延误和成本增加。由于专业机构或公司设计方案的不同造成投标报价不具可比性，造成成本上升。产生重大质量问题时，责任不清、相互推诿，给投资方造成重大的经济损失。

（二）安装方面

1.市政及小区管网设计优选

（1）着重考虑管材优选。

① 综合施工、使用等因素，给水管经济合理性排序为：PE（聚乙烯）管→焊接钢管→无缝钢管→镀锌钢管→UPVC（硬质聚氯乙烯）塑料管→球墨铸铁管→钢塑管。

② 排水管经济合理性排序为：规格500毫米以内，UPVC波纹管→钢筋混凝土管→PE波纹管；规格500毫米以上，钢筋混凝土管→UPVC波纹管→PE波纹管。

③ 一般情况下，机动车道下选用重型（Ⅱ级管或S2管材），对非机动车道下选用重型要严控。

（2）优选检查井规格及井盖：避免设计盲目地统一选用大规格井；控制重型井盖使用部位；除机动车道外的非机动车道或绿化带等部位严控采用重型井盖，并尽量减少检查井数量。

（3）尽量减小排水管坡度，降低管网埋深，减少动土量。

（4）优化管网走向、长度，合理布局管网的分布。

2. 水暖施工图审核成本要点

（1）满足压力、流量等技术条件时的管径选择（达到要求即可，不能过大），如给水排水干管、立管、支管、户内管管径应经计算核定，一般每户住宅给水进户管管径要统一。

（2）需要的预留洞、预埋件，图中表示要清楚、齐全（包括孔洞尺寸、位置、标高、预埋材料），避免后期凿剔。

3. 智能化设计优化

（1）室外智能化、景观灯具设计优化应结合项目定位、市场接受程度、销售价格、周边楼盘使用状况、小区场地布置（含绿化组团和道路布置）综合考虑，在提升产品品质的前提下还应兼顾实用性、经济性。

（2）以项目的市场定位、规划设计思想和物业管理思路来确定智能化系统规划设计方案（如封闭管理社区选用红外对射周界防翻越系统，开放的大社区管理结合封闭的单元管理选用电视监控加电子巡更系统）。

（3）家居安防与可视对讲系统分别设置和二合一的技术经济比较及产品档次选择。

（4）红外对射探头的设置与小区围墙的走向优化（避免不规则围墙增加探头数量）。

（5）景观灯具的布置应根据项目定位，分期设定灯具总价来控制灯型、位置和数量。

（三）园林环境方面

（1）注意园林环境设计与建筑、配套管网设计的衔接，避免标高、平面布置差错出现。

（2）估算各项指标是否在目标成本内，并提出优化建议。

（3）综合考虑后期管理维护成本，提出相应优化建议。

（4）清单编制完成后，做出最后的完整的预算并同目标成本比较，按照以上园建估算方法一样提出最后的修改和复核意见。

六、二次设计阶段成本控制重点

（一）铝合金

（1）根据当地气候条件、项目、项目定位和保温节能要求，选择相应的门窗系统（常见门窗系统按成本高低排序依次为木铝复合→铝合金窗→塑钢窗）。

（2）根据建筑施工图进行门窗分格设计时，在满足采光通风要求前提下，避免门窗面积过大和窗型过多过少。

（3）对于使用较好导热性能的窗框材料如铝合金窗框材料，大面积的玻璃比小面积的玻璃好，因为大面积玻璃减少窗中窗框材料的比例，通过合理配置中空玻璃的结构，可以使整窗的性能最大优化。

（4）高性能窗的热性能弱点是窗框材料和玻璃边部材料，因为玻璃中心是高效率的，窗框和玻璃边部传导相对较高，应该选择绝缘间隔条（没有金属/很少金属）及热隔断性能好、低传导的窗框材料。

（5）避免大面积西晒玻璃的使用，日落之前可获得较好的采光条件，但是进行空气调节的费用是很高的。

（6）在考虑满足通风要求的条件下尽量减少开启扇数量，并注意防止空气渗漏以及紧急出口设置，平开窗可以比推拉窗获得高的通风能力，但是开启形式设计需要考虑风压作用。

（7）加大板面设计，减少窗框和扇的材料面积，提高整窗的视野通透及性能。

（8）门窗五金件选择：根据门窗系统（木、铝、塑）、项目定位、建设期和使用期全寿命周期费用综合选择门窗五金件系统，避免功能不足或过剩。

（二）金属构件

（1）栏杆、百叶等非承重构件，需控制断面尺寸不宜过大或过厚，满足强度和刚度即可（需注意节点构造设计）。

（2）注意对栏杆、百叶的间距控制（满足安全间距和遮挡要求）。

（3）玻璃雨篷等承重钢构件，需由结构工程师进行强度复核（装饰设计计算一般保守）和结构优化。

（4）钢构件需区分使用场所（室内外），分别采用不同的面层防腐处理：如室内楼梯扶手、楼梯间栏杆刷防锈漆+调和漆即可；室外栏杆选择氟碳喷涂或镀锌+静电喷涂。

（5）提出优化建议是注意综合考虑楼盘档次、规范要求以及后期维护使用成本。

（6）常用栏杆百叶做成标注做法备选，减少重复优化工作。

第四节　慎选设计方案以控制成本

房地产项目建设过程包括项目决策、项目设计和项目实施三大阶段。投资决策和设计阶段是投资成本控制的关键阶段，其中到了设计阶段影响工程成本的因素有很多，这些因素包括设计标准、设计参数、设计形式、功能和使用价值等，对项目成本均有不同程度的影响。通常，设计费用一般只占建设工程全寿命费用的1%左右，但是这少于1%的费用对投资的影响却高达75%以上，在单项工程设计中，主体结构方案的选择及地基基础方案的选择都对投资有较大的影响。据统计，满足同样功能的条件下，技术经济合理的设计，可以降低工程造价5%～10%，甚至可以达到10%～20%。

一、基于成本控制的设计方案选择流程

基于成本控制的设计方案选择流程如图4-2所示。

图4-2 基于成本控制的设计方案选择流程

二、主体结构设计方案的选择

（一）平面布局和建筑造型对造价的影响

户型概念设计可以结合市场需求，根据策划部门的提议，确定户型类别、面积及组合方式，并根据目标客户特征，合理确定空间的尺寸大小。住宅的平面布局不同、外形不同，将直接影响到内外墙的长度。在面积一定的情况下，只要平面布局合理、紧凑，墙体长度就相对较短，墙体体积、墙身内外表面装饰面积及内外墙脚手架的搭拆费用就会较低，从而降低工程造价。

在标准层户型面积相同的情况下，建筑占地越小，所需要的开发资金就越少，经济效率则越高。据研究，在标准层面积一定的情况下，矩形的占地面积最小。因此，住宅平面建设采用矩形平面。

（二）层高对造价的影响

在建筑面积一定的情况下，层高越高，单方使用的建筑材料将相应增加，比如会增加水泥的用量、钢筋用量以及施工时人工、机械及模板的用量，墙面装修材料的增加，

配套管道设计材料的增加等。总层高增加，需要提高基础的承载力，会使地基基础的工程造价增加。据有关资料分析，住宅层高降低0.1米，成本造价可降低1.2%～1.5%。

（三）采光通风对造价的影响

住宅的采光及通风应满足设计规范要求，建筑物间距、建筑形式、建筑群体组合形式、窗户的朝向及尺寸，影响着建筑物的通风及采光效果。同时不同的设计方案对应着不同成本造价。

（四）建筑节能对造价的影响

建筑节能具体指在建筑物的规划、设计、新建（改建、扩建）、改造和使用过程中，执行节能标准，采用节能型的技术、工艺、设备、材料和产品，提高保温隔热性能和采暖供热、空调制冷制热系统效率，加强建筑物用能系统的运行管理，利用可再生能源，在保证室内热环境质量的前提下，减少供热、空调制冷制热、热水供应的能耗，可以有效降低项目全寿命周期成本。

（五）使用面积系数对造价的影响

所谓使用面积系数，就是在建筑物中供工作、生活、公共活动、储藏和服务等净面积的总和与建设面积之比，即

$$使用面积系数 = \frac{使用面积}{建筑面积} \times 100\%$$

这个系数越大，说明面积利用率越高，也就越经济。在住宅建筑设计中

$$使用面积系数 = \frac{总套内使用面积}{总建筑面积} \times 100\%$$

（六）结构类型对造价的影响

建筑物地面以上的结构形式为主体结构，对工程造价影响很大。目前我国多、高层建筑结构形式常见的主要有框架结构、剪力墙结构、框架-剪力墙结构等。不同的建筑结构形式对工程造价有不同程度的影响。

1. 框架结构

框架结构是指由梁和柱以刚接或者铰接、相边接而构成承重体系的结构，即由梁和柱组成框架共同抵抗使用过程中出现的水平荷载和竖向荷载。其优点是：空间分布灵活，自重轻，节省材料；可以较灵活地配合建筑平面布置，利于安排需要较大空间的建筑结构；框架结构的梁、柱构件易于标准化、定型化，便于采用装配整体式结构，以缩短施工工期；采用现浇混凝土框架时，结构的整体性、刚度较好，设计处理好也能达到较好的抗震效果，而且可以把梁或柱浇注成各种需要的截面形状。缺点是：框架节点应力集中显著；框架结构的侧向刚度小，属柔性结构框架，在强烈地震作用下，结构所产生水

平位移较大，易造成严重的非结构性破坏数量多，吊装次数多，接头工作量大，工序多，浪费人力，施工受季节、环境影响较大；不适宜建造高层建筑。框架是由梁、柱构成的杆系结构，其承载力和刚度都较低，特别是水平方向（即使可以考虑现浇楼面与梁共同工作以提高楼面水平刚度，但也是有限的）。它的受力特点类似于竖向悬臂剪切梁，其总体水平位移上大下小，但相对于各楼层而言，层间变形上小下大，设计时如何提高框架的抗侧刚度及控制好结构侧移为重要因素。对于钢筋混凝土框架，当高度大、层数相当多时，结构底部各层不但柱的轴力很大，而且梁和柱由水平荷载所产生的弯矩和整体的侧移亦显著增加，从而导致截面尺寸和配合增大，对建筑平面布置和空间处理，就可能带来困难，影响建筑空间的合理使用，在材料消耗和造价方面，也趋于不合理，故一般适用于建造不超过15层的房屋。

2. 剪力墙结构体系

剪力墙结构指的是竖向的钢筋混凝土墙板，水平方向仍然是钢筋混凝土的大楼板搭载墙。剪力墙结构抗侧刚度较大，发生的变形基本为弯曲型变形，结构的水平位移小，抗震性能性好，使用寿命长。剪力墙结构是用钢筋混凝土墙板来代替框架结构中的梁和柱，能承担各类荷载引起的内力，并能有效控制结构的水平力。钢筋混凝土墙板能承受竖向和水平力，它的刚度很大，空间整体性好，房间内不外露梁、柱棱角，便于室内布置，方便使用。

3. 框架–剪力墙结构体系

框架-剪力墙结构也称框剪结构，这种结构是在框架结构中布置一定数量的剪力墙，构成灵活自由的使用空间，满足不同建筑功能的要求，同样又有相当大的刚度。

（七）结构布置对造价的影响

合理的结构布置可以降低建筑物的工程造价。当然，合理的结构布置不仅仅是指柱距的大小，还包括结构形式的选取、梁的受力方式等，设计师在进行设计时应充分考虑各个方面的因素，做综合优化分析，在保证安全和满足使用要求的前提下尽量使建筑物的工程造价降到最低。

（八）结构耐久性和结构抗震性对造价的影响

目前高层建筑逐渐增多，对高层建筑的结构耐久性和抗震性的要求也不断提高。在需要抗震设防的地区，要和施工方一起把好质量关，提高结构的耐久性和抗震性。承受着抗震等级的增大，各种措施及设计参数相应增大，势必提高工程造价。

（九）建筑材料的选取对造价的影响

在建筑工程中材料费占工程总造价的60%～70%，是整个费用的主体。所以从材料所占比重来看，其成本是对工程造价影响最大的。建筑材料与建筑、结构、施工之间存在着相互促进、相互依存的密切关系。建筑工程中许多技术问题的突破和创新，往往依赖于建筑材料发展、改进与提高。而新的建筑材料的出现，又促进了建筑设计、结构设计和施工技术的发展,也使建筑物的功能、适用性、艺术性、坚固性和耐久性等得到进一步的改善。

三、地基基础设计方案的选择

高层建筑结构作用在基础上的荷载大且基础埋置深,通常有地下室常有作为人防工程或地下停车库等要求,因此,基础工程材料用量多,施工复杂,施工周期长,其成本对建筑总造价有很大的影响。所以地基基础工程在整个工程项目中占据非常重要的地位,地基基础工程对造价的重要性体现在以下几个方面。

(1) 从成本角度来考虑,首先在于其造价与工期都占了建筑物总造价与总工期的相当大的一部分。在一般多层建筑中,地基基础工程造价占总造价的10%～20%,有时高达25%～35%。对高层建筑或者当地质条件较差而需要进行地基加固时,地基基础工程造价与工期所占比例还会增加。

(2) 从安全角度考虑,由于地基和基础工程是整个工程的基础,其任何缺陷都可能导致整个建筑物的破坏或者影响其使用,从而产生重大的损失。

(3) 一旦发生事故,从事故处理的难易程度上来考虑,地基基础工程是地下的隐蔽工程,一旦发生事故,处理起来就有相当的难度,因而显得更加重要。实际工程中,首先判断是否需要对天然地基进行人工处理,如果需要采用人工地基,就要选择采用什么样的处理方法、采用哪种基础形式、选用什么基坑支护方案等,这些工作不仅对工程的造价和工期有很大影响,甚至成为工程建的关键环节。

对地基基础而言,成本既包括建造成本也包括使用维修费用。一个设计科学合理、施工规范的地基基础,不仅质量得到保证,并且在使用过程中产生的维修费用也会比较低;反之,粗心勘察、设计且控制不到位,建造的地基基础工程质量就低劣,后期的维护、维修费用(如纠偏、托换处理等)就会较高。所以控制好地基基础的造价对控制整个工程项目的造价有非常重要的意义,而控制地基基础的造价也要从设计阶段开始,就目前的状况来说,对于地基基础的设计,设计人员一般都是根据经济原则进行设计,重安全且快速出图,几乎不会进行细致的多方案分析比较,更不会从价值工程原理的角度分析地基基础的设计存在的不合理性和不经济性。

基于价值工程原理的限额设计方法不仅使地基基础的工程成本控制在投资分析额内,通过价值工程分析,还能找到满足功能要求的价值系数最大的基础设计方案。

四、装饰装修设计方案的选择

从目前房地产市场上看,房地产市场产品同质化现象日趋严重,要在市场竞争中取胜,仅靠户型、楼型的变化已很难有所突破,而精装房无疑是产品升级和赢得市场的有效途径,也成为开发商增加市场亮点的砝码。精装房时代的到来被认为是房地产市场成熟的重要标准,尤其在生活和工作节奏越来越快的现代化大都市,成为主流元素的趋势却越来越明显。但是在房价越来越高、利润空间越来越小的情况下,控制装饰工程的造价对控制整个项目的造价就显得越来越重要。影响装饰装造价的因素非常多,以下仅对几个重要的因素做简单介绍。

(一)坚固耐久性

与结构工程的要求一样,室内外装饰装修工程同样要求坚固耐久性,在满足美观、实用的基础上要保证装饰装修的坚固耐久性。保证耐久性的基本措施是耐久性材料和施工工艺的选择。耐久性越高,对工艺及材料的选择越严格,相应就会增加人工费及装饰装修材料等费用。

(二)装饰风格对造价的影响

目前有各种各样的装饰风格,因为不同的装饰风格,各种功能空间和造型的方式会不同,其设计、施工的复杂程度,工程量及施工工艺也就大不相同,所以装修造价也存在很大差距。

(三)装修材料价格对造价的影响

装修造价很大一部分是由装修材料价格决定的,价格则由以下因素决定。

(1)装修材料的珍稀度。新型装饰材料价格通常比较高,采用贵重原材料生产的装修材料售价必然会比较高。

(2)装修材料的质量越好、使用寿命越长,价格也就越高。

(3)装修材料的采购渠道。建材超市、建材市场规模越大,进货环节越少,价格相对也会越低。

(四)装修材料的环保性对造价的影响

对于装修工程,尤其是室内装修工程,很有必要采用环保材料。因为即使造型独特、美观舒适、价格合理的装修工程,如果装修后室内环境遭到污染,装修消费者也无法正常入住。如果装修消费者长期生活在有污染的室内,还可能会影响到健康,造成精神、身体以及求医问药等损失。如果在装饰工程中没有采用环保材料,轻则需要增加投资对室内环境污染进行治理,延误工期造成损失和纠纷;重则需要大拆大改,损失惨重。所以说,装修安全环保最划算。影响装修造价的因素很多,装修材料是否环保是其中一个绝对不能忽视的重要因素。

第五章
房地产项目招投标环节成本控制

引言

招投标环节的成本控制涉及工程、设计、销售等多个部门的实际运作，在程序上没有太多变数，但具体内容特别是招投标评审委员的选择则须有很强的针对性。这个环节成本控制的难点在于标书制定，重点在于评标。

第一节 招投标阶段对成本控制的影响

一、招标文件对成本的影响

招标文件是招标过程甚至一个项目实施全过程的纲领文件，是一个项目的成本控制的关键，招标文件中的主要条款都将直接影响项目的成本控制。招标文件对成本控制的影响主要表现在以下几个方面。

（1）招标文件中若出现模糊不清或前后自相矛盾的内容，就会使得在工程的施工工程中出现索赔，给整个工程的造价造成不确定的因素。

（2）招标文件会出现对投标人有利的内容，这样使得投标人能加以利用，提出索赔或是采用不平衡报价，为以后工程的造价埋下隐患。

（3）招标文件中如果出现不明确的内容或出现某些遗漏，大多会成为招标文件中可以调整的内容，而投标人就会利用可以调整的内容为自己谋取利润。

二、计量计价模式对成本的影响

从2003年7月1日起，我国开始实施建筑工程工程量清单计价方式，这种方式对招投标阶段成本控制的影响有以下几个方面。

（1）工程量清单的编制如果出现错项或漏项而引起的风险将由业主承担，可能最后的成本会远大于预期的成本。

(2) 我国市场体制不够健全，难以避免地会出现低于成本价的竞争，这些会直接对工程的质量和工期、成本等造成很大的影响。

(3) 投标人的不平衡报价会造成施工过程中的变更增加，从而影响成本。

三、投标方案对成本的影响

投标人往往是结合自身的施工技术水平和能力并分析市场竞争及对手实力来做出自己的投标报价，一旦中标，其施工方案将会对项目的成本产生非常大的影响，主要表现如下。

(1) 投标人串标抬高报价，利益分成，会使得中标价远高于实际成本。

(2) 投标人故意压价而在施工时偷工减料，使得工程质量出现隐患，工程返工重建或维修的费用将会很高。

四、招投标阶段控制流程对成本的影响

从招投标阶段的控制流程（图5-1）可以看出，招投标环节的成本控制涉及工程、设计、预算等多个部门的实际运作，在程序上没有太多变数，但具体内容特别是成本控制相关条款的编制和标底的编制与审查则须有很强的针对性，这个环节成本控制的难点在于标书制定，重点在于评标。

图 5-1　招投标阶段的控制流程

第二节　招标过程中的成本控制措施

房产项目工程招标投标包括设备、材料采购招投标和施工招投标两个方面，通过招投标开发商选择施工单位或材料供应商，这对项目投资乃至质量、进度的控制都有至关重要的作用。因此，在招标过程中的成本控制，应注意加强以下几个方面。

一、选择合理的发包模式

（一）工程项目发包模式

1. DBB 模式

DBB 模式即指 Design-Bid-Build（设计-招标-建造）模式。采用 DBB 模式，一般是建设单位在可行性研究决策的基础上，首先，采用邀请招标或公开招标的方式委托设计单位进行工程设计，签订相关的委托合同；其次，在初设完成并审查通过后，根据工程的特点，组织工程招标、采购招标等；最后，各中标单位先后进场施工或组织设备制造。DBB 模式工程参与各方的关系如图 5-2 所示。

图 5-2　DBB 模式工程参与各方的关系

（1）DBB模式的特点。

DBB模式具有如图5-3所示的特点。

特点	内容
特点一	DBB模式可以根据不同工程的特点及市场具体情况，进行科学的分标，利用竞争降低合同价，选择专业的承包单位。对大中型项目，进行合理的分标后，每个单独的标相对规模较小，从而满足招标条件的投标人就较多，竞争性得到提高，使合同价有较大的下降幅度
特点二	采用这种模式所签订的合同较多，建设方（业主）的管理工作量加大，也较复杂，同时交易费增多，业主需要与多个承包单位签订合同，合同管理中的沟通协调工作量比较大，分标的数量越多，工作量越大，交易费用也越高
特点三	这种模式要求业主方有较高的管理能力。只有充分把握工程技术特点和充分了解市场情况的前提下才能做到合理分标。业主方要有协调不同标段间进度和资源供应方面的能力，否则，施工中将会产生大量的索赔、纠纷和争端
特点四	各标段相对独立，能独立施工，减少标段间的相互干扰

图5-3 DBB模式的特点

（2）DBB模式的适用条件。

第一，业主的管理能力要强。

第二，工程项目具有较强的独立性，互相依赖性较弱。

第三，专业化的施工承包单位有较高的管理能力和水平。

（3）DBB模式的优缺点。

DBB模式的优缺点如表5-1所示。

表5-1 DBB模式的优缺点

DBB模式的优点	DBB模式的缺点
（1）通用性较强 （2）可以自由选择咨询、设计及监理单位 （3）参与各方都熟悉标准的合同文本，对合同管理及风险管理有利，也有利于减少投资	（1）项目周期长，要经历规划、设计、施工后才移交业主 （2）业主的管理费较高 （3）变更的时候易产生较多的索赔

2. CM模式

CM模式即建筑工程管理模式（Construction Management）。CM模式常用的形式有如下两种：第一种形式为代理型建筑工程管理（CM/Agency）方式；第二种形式为非代理型建筑工程管理（CM/Non-Agency）方式。在代理型建筑工程管理方式下，CM经理充当业主的咨询和代理。CM经理同业主签订的服务合同规定费用是固定酬金加管理费。业主和各承包商签订工程施工合同。采用非代理型建筑工程管理形式，CM经理同时也担任施工总承包商的角色，一般业主为保证投资控制，会要求CM经理提出保证最大工程费用（Guaranteed Maximum Price，GMP），如果最后结算总造价超过GMP，则需由CM公司进行赔偿，如果低于GMP，则节约的投资归业主所有，但因为CM公司额外承担了保证施工成本的风险，因此能够得到额外的收入。代理型CM模式工程参与各方的关系如图5-4所示，非代理型CM模式工程参与各方的关系如图5-5所示。

图5-4 代理型CM模式工程参与各方的关系

图5-5 非代理型CM模式工程参与各方的关系

（1）CM模式的特点。

CM模式的特点是由业主及其委托的项目经理与工程师组成联合小组共同负责项目组织和管理项目的规划、设计和施工。业主在每一个单项工程的设计完成后即可以对该部分进行招标，由其直接与每个单项工程的承包单位签订承包合同。

（2）CM模式的优点。

可以缩短工期，节约成本，减少风险，并可以较早获得收益。

（3）CM模式的缺点

由于进行分项招标从而导致承包费较高，要分析研究分项工程的数目以确定最优的结合点。

3. DB 总承包模式

DB 总承包模式即设计-施工（Design-Build）总承包模式，是工程总承包的一种。根据建设部《关于培育发展工程总承包和工程项目管理企业的指导意见》（建市[2003]30号文件）中的定义，工程总承包是指从事工程总承包的企业在业主的委托下，根据合同的约定对工程项目的勘察、设计、采购、施工、试运行（竣工验收）等实行全过程或若干阶段的承包。DB 总承包模式即总承包单位按合同约定，承担项目的设计和施工，对工程的质量、安全、工期和造价负责。DB 总承包模式工程参与各方的关系如图5-6所示。

图5-6　DB总承包模式工程参与各方关系图

DB 总承包模式的优缺点如表5-2所示。

表5-2　DB 总承包模式的优缺点

DB 总承包模式的优点	DB 总承包模式的缺点
（1）单一的权责界面。设计与施工是同一单位，对于品质、预算和工期等整体绩效来说，可以形成一个紧密合作的单一权责界面 （2）可以缩短工期 （3）可以确保品质。因为DB总承包商要对最后的产品负责任，同时其成员皆是一个团队，必须讲团队精神和整体效能 （4）可以降低建造成本。由于设计与施工是同一单位，在设计时，可以考虑资源的使用及施工方法的有效性和可施工性，将其纳入设计中，从而达到降低成本的目的 （5）提升行政效率。用DB总承包模式，在招标文件准备及后续选择承包单位时比传统的承包模式要投入更多的人力与时间资源，但随着学习曲线而下降，将会减少工作人员的负荷，提高工作效率	（1）与传统的承包模式相比，DB总承包模式倾向于有限竞争，投标竞争性相对降低 （2）投标方不同的设计方案与施工计划间的评价比较困难和复杂 （3）业主要有专业的设计顾问对设计进行审核，否则会降低对项目的控制

4. Partnering 模式

Partnering 模式是指在互相信任、尊重及资源共享的基础上，项目参与各方为获得最大的资源效益而达成的一种短期或长期的相互协定。参与各方共同组建一个团队来确保各方利益及共同目标得以实现。Partnering 模式流程如图5-7所示。

Partnering 模式的特征主要是出于自愿、高层管理者参与、Partnering 协议不是法律意义上的合同及信息开放性。

Partnering 模式的优缺点如表5-3所示。

图 5-7　Partnering 模式流程

表 5-3　Partnering 模式的优缺点

Partnering模式的优点	Partnering模式的缺点
（1）可以减少工程实施过程中争议及冲突产生的概率 （2）可以提高工作效率，达到项目低成本、高质量的要求	（1）该模式要建立在相互信任的基础上，而我国传统模式是建立在对立的基础上的，所以在短时间内难以建立相互的信任 （2）该模式中各参与方易产生依赖心理，容易导致责任不明或责任划分混乱，降低工作效率 （3）在初期投入比较高

（二）基于熵权模糊集的工程项目发包模式选择模型

1. 工程发包模式评价指标体系

根据发包客体、主体及环境将工程发包模式评价指标分为项目属性、业主管理能力和经验与对项目的要求，以及建设环境三个一级指标，每个一级指标又分为若干个二级指标。工程发包模式指标体系见表5-4。

表 5-4 工程发包模式指标体系

	一级指标	二级指标
影响工程发包模式的指标体系的要求	工程项目属性 B_1	项目规模 B_{11} 技术难度 B_{12} 项目的经济属性 B_{13} 设计深度 B_{14}
	业主管理能力、经验及对项目的要求 B_2	业主管理能力和经验 B_{21} 对工期的要求 B_{22} 对质量的要求 B_{23} 对投资控制的要求 B_{24}
	建设环境 B_3	建设条件 B_{31} 潜在承包人竞争性 B_{32} 建设法规完善承担 B_{33} 市场主体诚信度 B_{34}

2. 模糊综合评判模型

假定有 m 个发包模式，有 n 个评价指标，即工程项目属性、业主管理能力经验及对项目的要求、建设环境等，建立评判模型。

（1）利用下式计算在 j 属性下，第 i 个发包模式的贡献度。

$$P_{ij}=\frac{x_{ij}}{\sum_{i=1}^{n}x_{ij}}$$

式中，x_{ij} 指各属性得分值。

（2）利用下式计算发包模式对属性 j 的贡献总量（熵值）。

$$E_j=-k\sum_{i=1}^{n}p_{ij}\ln p_{ij}$$

式中，$k=\dfrac{1}{\ln m}$，$k>0$，$0\leqslant E_j\leqslant 1$。

（3）计算第 j 属性的差异性系数 d_j。

$$d_j=1-E_j$$

（4）计算各属性的权重。

$$W_j=\frac{d_j}{\sum_{j=1}^{n}d_j}$$

式中，n 指属性的数量。

（5）用熵权法确定一级指标的权重，即 W_B，并计算每个发包模式的得分，即 S'_1、S'_2…S'_m，见下式。

$$S'_m=x_{ij}W_B$$

（6）同理用熵权法确定二级指标权重，并计算各个发包模式得分，即 $S_1', S_2' \cdots S_m'$。

（7）鉴于对一级指标打分比较粗糙，二级打分较详细，所以对一级指标赋权0.4，二级指标赋权0.6，最后计算加权得分即得到每个发包模式的最后得分，选择得分最高的即为较优发包模式。

二、合理划分标段

（一）什么是标段

标段是指对一个整体地产工程项目按实施阶段（勘察、设计、施工等）和工程范围切割成工程段落，并把上述段落或单个或组合起来进行招标的招标客体。广义的工程标段可分为三种，如表5-5所示。

表 5-5 标段的类别

序号	类别	说明
1	分期标段	有的大型、特大型房地产工程由于资金供应、市场需求等方面的原因需要分期实施并分期进行招标，这类按期进行招标的招标客体即"期"，称为分期标段
2	工程标段	工程标段是指把准备投入建设的某一整体工程或某一整体工程的某一期工程划分为若干工程段落，或单个或组合起来进行招标的招标客体
3	分部分项标段	某一工程标段的总承包商在中标以后，根据总承包合同条件，可以把总包项下的工程分为若干工程部分，甚至在分部以后还划分为若干子项工程，然后把部分分部工程、子项工程通过招标的方式分包给相应的分包商，这类成为分包合同招标客体的分部工程、子项工程就称为分部、分项标段

（二）招标标段的划分

招标标段的划分对投资控制有一定的影响，这种影响是由多方面因素造成的，其中最直接影响的是由管理费的变化引起的。一般情况下，一个房地产建设项目应当作为整体进行招标，这样有利于建设实施过程的统一管理，人工、机械设备、临时设施等可以统一使用，可降低相应费用，但承包商可能需要进行分包。在这种情况下，业主付给承包商（承包商再分包给分包商）的价格一般会比业主直接发包给承包商的相应价格高，所以项目整体招标的总投资一般会比划分标段招标累加的总投资高；反之，若业主直接发包，当出现各个独立的承包商之间的协调十分困难时，会造成工期的延长和投资的增加，所以应具体分析房地产建设项目的情况，合理划分招标标段。

从投资控制角度来看，如果房地产建设项目的各项工作能衔接、配合好，交叉少、专业性强，责任清楚，则可考虑划分标段发包；反之，则应考虑将房地产建设项目作为一个整体发包，因为由一个承包商进行协调和管理，比业主更容易做好衔接工作。

如果采用分标段进行招标，应合理划分各标段的招标范围，明确各标段合同承包的工作界限和责任,确定总承包单位,制定总承包单位与分包单位的管理流程,达到控制投资和保证工期的目的。

三、编制工程量清单和招标控制价

工程量清单和招标控制价是表现拟建工程的分部分项工程项目、措施项目、其他项目名称及其相应数量的明细清单和价格,是按照招标文件、设计图纸和国家标准《建设工程工程量清单计价规范》、省统一计价依据的要求,将拟招标的全部项目和内容编制成表格和文字说明。

(一)工程量清单招标的优势

1. 有利于房地产企业的成本管理向前期转移

在整个项目造价管理过程中,招标阶段无疑比施工阶段影响要大。使用工程量清单招标将对造价管理工作起积极作用,主要表现为以下几方面。

(1) 在招标时编制工程量清单有利于促进房地产企业在项目前期阶段进行项目的合同规划。工程量清单的编制过程中必然要涉及施工总承包范围,这就在招标时需确定总承包工程、指定分包工程、独立承包工程的等几方面的承包范围、标段划分、施工界面划分等。

(2) 在招标时编制工程量清单将涉及材料供应方式(包括甲供、甲方指定品牌、甲方暂定材料价格等)。在招标时,对某些材料事先确定品牌,有利于投标单位参与各清单单价的竞争。

(3) 工程量清单招标有利于更早地确定成本目标与掌握设计数据。

在某项目建设工程招标过程中,有相同的两个住宅A楼与B楼,其结构形式、基础形式、层数等均类似,而在工程量清单编制过程中发现两楼的钢筋指标相差每平方米建筑面积8千克。经过对钢筋详细数据的核查发现这两个住宅楼为不同设计人员设计,钢筋布置方式的不同导致了钢筋指标的差异。这个问题在招标阶段被发现,这样,在施工前开发商有足够的时间与设计单位进行交涉,通过数据说服了项目设计单位,修正了项目规划相关内容和数据,为开发商节省了不少材料费用的支出。

2. 解决了措施费与总包配合费的归属问题

在工程量清单招标时需要投标单位措施费及总承包服务费(总承包服务费是指总承包人为配合协调发包人进行的工程分包,对自行采购的设备、材料等进行管理、服务以及施工现场管理、竣工资料汇总整理等服务所需的费用,属于措施费用项目),避免了因措施费及总承包服务费难以准确计量与估算而需在施工前后的反复谈判工作。

3. 有利于数据的重复运用,提高效率,减少差错率

在房地产开发企业中,相同类型的住宅单体或住宅组团分布在不同地区,但相当部分的设计数据是一致的。若使用定额,因各地方定额存在差异,同样的住宅的设计数据得出的造价数据是不同的；若使用国家统一的清单，在不同地区的相同房地产项目之间可以做到数据的相互利用或相互对比。工程量清单可以做到全国性房地产项目的计价模式相对统一，这样就可以对各分部工程（如土石方工程、砌筑工程、混凝土工程、屋面防水工程、金属结构工程、楼地面工程、墙柱面工程、天棚工程等）以及详细的数据（如钢筋、混凝土等）进行技术指标或经济指标的分析与比较。

4.有利于房地产项目中数据的积累与相互对比

根据房地产项目已积累的技术、经济指标等数据，对比新项目的工程量清单，以利于评价该项目的清单数据是否准确、合理。

5.便于财务进行成本核算

工程量清单形式简单明了，便于财务进行成本核算。

6.有利于施工期间的造价控制

（1）单价合同可以减少房地产企业在中期付款的价格审核的工作量。在总价包干的合同中表现尤为明显，房地产企业甚至可以按比例支付或预先进行造价切分与细分。

（2）减少结算审核的工作量，有利于减小结算审核的核减率。

（二）工程量清单招标的条件

工程量清单招标的条件如图5-8所示。

条件一　招标图纸、技术规范、技术要求的提供

招标图纸可能是施工图纸，也可能是初步图纸。根据不同深度的图纸，制定不同的清单招标方式。根据房地产企业提供的技术规范、技术要求的详细程度确定招标中的暂定因素的多少，如暂定材料价、暂定数量、暂定金额等

条件二　招标人的要求（包括标段划分、材料供应方式、建筑做法表等）

在很多房地产项目中，房地产企业会对施工图纸中结构以外的装饰做法、砌体类型等做出修改。在招标时就有房地产企业自行编制的"建筑做法表"及交房的标准，并在工程量清单编制过程中予以贯彻，将有利于减少施工过程中的设计变更

条件三　了解与掌握施工现场实际情况

现场的实际情况将直接影响投标报价，如地质勘察情况、现场标高情况、临时水电、项目周边道路情况等

图5-8

| 条件四 | 了解投标单位的总体实力情况 |

> 投标单位实力较强，在招标时增加房地产企业确定的材料品牌报价项目，增加投标竞争性；反之将对部分清单项目暂定材料价，避免投标单位之间的报价差异过大，增多询标、评标时的时间与难度

| 条件五 | 招标时间紧张程度 |

> 招标图纸比较详细，而招标时间较短，趋于使用暂定数量的清单招标方式，有利于节省工程量清单的编制时间，也减少评标的时间；反之，可以以固定工程量的清单形式进行招标

| 条件六 | 有关国家或地方性的政策规定 |

> 国家或地方性的规定也可能是工程量清单招标制约条件。如在某些地区，只允许以单价招标，而不允许以工程量清单总价形式招标

图5-8 工程量清单招标的条件

（三）工程量清单计价方式的分类

工程量清单包括列项（即项目描述）、单位、数量。项目描述依据图纸并结合技术规范，需符合招标文件条款的规定。招标图纸越完整，清单描述就越准确。相当多的房地产项目以施工图的固定数量的总价形式招标，但为了满足房地产项目快速开发进度，以初步图纸的暂定数量的单价方式进行招标也较为常见（图5-9）。

| 方式一 | 以暂定数量的单价方式招标 |

> 由招标单位根据招标文件、招标图纸、技术规范编制统一的工程量清单。在暂定数量招标时要求数量能尽可能的准确或接近，以避免投标单位进行不平衡报价

| 方式二 | 以固定数量的总价方式招标 |

> 在固定工程量时，房地产企业或咨询单位提供统一的工程量清单，并说明该清单供投标单位参考，投标单位有权与有义务复核清单数量，并可按房地产企业要求进行增减项目与增减数量

图5-9 工程量清单计价方式的分类

（四）工程量清单与承包合同的衔接关系

工程量清单的编制要求特别注意其与承包合同的衔接问题，主要内容如下。

1.清单措施费、配合管理费的内容

工程量清单计价规范中列出了十余项措施费，也规定措施费可以由招标人或投标人根据需要自行补充。措施费的内容需在合同条款中予以明确。配合管理费内容也需在合同条款中做出规定。但目前国家的招标文件及承包合同范本对措施费、配合管理内容的条款规定的比较少。

2.甲供材料的调整

工程量清单解释明确：甲方供料应计入投标报价中，并在综合单价中体现。甲供材料在清单中需以材料指订单价的形式。但甲方需供应的数量与清单数量有所不同，与实际完成的工程量又有区别，这就涉及消耗率的问题。为了在清单中解决这个问题，需要投标单位在报价时对相关的单价进行分析，包括投报消耗量。例如清单规定如下：供应数量等于装妥后的实物工程量×（1+主材消耗率）。

3.暂定价材料的调整

在工程招标时，很多建筑材料需以材料暂定价的形式来做预算，这些包括：装饰材料（如墙地砖、涂料等）、市场波动幅度比较大的材料、安装材料等。材料暂定价的项目也需在单价分析中设定消耗量，而实际的供应单价与约定的暂定物料单价有所不同，可按以下公式计算材料价差做出相应调整。

材料价差=装妥后的实物工程量×（1+主材损耗率）×（实际供应单价−暂定物料单价）

为避免以上例子中出现的暂定价和实际单价的差别，当暂定材料按实际材料价格调整时，除调整材料差价外，管理费、利润、税金也按同比例调整，但如此合理的调价，使调价的工作相对比较烦琐。

4.工程量清单暂定数量的合同约定

在单价形式的承包合同中，涉及清单暂定数量与实际结算数量之间的差异，如FIDIC（国际咨询工程师联合会）合同条件中，清单数量差异+15%以上，将调整单价。在房地产项目中一般约定结算工程量与招标工程量差异不予调整合同单价，但清单数量差异会涉及招标中可能出现的不平衡报价，所以清单暂定数量的与项目实际接近也是非常重要的。

（五）工程量清单编制的重点

1.清单总说明

清单总说明是文字形式的说明，但不完全是项目情况介绍，而应与招标文件和招标图纸紧密联系起来，特别是对招标文件中相关内容的补充，如承包范围的补充、清单项目计算规则的完善、清单单价组成的说明、对招标图纸可能存在不足而需技术处理的说明等，所以总说明是否完整与内容是否丰富直接决定或影响着清单编制的优劣。

2. 分部分项工程量清单

清单项目的细分（或拆分）非常必要。如清单项目的楼地面装饰做法包括基层、找平层、防水层、面层；又如各种类型的基础（如带基、独立基础、满堂基础、桩承台基础等）既包括现浇混凝土基础，又包括基础垫层的工作内容。在项目实施过程中，上述装饰做法、基础或基础垫层的尺寸或标号的变化都将涉及单价的调整。但承发包双方在单价调整时往往难以达成一致意见，而按照施工工序进行细分（或拆分），无疑解决了这个问题。

3. 措施项目清单

措施项目是为完成施工，发生于工程施工前或施工过程中的技术、生活、安全等方面的非工程实体项目。措施项目清单的金额应根据施工方案或施工组织设计，参照《建设工程工程量清单计价规范》确定。

4. 其他项目清单计价表

其他项目清单包括招标人部分及投标人两部分。招标人部分又包括各指定分包工程的指定金额、暂定金额或预留金；投标人部分可包括各指定分包工程、独立承包工程的配合管理协调费等。

（六）不同情况下的工程量清单编制

工程量清单应根据项目的实际情况进行编制，如具备完整施工图纸和只有初步设计图纸而未具有施工图纸的编制方法是不尽相同的，下面分别介绍。

1. 具备完整施工图纸

在具备完整施工图纸情况下，工程量清单和招标控制价的编制步骤与要领如表5-6所示。

表5-6 工程量清单和招标控制价的编制步骤与要领（具备完整施工图纸）

序号	步骤	要领
1	准备工作	了解房地产建设项目的施工图纸和进度要求，熟悉编制工程量清单和招标控制价所需要的主要法律法规、计价依据、有关文件规定和材料设备价格信息等
2	计量工作	按照计价规范的规定，根据施工图纸计算工程量，做到以下几点。 （1）按计价规范规定正确描述工程量清单项目，要求详细表达各清单项目的特征及内容 （2）准确计算各分部分项工程项目的工程量 （3）参加施工图纸会审会议，对设计图纸有疑问或表达不清楚的，及时向设计单位和房地产企业反映，使施工图纸更清楚、更完善 （4）根据施工图纸会审意见和招标答疑会议纪要，及时、准确地修正工程量清单项目及其相应的工程量 （5）参照常规施工组织方案，合理确定措施项目及其工程量
3	定价工作	（1）结合实际应用的典型案例，进一步分析设计阶段选型的各种材料设备优缺点，并进行市场询价，确定材料设备的价格

续表

序号	步骤	要领
3	定价工作	（2）根据有关施工规范及类同工程的实践经验，确定措施项目费 （3）针对房地产建设项目实际情况，界定其他项目的范围、内容和要求，估算其他项目费，并与房地产企业商定预留金 （4）根据计价依据的规定和确定的材料设备价格，分析工程量清单项目的综合单价，计算分部分项工程费、措施项目费、其他项目费、规费和税金，汇总项目投资
4	报告工作	当各专业项目投资计算结束后，应撰写编制报告，报告要求如下。 （1）应用电子表格，列出各专业项目投资，达到直观清晰、一目了然地掌握项目各专业的投资情况 （2）对计价过程的主要技术问题作出必要的说明，并明确已考虑的风险 （3）对材料设备价格的确定作出详细的说明 （4）对其他项目费的取定作出分析和说明，明确该费用考虑的主要因素，避免施工阶段发生纠纷 （5）明确所有成果文件和报告归类、采集的方法，并储存于项目信息系统，确保项目资料的完整和备查

2. 只有初步设计图纸而未具有施工图纸

在只有初步设计图纸而未具有施工图纸的条件下进行施工招标，是因为项目受工期要求紧等特殊原因的影响而不得已采用的招标，是属于边设计、边招标、边施工的"三边"工程。由于没有施工图纸作依据，而初步设计图纸又对一些关键部位和大样等没有表达清楚，这给编制工程量清单和招标控制价带来了极大的困难，所以需要采取非常规的编制方法，即模拟或选用类同施工图纸进行编制（表5-7）。

表5-7 工程量清单和招标控制价的编制步骤与要领（未具有施工图纸）

序号	步骤	要领
1	准备工作	研究房地产建设项目的初步设计图纸，充分领会设计人员的意图和房地产企业的要求，及时与设计人员进行沟通，熟悉编制工程量清单和招标控制价所需要的主要法律法规、计价依据、有关文件规定和材料设备价格信息等
2	计量工作	按照计价规范的规定，根据初步设计图纸估算工程量，做到以下几点。 （1）准确计算能计算的工程量（如建筑面积等） （2）参考估算、概算文件的工程量清单项目和工程量，比照类同工程的工程量清单项目设置情况，正确设置工程量清单项目，保证项目齐全，避免错项、漏项 （3）参照类同工程实际发生的工程量，结合设计参数，以初步设计图纸为依据，合理确定工程量清单项目的工程量 （4）参考常规施工组织方案，合理确定措施项目及其工程量
3	定价工作	略
4	报告工作	略

【实战范本5-01】

工程量清单表格模板

1.封面

××××× 工程
工程量清单

工程造价

招标人：　　　　　　　　　　　咨询人：
（单位盖章）　　　　　　　　　（单位资质专用章）
法定代表人　　　　　　　　　　法定代表人
或其授权人：　　　　　　　　　或其授权人：
（签字或盖章）　　　　　　　　（签字或盖章）
编制人：　　　　　　　　　　　复核人：
（造价人员签字盖专用章）　　　（造价工程师签字盖专用章）
编制时间：　年　月　日　　　　复核时间：　年　月　日

2.总说明

工程名称：

3.分部分项工程量清单计价表

工程名称：

序号	项目编号	项目名称及项目特征描述	计量单位	工程量	金额/元		
					综合单价	合价	其中：暂估价
		∑人工费					
		∑材料费					
		∑机械费					
		∑管理费					
		∑利润					

4. 技术措施项目清单计价表

工程名称：

序号	项目编号	项目名称及项目特征描述	计量单位	工程量	金额/元		
					综合单价	合价	其中：暂估价
		脚手架使用费					
		安全通道及安全网					
		混凝土、钢筋混凝土模板及支架					
		混凝土泵送费					
		大型机械设备进出场及安拆费					
		垂直运输机械使用费					
		……					
		合计					
		∑人工费					
		∑材料费					
		∑机械费					
		∑管理费					
		∑利润					

5. 其他措施项目清单计价表

工程名称：

序号	项目名称	计算基础	费率/%	金额/元
1	环境保护费			
2	文明施工费			
3	安全施工费			
4	临时设施费			
5	雨季施工增加费			
6	缩短工期增加费			
7	夜间施工增加费			
8	特殊保健费			

续表

序号	项目名称	计算基础	费率/%	金额/元
9	室内空气污染测试			
10	停工窝工损失费			
11	机械台班停滞费			
12	交叉施工补贴			
13	暗室施工增加费			
	合计			

6. 其他项目清单与计价项目汇总表

工程名称：

序号	项目名称	计算公式	金额/元
1	暂列金额	明细详见6.1中的表	
2	计日工	明细详见6.2中的表	
3	总承包服务费	明细详见6.3中的表	
4	检验试验配合费	（分部分项工程费＋措施项目费）×相应费率	
5	暂估价	5.1+5.2+5.3	
5.1	材料暂估价	明细详见6.4中的表	
5.2	专业工程暂估价	明细详见6.5中的表	
5.3	检验试验费暂估价	（分部分项工程费＋措施项目费）×相应费率	
6	优良工程增加费	（分部分项工程费＋措施项目费）×相应费率	
	合计		

注：专业工程暂估价、检验试验费暂估价包含除税金之外的所有费用，不计规费。

6.1 暂列金额明细表

工程名称：

序号	项目名称	计量单位	暂定金额/元	备注
1				
2				
3				
4				
5				
	合计			

6.2 计日工表

工程名称：

序号	项目名称	单位	暂定数量	综合单价	合价
一	人工				
1					
2					
	人工小计				
二	材料				
1					
2					
	材料小计				
三	施工机械				
1					
2					
	施工机械小计				
	合计				

6.3 总承包服务费计价表

工程名称：

序号	项目名称	项目价值	服务内容	费率/%	金额/元
1	发包人发包专业工程				
2	发包人供应材料				
	合计				

6.4 材料结算价与暂估价差额表

工程名称：

序号	材料名称、规格、型号	计量单位	数量	单价/元	合价/元	备注
	合计					
	其中：甲方供材					

注：如为甲方供材需注明"甲方供材"。

6.5 专业工程暂估（结算）价表

工程名称：

序号	工程名称	工程内容	金额/元	备注
	合计			

7. 税前项目清单与计价表

工程名称：

序号	项目编号	项目名称及项目特征描述	计量单位	工程量	金额/元 单价	金额/元 合价
		合计				

注：税前项目是指招标人在工程量清单中提供不需套用定额，可直接通过当地工程造价管理机构《造价信息》上发布的市场价格信息报价或自行报价的工程实体项目，该项目报价已含除税金以外的全部费用。税前项目包含除税金之外的所有费用，不计规费。

8. 规费、税金项目清单与计价表

工程名称：

序号	项目名称	计算基础	费率/%	金额/元
1	规费			
1.1	工程排污费			
1.2	社会保障费			
（1）	养老保险费	分部分项工程费+措施项目费+其他项目费		
（2）	失业保险费			
（3）	医疗保险费			
1.3	住房公积金			
1.4	危险作业意外伤害保险费			
1.5	工伤保险费			

续表

序号	项目名称	计算基础	费率/%	金额/元
2	税金	分部分项工程费+措施项目费+其他项目费+规费+税前项目费		
	合计			

9. 主要材料及价格表

工程名称：

序号	材料编码	项目名称及规格、型号等特殊要求	单位	数量	单价/元

10. 设备及价格表

工程名称：

序号	设备名称及规格、型号等特殊要求	单位	数量	单价/元

四、招标文本库的标准化

（一）招标文本库的标准化

众所周知，项目招投标工作中，会产生大量的文本文档，与此同时由于各个项目内容复杂，造成了众多成本隐患和管理难点、争议的产生，这将会给项目的后续实施以及成本控制带来巨大的挑战。据此，在招投标过程中，必须建立分类清晰、有效的招投标文件及合约文本库。通过不断健全标准化的招投标文件及合约的管理制度，提高管理质量与效果,达到高效完成招标、评标以及合约签订工作目的。与此同时,通过结合招标项目的具体情况,使招投标及合约在市场竞争以及项目管理中发挥其应有的功能,大大提升工作效率,有效避免因招投标及合约工作的失误而导致的管理困难、成本增加等问题。

（二）编制好招标文件

造价管理人员应收集、积累、筛选、分析和总结各类有价值的数据、资料,对影响工程造价的各种因素进行鉴别、预测、分析、评价,然后编制招标文件。对招标文件中涉及费用的条款要反复推敲,尽量做到"知己知彼",以利于日后的造价控制。

1. 招标文件的组成

招标采购单位应当根据招标项目的特点和需求编制招标文件。招标文件包括如表5-8所示的内容。

表5-8 招标文件的组成

序号	组成部分	说明
1	投标须知	主要包括的内容有 （1）前附表 （2）总则 （3）工程概况 （4）招标范围及基本要求情况 （5）招标文件的解释、修改、答疑等有关内容 （6）对投标文件的组成、投标报价、递交、修改、撤回等有关内容的要求 （7）标底的编制方法和要求 （8）评标机构的组成和要求 （9）开标的程序、有效性界定及其他有关要求 （10）评标、定标的有关要求和方法 （11）授予合同的有关程序和要求 （12）其他需要说明的有关内容 （13）对于资格后审的招标项目,还要对资格审查所需提交的资料提出具体的要求
2	合同主要条款	主要包括的内容有 （1）所采用的合同文本 （2）质量要求 （3）工期的确定及顺延要求 （4）安全要求 （5）合同价款与支付办法 （6）材料设备的采购与供应 （7）工程变更的价款确定方法和有关要求 （8）竣工验收与结算的有关要求 （9）违约、索赔、争议的有关处理办法 （10）其他需要说明的有关条款

第五章 房地产项目招投标环节成本控制

续表

序号	组成部分	说明
3	投标文件格式	对投标文件的有关内容的格式做出具体规定
4	工程量清单	采用工程量清单招标的，应当提供详细的工程量清单。《建设工程工程量清单计价规范》规定：工程量清单由分部分项工程量清单、措施项目清单、其他项目清单组成
5	技术条款	主要说明建设项目执行的质量验收规范、技术标准、技术要求等有关内容
6	设计图纸	招标项目的全部有关设计图纸
7	评标标准和方法	评标标准和方法中，应该明确规定所有的评标因素，以及如何将这些因素量化或者据以进行评估。在评标过程中，不得改变这个评标标准、方法和中标条件
8	投标辅助材料	其他招标文件要求提交的辅助材料

实际的招标文件主要包含公开招标公告、招标需求、投标人须知、评标方法和标准、合同主要条款、投标文件格式、招标说明、前附表、工程介绍、招标产品或工程的全部要求、对投标人资质的要求、投标书的编制要求、投标保证金、中标代理费等内容。

2. 编制标底时的成本控制注意事项

编制标底时的成本控制注意事项如下。

（1）标底作为房地产企业的期望价格，应力求与市场的实际变化吻合，要有利于竞争和保证工程质量。

（2）标底应由直接工程费、间接费、利润、税金等组成，一般应控制在批准的总概算（或修正概算）及投资包干的限额内。

（3）标底必须适应建筑材料采购渠道和市场价格的变化，考虑材料差价因素并将差价列入标底。

（4）标底价格应根据招标文件或合同条件的规定，按规定的工程发承包模式，确定相应的计价方式，考虑相应的风险费用。

（5）以定额计价法编制标底。

相关链接

定额计价法

以定额计价法编制标底，采用的是分部分项工程量的直接费单价来计价，也称为工料单价法，但直接费仅仅包括人工、材料、机械费用。直接费单价又可以分为单位估价法和实物量法两种。

一、单位估价法

其具体做法是根据施工图纸及技术说明,按照预算定额规定的分部分项工程子目,逐项计算出工程量,再套用定额单价(或单位估价表)确定直接费。

然后按规定的费用定额确定其他直接费、现场经费、间接费、计划利润和税金,还要加上材料调价系数和适当的不可预见费,汇总后即为标底的基础。

单位估价法实施中,也可以采用工程概算定额,对分项工程子目作适当的归并和综合,使标底价格的计算有所简化。采用概算定额编制标底,通常适用于初步设计或技术设计阶段进行招标的工程在施工阶段招标,也可按施工图计算工程量,按概算定额和单价计算直接费,既可提高计算结果的准确性,又可减少工作量,节省人力和时间。

二、实物量法

用实物量法编制标底,主要先用计算好的各分项工程的实物工程量,分别套取预算定额中的人工、材料、机械消耗指标,并按类相加,求出单位工程所需的各种人工、材料、施工机械台班的总消耗量,然后分别乘以人工、材料、施工机械台班市场单价,求出人工费、材料费、施工机械使用费,再汇总求和。对于其他直接费、现场经费、间接费、计划利润和税金等费用的计算则根据当时当地建筑市场的供求情况给予具体确定。

实物量法与单位估价法相似,最大的区别在于两者在计算人工费、材料费、施工机械费及汇总三者费用之和时方法不同。

(1) 实物量法计算人工、材料、施工机械使用费,是根据预算定额中的人工、材料、机械台班消耗量与人工、材料和机械台班单价相乘汇总得出采用当时的实际价格,能较好地反映实际价格水平,工程造价准确度较高。

(2) 实物量法在计算其他各项费用,如其他直接费、现场经费、间接费、计划利润、税金等时将间接费、计划利润等相对灵活的部分,根据建筑市场的供求情况,随行就市浮动确定。

五、分析投标报价,协助合同价格谈判

承包商的投标报价、合同价格的确定是否合理,直接关系到工程的施工质量、工期和投资。由于我国招标投标政策规定而引起习惯性的评标时间过短等原因,造成难以全面评审投标报价的合理性,所以必须在中标后对中标单位的投标报价进行分析,把投标报价的疑难问题汇总,编制出投标报价分析报告,作为合同价格谈判的参考依据,也可在开工前修正承包商的不合理报价,避免施工过程中索赔事件的发生,降低投资风险。

【实战范本 5-02】

投标报价对比表

项目名称：

序号	楼号	专业名称	建筑面积/m²	拦标价		某某单位		某某单位		某某单位	
				工程造价	单方造价	工程造价1	单方造价	工程造价2	单方造价	工程造价3	单方造价
1	5#楼	土建									
		给排水									
		电气									
		小计1									
2	6#楼	土建									
		给排水									
		电气									
		小计2									
3	8#楼	土建									
		给排水									
		电气									
		小计3									
4	1#普通车库	土建									
		给排水									
		电气									
		小计4									
		合计1=小计1+小计2+小计3+小计4									

【实战范本 5-03】

招标项目成本考察及分析表

企业名称	主要项目	工程实例	成本情况	项目负责人及联系电话	备注

六、分析施工方案技术经济的合理性

施工方案的不同，不仅会影响工程工期和质量，而且会影响项目投资。由于承发包双方利益取向不同，通常承包商在确定施工方案或选择施工技术措施时，有意使施工方案或施工技术措施复杂化，并努力得到房地产企业的认可，谋求在施工过程中创造条件提出索赔，所以应认真审查施工方案或选择的施工技术措施。通过对拟定的若干施工方案或施工技术措施进行技术经济分析，并重点放在审查其平面布置、进度计划、施工方法（流水作业）、机械配置等经济合理性，同时结合投标报价，选用最适宜的施工方案，减少因不合适的施工方案或不必要的施工技术措施而带来的额外增加费用。

七、做好合同的签订工作

房地产企业应按合同内容明确协议条款，对合同中涉及费用的如工期、价款的结算方式、违约争议处理等，都应有明确的约定。在签订的过程中，对招标文件和设计中不明确、不具体的内容，通过谈判，争取得到有利于合理低价的合同条款。同时，正确预测在施工过程中可能引起索赔的因素，对索赔要有前瞻性，有效避免过多索赔事件的发生。此外，应争取工程保险、工程担保等风险控制措施，使风险得到适当转移、有效分散和合理规避，提高工程造价的控制效果。工程担保和工程保险，是减少工程风险损失和赔偿纠纷的有效措施。

施工合同文件组成包含下列内容。

（1）合同条款，一般包含通用合同条款和专用合同条款两部分。

（2）技术条款。

（3）图纸，主要包括以下内容。

① 列入合同招标图纸和发包人按合同规定向承包人提供的所有图纸，包括配套说明和有关资料。

② 列入合同的投标图纸和承包人提交并经监理人批准的所有图纸，包括配套说明和有关资料。

③ 在上述规定的图纸中由发包人提供和承包人提交并经监理人批准的直接用于施工的图纸，包括配套说明和有关资料。

（4）已标价的工程量清单。

（5）投标报价书。

（6）中标通知书。

（7）合同协议书。

（8）其他。

第六章
房地产项目采购环节成本控制

> **引言**
>
> 在房地产企业中采购管理是整个施工项目管理的重要组成部分。材料的采购管理是项目采购管理的重要组成部分,也是耗用资金最多的一个环节;它同时也是目前建筑项目成本管理中普遍失控的环节,也是参与人员损公利己、腐败产生的环节。材料采购管理的优与劣关系到了整个项目成本管理的成败,它已成为建筑施工业对施工项目管理重点关注的领域。怎样做好材料采购管理,成为我们需要正视并亟待解决的问题。

第一节 房地产开发企业项目采购概述

采购环节涉及的费用主要是材料费用,材料费用一般占到工程总费用的65%～75%,所以它对工程成本和利润的影响很大。采购管理环节的成本控制必须建立采购全流程成本概念,要关注整个地产项目采购流程中的成本降低,是对总成本控制,而不是单一地针对采购货物或服务的价格。

一、房地产开发企业的项目采购物资分类

房地产开发项目属于典型的单体定制项目,在项目与项目之间除了具备一定的共性以外,同时更多地存在着各自项目的个性。这一特性决定我们在研究房地产项目采购时应该首先从研究采购物资的特性开始。

根据房地产企业对于单一的单项工程的统计,开发建设一个房地产项目涉及的物资主要有土建、装饰、设备三大类,共计70～100个种类(根据建筑的复杂程度等因素略有差异)。总体上对于单个项目而言,有超过60%的物资种类属于个性化的物资,都需要根据不同的单个项目的个性进行定制采购,这种个性化的定制采购具备很高的复杂性,需要进行大量的信息筛选和对比决策;而只有不足40%的物资属于通用的产品采购,相

对来说操作较为简易。

房地产开发企业的物资采购具有充分的复杂性,需要采购人员针对不同的物资采取差异的采购方法。因此从企业的角度对物资进行分类并对各类物资采取差异化的采购策略就变得尤为重要。

采购物资分类是采购工作专业化实施的基础。Kraljic提出以物资的市场采购风险和对企业的利润贡献大小为尺度对企业采购物资进行分类的方法。它主要基于两方面因素:一是采购物资对项目的重要性,主要指采购物品对项目的生产、质量、供应、成本以及产品等影响的大小;二是风险系数,主要指供应保障能力、供应商的数量、竞争激烈程度等。依据不同采购物品的重要性和风险系数,可将其分为常规物资、利润物资、制约物资和关键物资,如图6-1所示。

图6-1 基于重要性和风险系数的采购物资分类矩阵

图6-1中横轴表示物资的重要性,主要指该采购物资对项目的生产、质量、供应、成本以及产品的影响大小;纵轴表示风险系数,即物资采购的市场风险,主要指供应保障能力、供应商数量、供应竞争激烈程度、自制可能性大小等。

关键物资(战略型物资)是指价值比例高、利润贡献大、产品要求高同时市场风险和供应难度较大的物资。关键物资的采购往往涉及大量资金,在采购总量中所占比例较大,对产品的成本和价格有重要的影响。

利润物资(杠杆型物资)指的是价值比例较高,但市场风险小,很容易从不同的供应商处采购获得的物资。

制约物资(瓶颈型物资)是指价值比例较低、利润贡献小,但市场风险高,供应保障能力欠缺的物资。

常规物资(一般型物资)则是指价值比例低、利润贡献小、有大量供应商的物资。

针对上述四类物资的市场风险、利润贡献、重要程度等进行分类比较和举例说明,如表6-1所示。

表 6-1　采购物资的分类比较

项目	常规物资 （一般型物资）	制约物资 （瓶颈型物资）	利润物资 （杠杆型物资）	关键物资 （战略型物资）
市场风险	小	大	小	大
利润贡献	小	小	大	大
重要程度	低	低	高	高
举例说明	砂石料、建筑五金、维修备件、办公用品等	新型防水材料、预应力钢绞线等	钢材、水泥、木材、建筑陶瓷、卫生陶瓷、装饰材料等	空调、电梯、水泵、配电设备等

二、房地产企业的项目采购特点分析

制造业、流通业、服务业的采购各有不同的特点，但房地产行业的采购比较特殊，从某方面讲，它兼具了制造业、流通业、服务业的特点，且由于覆盖面更广，采购活动实施难度更大。房地产企业的采购特点如下。

（一）采购种类繁杂，结构复杂

从供应链管理的角度看，房地产行业相对简单，需求相对确定，没有库存压力。但是其采购种类繁杂程度也是一般制造业无法相比的，尤其对目前许多大面积、大体量开发项目而言，除了传统意义上的建材、设备采购外，还有学校、医院、酒店、会所、能源、物业、通信等配套设施的采购，加之现在精装修住宅也越来越多，采购种类也就越加繁杂了。百货类流通业的采购种类也很多，但是没有规划、勘察、设计、监理、施工等多种形式。在房地产企业采购活动中，还有甲指乙供、甲供、甲方限价乙方供应等多种形式混杂，往往在不同的主体之间有很大的利益冲突。由于采购种类繁杂，采购人员的时间、精力、能力的局限性使得采购人员难以像制造业采购人员一样专精。

（二）地域性强，各自为政

目前，全国有5万多家房地产企业，除去10%的大型房地产企业，其中包括房地产行业上市公司，大型跨区域房地产集团外，其余90%的房地产企业规模都很小，且集中在一两个城市开发，项目数量较少。即便是某些跨地区经营的企业，因为种种原因，统一采购也很难实现。而那些可以进行全国性采购的产品，如门窗、保温板等，生产企业规模都不太大，这为房地产行业实行全国性的统一采购也带来了困难，例如水泥、砌块等，受运输距离的限制，地域性很强。我国建材行业目前还处于区域性的自由竞争阶段，整个行业人员素质、企业规模等都不尽如人意。房地产行业的地域性限制了建材行业的兼并重组，建材行业的区域性又对房地产行业的全国性采购形成反向制约。

（三）项目特色多变

很多中小房地产企业都是项目公司，虽然长期在某一个城市运作项目，但是由于项目特色导致的短期行为严重，没有长期的战略规划。建材供应商很难与房地产企业间建立长期的合作伙伴关系。由于信息化水平较低，有效知识的积累因为项目特色无法保持。这种种原因造成了信息的不对称和交易成本过高，极大地阻碍了房地产和建材两个行业的发展。一般制造业都制订有成本降低计划，对于常用材料每年都要有一定的成本下降，同时不断开发新的供应商，让供应商在设计阶段就参与，共同努力来降低成本。这些有效的措施，在项目型的房地产开发企业里往往很难实现。

（四）关联主体多

在一般的工业企业里，关联方很少。设计、采购、应用方、供应方，通常只需要这几个环节就足够了，而房地产行业的特殊性还体现在关联主体多。总承包方、分承包方、代理商、甲方、监理、设计等很多关联主体。仅以门窗招标为例：为了有效地降低成本，保证产品品质，采购人员要指定门窗的主要部件（玻璃、型材等），安装时需要总承包方的配合，所以一般需要采取甲方指定品牌乙方供应的形式。因为门窗加工厂规模都较小，如果开发面积较大，需要的门窗加工厂就比较多。由于不同形式的招标采购和不同主体间复杂的关联关系，在确定价格、技术标准、交货期等上存在很多问题。采购周期漫长、纠纷较多。

第二节　采购成本控制的基础——完善采购系统建设

一、房地产企业采购管理系统的组织结构

（一）房地产企业采购职能设置的原则

房地产企业采购部门的设置因企业规模、企业文化、专业水平和企业管控模式的不同而各有千秋。首先要解决的是采购职能的划分和权限的划分，然后是监督职能的完善。一般在集团公司里，集团层面侧重于策划和监督职能，而项目公司是执行主体，或按一定的权限划分集团与项目的采购权限，使职权和责任明确界定。而在非集团规模的房地产开发公司，则在不同的部门之间或与项目部之间进行划分，但执行和监督职能应由不同的主体来完成，以提升采购效率、降低采购成本，并且形成内部公开、公正、公平和廉洁的采购环境及氛围。

（二）房地产企业采购部门的职能划分

在遵循以上原则的基础上，采购管理主体的划分应该有两个层面。

1.整体策划和监督

一个层面上更多地倾向于对采购系统的整体策划和监督，制定采购系统的管理流程、采购规范、标准采购合同、招标文件范本等流程和流程精细化方面的工作，监督采购活动的实施，同时建立统一的采购信息系统，达到采购资源的共享，并且从公司层面与供

应商建立战略合作伙伴关系，建立公司战略采购流程，以期在采购产品时获得优惠的价格和优良的品质，从而降低采购成本，提高企业盈利能力，以应对今后房地产行业整体利润空间下降的趋势，形成公司的竞争优势。

2. 采购活动的执行主体

另一个层面是指采购活动的执行主体，具体实施采购活动，编制采购计划，组织工程、材料和设备的采购活动，组织对供应商的评估和对现场材料、设备的管理、数量核定等，其中项目工程的管理部门，如项目部、工程部等监督材料的验收和现场材料、设备的管理。

两个层面上职能的划分也不是固定的，可以根据企业的规模等因素进行调整，建立完整、系统的采购管理体系，但一般来讲，实施和监督的职能应该分离，以避免因缺乏监督造成的采购管理的失控，避免给企业造成额外的损失。

（三）采购部门岗位建设和职责权限

针对采购环节，设置不同的岗位，是为了解决采购权力不要过分集中，需要互相制约和监督，同时又不要影响各岗位人员工作积极性。

一般来说，项目需要设置采购总负责人、询价员、合同员、采购员和库管员五个岗位。采购总负责人全面负责材料的采购管理，依据材料需用计划和岗位目标责任成本的管理规定等，制订并执行采购计划，协调并充分利用内部资源，最终高效低成本地采购到所需要物资；询价员主要负责按计划探询市场中定向物资的信息，书面提供给采购负责人和采购员，同时进行文档的存档管理；合同员的职责就是管理合同文件，随时监督合同执行情况；采购员的职责更多的是具体按合同，以指定的价格和数量执行采购任务；库管员的主要职责是按标准验收材料入库，材料进场后，合理规划存放和使用，尽可能地减少储存成本，做好库房的管理。

岗位设置的多少也不能一概而论，要以项目的大小和施工时间的跨度等实际情况而定，最终目的就是把事情做好，建立好内部岗位间的权利制约机制。

（四）采购部门人员选择和要求

采购管理中人是主体，其他要素则是被动的，所以各岗位人员的选择标准，需要具备一定的专业能力和沟通能力、具有法律意识、清正清廉思想等，还要尽量避免项目最高管理者如项目经理的直系亲属担任采购总负责人。专业能力不仅包括对所负责的材料属性有一定的认识，还要对材料管理的流程有一个清晰的思路；清廉的素质，对经常与花钱打交道的采购人员来说尤其重要，虽然在内部管理各个环节上采取了种种措施，但对一线的采购人员来说，还是不可避免地遇到供应商主动提供的种种诱惑，怎样防止诱惑背后的陷阱设置，就需要采购人员本身要具备清廉的素养和法律意识等。

（五）采购部门员工培训和教育

对采购各岗位人员的培训包括：业务培训、法律常识培训、公司制度培训等。业务培训重在提高业务能力，比如采购的流程管理、经济采购量的确定方法、如何在新形势下做好采购询价等；同时要多走出家门了解市场行情，某房地产企业就经常性组织各部门员工到外面去参观一些建材展览会、房产展览会，并同业内房地产企业相互交流工作经验。而法律常识培训和公司制度培训则重在环境上约束非正常行为，清楚和明确采购腐败的风险成本，加强廉政建设的教育。

二、采购流程关键绩效衡量指标和关键点的确定

成本管理的过程包含成本预测、成本决策、成本计划、成本控制、成本核算、成本分析和成本考核七个环节的管理，其中成本分析和成本考核是两大核心内容。决策和计划阶段可有针对性地将采购各岗位目标责任确定下来，再通过强调岗位目标责任制、考核成本降低率等手段，对做好其他环节的管理如成本控制、成本核算和成本分析都会收到明显的效果。

（一）采购流程的关键绩效衡量指标

采购活动的目标就是要保证项目整体进度、质量和成本控制指标的达成，由此房地产企业应根据房地产项目目标对采购流程的关键绩效指标进行分析，整理出关键指标作为对采购过程的控制目标的参考。以下提供采购流程的关键绩效衡量指标供参考（表6-2）。

表6-2 采购流程的关键绩效衡量指标

类别	指标名称	定义
A（数量）	采购计划的准确率	实际使用数量与计划采购数量的比值
	采购计划的完成率	采购项目及时完成的数量与计划数量的比值
Q（质量）	采购产品批次的合格率	采购产品验收合格的批次与实际采购批次的比率
	新材料、新技术采用计划的完成率	新材料、新技术采用项目数与计划采用项目数的比率
C（成本）	采购成本目标的达成率	采购产品成本与目标成本的比值
	单方工程造价中采购材料、设备成本所占的比率	单方工程造价中材料设备金额与单方造价目标成本的比值
T（时效）	招标计划及时完成率	按照流程时限要求按时完成的招标项目所占比重
R（风险）	材料、设备采购延误造成的工程延期天数	根据工程实际发生的待料天数统计

根据以上指标可以针对不同部门在采购活动中承担的职责，分解制定相应的采购部门或相关部门及岗位的绩效指标，如对设计部门选样定板计划完成的考核、招标文件技术部分编制质量的考核等。

（二）采购流程的关键点、主要输入输出和控制方法

采购管理活动的内容很多，如何抓住采购活动的关键环节，明确控制要求和方法，

以达到控制的目标要求呢?根据以上制定的采购流程的关键绩效指标,通过分析,明确重点应控制的采购流程关键点、主要输入输出和控制方法,如表6-3所示。

表6-3 采购流程的关键点、主要输入输出和控制方法

采购流程的关键点	输入	输出	主要控制方法
采购方式的确定	项目总体实施计划、工程进度计划、材料设备需求、外包项目需求、相关技术要求和成本目标要求等	明确的采购方式确定原则和采购方式的确定结果	根据采购产品的类别、对项目进度影响的密切程度、采购产品质量的稳定性等确定材料、设备的采购方式和明确采购主体;通过工程采购总包合同,界定工程总包和分包项目及分包项目的采购主体
战略采购	产品配置清单、采购计划、产品技术要求等	战略采购物资清单、战略采购协议	明确界定战略采购物资的清单,确定不同产品战略合作伙伴的选择方式,制定战略采购协议并监督实施情况
采购供应商信息库的建立和维护	应掌握的供应商信息,合格供应商入选条件	录入的供应商信息,合格供应商名单和所提供产品的技术资料及产品价格水平	利用信息系统建立供应商信息库。建立表单,明确不同产品供应商信息的内容要求,建立合格供应商的准入标准,实现供应商信息资料的共享并不断更新
招标采购	项目招标采购计划、招标采购要点、产品技术要求、合格供应商名单等	招标文件,包括评标方法等;投标书、中标通知书和合同、协议草案等	明确规定招标的技术要求、供应商资格条件、评标方法等,招标过程要做到公正、公平和公开,招标文件通过评审或审核,确保完整准确
供方资格管理	工程、材料、设备供应商信息资料、供应商以往供货业绩、供应商资质等	制定的供应商准入标准、供应商考察记录、对供应商评价的记录、初选和更新的合格供应商名单	对供应商资格的审核、供应商准入的标准、履约过程评价的标准和合格供应商评定的标准以及评定结果的公开发布,建立公开、透明的供应商管理信息系统
合同管理	合同编写所需的技术文件和资料、招标资料等	标准格式合同、合同审核批准的记录、签订的各类合同及其所附的技术和质量要求文件	编制标准合同文本并审核、合同技术要求、商务条款的拟定以及合同审核过程的充分和及时性

【实战范本6-01】▶▶▶

战略采购管理流程

1.流程概况

流程目的	明确战略采购的操作程序及方法,确保符合公司规定及提高采购效率,降低采购成本

续表

流程范围	选择战略采购方式实施的采购
定义	（1）战略供方及战略采购：指公司出于提高质量、降低成本、提高效率等目的，与若干家供方签署协议，约定向我方提供产品及服务范围，在一定时期内直接向其进行采购 （2）定点战略采购：签订战略采购协议的采购过程
流程主导部门	材料设备部（主导）

上游流程名称	下游流程名称	子流程名称
	工程预结算管理作业指引	

部门	流程中职责
集团总裁	审批《年度战略采购发展计划》 审批战略采购协议 审批战略供应商评价结果
预算运营部	审核《年度战略采购发展计划》 审核战略采购协议 审核战略供应商评价结果
材料设备部	组织编制《年度战略采购发展计划》 审核战略采购协议 组织战略供应商评价

2. 流程图

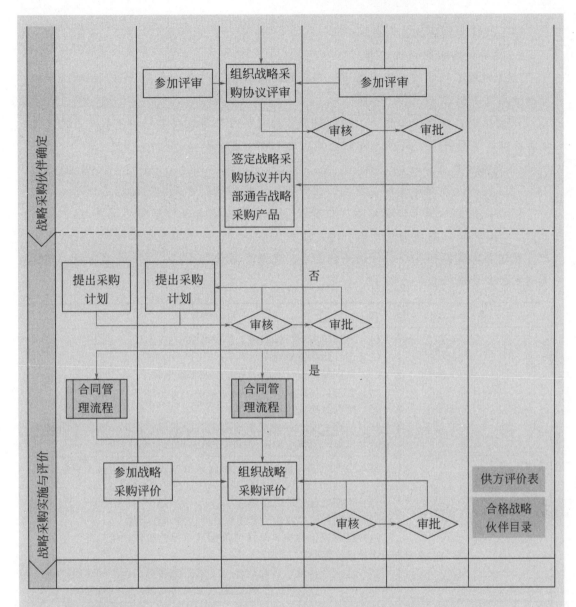

3. 工作程序

3.1 年度战略采购发展计划制订

材料设备部于公司年度经营计划编制期间，根据公司战略规划和下一年度业务重点，与规划工程部（工程）、房产超市、规划工程部（设计）及下属公司相关部门沟通后编制《年度战略采购发展计划》，作为年度部门工作计划的部分内容提交预算运营部审核。《年度战略采购发展计划》内容包括但不限于：

（1）下一年度战略采购的发展范围；

（2）战略采购评价标准编制责任部门和评审完成时间；

（3）战略采购招标时间；

(4)战略合作协议签订时间。

3.2 确定战略采购评价标准

3.2.1 规划工程部(工程)按审批确定的战略合作伙伴年度发展计划,编制《战略采购产品评审标准》。

3.2.2 规划工程部(工程)组织材料设备部及项目部等相关部门对《战略采购产品评审标准》进行评审,经相关部门会签后交工程总监审批。

3.3 战略合作伙伴与协议确定

3.3.1 材料设备部负责按《招标管理流程》规定组织战略采购的招标选择。

3.3.2 在招标入围单位确定后,材料设备部编制《战略合作框架协议》,组织相关部门[工程材料设备类由规划工程部(工程)参与,设计类由规划工程部(设计)参与,营销类由营销部参与]讨论并会签后,交预算运营部审核、集团总裁审批。不同类别战略合作框架的要点如下。

类别	协议要点
设计类	(1)合作范围、合作期限、协议取费方式 (2)设计团队资质要求 (3)共同开展设计专题研究要求及专题名称 (4)参与产品标准研究 (5)优秀战略伙伴评价标准 (6)战略合作伙伴须提前参与上阶段的设计评审,如施工图设计战略合作单位应参与初步设计的评审并提出合理建议
工程类	(1)合作范围、合作期限、协议计价方式(原则上按工程量清单计算) (2)工程项目经理资质要求 (3)共同开展"四新"专题研究要求及专题名称 (4)过程评价标准、总结评价标准、保修阶段评价标准、优秀战略伙伴评价标准 (5)战略合作伙伴须提前参与上阶段的项目工作,如总包战略合作单位应参与初步设计和施工图设计的评审并提出合理建议
材料设备类	(1)合作范围,合作期限,战略采购材料设备清单目录及价格(出厂价、一级代理或二级代理价格)、质量标准 (2)过程评价标准、总结评价标准、保修阶段评价标准、优秀战略伙伴评价标准 (3)战略合作伙伴应在材料选型定板时提供充分的比选材料样板
营销类	(1)合作范围、合作期限、协议取费方式 (2)营销团队资质要求 (3)共同开展营销专题研究要求及专题名称 (4)参与产品研究 (5)优秀战略伙伴评价标准 (6)战略合作伙伴须提前参与上阶段的营销有关过程

3.3.3 材料设备部在招标确定中标单位后，组织相关部门［工程材料设备类由规划工程部（工程）参与，设计类由规划工程部（设计）参与，营销类由房产超市参与］与中标单位进行战略合作协议谈判，谈判结果最终经预算运营部审核，集团总裁批准。

3.3.4 由材料设备部负责与确定的战略合作伙伴签订《战略采购协议》，明确双方合作范围、合作期限、双方权益、合作经济条款等内容。

3.3.5 协议批准后，材料设备部负责在五个工作日内填写"战略合作伙伴执行通知单"，将战略合作伙伴协议及情况通报责任部门、下属公司，要求在后续工作中执行。

3.4 战略采购实施

3.4.1 工程类、材料设备类战略采购：项目部编制项目采购计划，明确工程量或采购量及相关技术要求，并经规划工程部（工程）审核、工程分管领导审批确定；材料设备部根据批准的工程量或采购量，按战略协议及付款管理流程规定拟订合同，经工程分管领导、预算运营部审核后，与战略合作伙伴签订《战略采购合同》。对于非排他性战略伙伴的工程量和采购量分配，原则上年度优秀战略合作伙伴不低于70%，其他按合作评价结果进行合理分配。

3.4.2 设计类战略采购：由规划工程部（设计）拟订战略设计单位的设计合同，经设计分管领导审核后，材料设备部负责与战略设计单位签订合同。非排他性的战略设计单位选择由规划工程部（设计）优先选择年度优秀战略设计单位，如果缺乏优秀战略设计单位时由规划工程部（设计）提出选择建议，材料设备部审核，经设计分管领导、预算运营部、集团总裁审批确定。

3.4.3 营销类战略采购：由营销部拟订战略营销单位的合作合同，经营销分管领导审核后，材料设备部负责与战略合作单位签订合同。非排他性的战略意向单位选择由房产超市优先选择年度优秀战略合作单位，如果缺乏优秀战略合作单位时由营销部提出选择建议，经营销分管领导、预算运营部、集团总裁审批确定。

3.5 战略合作伙伴评价与评优

3.5.1 材料设备部每年底组织规划工程部（工程）、项目部、规划工程部（设计）、营销部及相关部门对战略合作供应商进行评价，并形成"战略合作伙伴评价表"经责任部门会签后，交相应专业分管领导、预算运营部、财务分管领导审核，集团总裁审批。

3.5.2 年度战略合作评价得分≥8分为优秀战略合作伙伴，经公司集团总裁审批后，材料设备部组织对优秀战略伙伴进行公布和奖励；评价得分≤6分，取消战略合作供应商资格。

3.5.3 评选结束后材料设备部更新战略合作供应商信息库并向相关部门及项目部公布。

【实战范本6-02】▶▶▶

【实战范本6-03】▶▶▶

【实战范本6-04】

【实战范本6-05】

【实战范本6-06】▸▸▸

【实战范本6-07】▸▸▸

三、明确采购的主体

根据采购工程、材料、设备的种类和与工程进度的密切关系、产品品质的稳定性、产品成本控制的难易程度等,采购主体也有不同的选择方式。在材料采购方面划分为甲供材料、甲定乙购材料、甲指乙购材料、乙定乙购材料四类。在工程方面分为总包和分包工程。

(一) 采购主体的划分原则

采购主体的划分一般按如图6-2所示的原则进行,通常会在与总承包商签订合同时确定。

图6-2　采购主体的划分原则

(二) 常见材料的采购主体范围划分

1. 建筑主体采购主体范围划分

建筑主体采购主体范围划分如表6-4所示。

表 6-4 建筑主体采购主体范围划分

序号	采购主体	材料明细	
1	甲供材料（设备）	钢筋；各类门（入户门、车库门、防火门、防火卷帘、小区大门、隔断折叠门）；外墙砖；瓷砖黏接剂和勾缝剂；公共电梯、楼梯间墙地砖；内、外墙地面石材；文化石；外墙挂板、装饰线条、内、外墙涂料；屋面瓦；外墙装饰材料；成品落水系统；成品楼梯；整体阳台；成品天窗；信报箱；各种水泵；供水设备；污水处理设备；各种阀门；冷热水表；游泳池设备；成品化粪池；成品检查井；太阳能、燃气热水设备；锅炉；换热设备；散热器；热计量表；风机设备；电梯；可视对讲设备；高低压配电设备；发电机组；三箱设备；照明装置和开关插座面板；电线、电缆；机械车库	
2	甲方直接分包系统集成供应商	门窗系统工程	工程涵盖：外门窗系统、玻璃雨篷、金属压顶、铝合金装饰线条、空调装饰百叶、阳台护栏等制作安装。限品牌范围：型材、五金件、结构胶、发泡剂、玻璃、纱窗、油漆
		外墙保温系统工程	限品牌范围：保温板、黏接剂、界面剂、耐碱纤维网格布、钢丝网
		铁艺栏杆系统工程	工程涵盖：公共楼梯护栏、扶手、护窗栏杆。限品牌范围：油漆、型材
		弱电系统工程	安防系统、建筑自动化系统、通信网络系统
		消防系统工程	工程涵盖：消防报警系统、消防自喷系统、消火栓系统。限品牌范围：消火栓、水泵结合器、自喷喷头、湿式水力报警阀、信号阀、水流指示器、水泵、阀门、管材、火灾自动报警系统主机、连动控制器、烟感探测器、感温探测器、手动报警按钮、控制模块、信号模块
		水处理系统工程	限品牌范围：主要处理设备、管材、水泵、阀门、过滤器等
		中央空调系统工程	限品牌范围：主机、末端设备、控制设备、阀门、水风管材、水泵、水处理设备、保温材料
		中央除尘系统工程	限品牌范围：主机、末端、管材
		通风、排烟系统工程	限品牌范围：风管、风阀
		人防系统工程	限品牌范围：主要人防设备
		中央新风系统工程	限品牌范围：新风换气设备、管材
		地板辐射采暖工程	限品牌范围：地暖管材、分水器、集水器、各种阀门、苯板
		地下车库地面工程	不限品牌
3	甲定乙购	水泥，商品混凝土，防水材料，成品烟、气道，变形缝，成品烟囱，加气混凝土砌块，空心混凝土砌块，烧结空心砖，黏土砖，各种上下水、采暖管材及管件，地漏，落水管，风管，电线管，电缆桥架，电线，风帽，灯泡，白灰，局部涂料	

2. 园林景观采购主体范围划分

园林景观采购主体范围划分如表6-5所示。

表 6-5　园林景观采购主体范围划分

序号	采购主体	材料明细
1	甲供材料（设备）	钢筋，石材，琉璃瓦，地砖，井盖，座椅，雕塑，小品，牌匾，垃圾桶，假山，亭子，石材、木栏杆，标识，体育、健身器材，水泵，阀门，电缆，景观灯具，音响，各种配电柜，苗木，景石，草坪
2	甲定乙购	混凝土，水表，喷头，电线，开关插座，水泥，沙子，白灰，防水材料，各种涂料，给排水管材、管件

3. 装饰装修采购主体范围划分

装饰装修采购主体范围划分如表6-6所示。

表 6-6　装饰装修采购主体范围划分

序号	采购主体	材料明细
1	甲供材料（设备）	石材，墙地砖，地板，地毯，墙纸，涂料，马赛克，装饰玻璃，衣、鞋柜体，橱柜，各种门，成品楼梯，开关面板，家用电器，灯具、灯饰，家具，布艺材料，五金卫浴，软装、饰品
2	甲定乙购	吊顶，水泥，沙子，白灰，防水材料，防火材料，龙骨，石膏板等基层材料，不锈钢栏杆、制品，给排水管材、管件，电线，电管，楼梯护栏、扶手

以上未提到的材料、设备和对设计效果、成本影响较小，市场价格较透明的材料、设备均为建筑总包、景观总包、装修总包单位购买。

四、采购方式的确定

采购方式的确定主要针对甲供材料（设备）、甲定乙购材料（设备）及总包和甲方分包的采购项目。

（一）战略采购

战略采购是指公司出于提高质量、降低成本、增加效率等目的，与若干家供方直接签署协议的采购行为。

战略采购方式主要在多项目运作的房地产集团公司中采用，一般由集团公司总部统一与供应商进行洽谈，通过招标方式确定战略合作伙伴，并签署战略合作协议。目前房地产开发公司实施战略采购的材料设备主要有：电梯设备、机房设备、空调机组、涂料、瓷砖、电工产品、门禁系统和建筑装饰材料等。

（二）招标采购

招标采购包括供应商资质预审、招标文件编写、发标、回标、开标、评标、定标、谈判和中标通知发放等过程。招标采购又分公开招标和邀请招标方式。

招标采购方式一般根据采购的规模和采购权限划分确定，由于招标过程环节多，耗时长，因此在确定哪些产品招标时，应重点关注一些批量大、价值高的产品。而对一般的采购产品采取直接市场比价、议价的方式采购或邀标的方式进行。具体可通过明确需招标采购的产品种类和划分采购项目金额的方式确定招标材料、设备采购的范围。

工程类采购活动，在总包确定前，个别分项工程必须提前开工的由公司直接发包；对总包工程中一些专业性较强、行业竞争较激烈、市场水平与定额水平有一定差异性的工程也可作为总包工程的甲方指定分包工程，通过招标方式选择供应商。对零星工程在限定金额范围内的，可采取项目管理部门直接比价采购的方式，其他的均采用招标方式选择。

【实战范本6-08】▶▶▶

项目总包及主要分包工程承包方式及成本控制目标建议

项目名称：

序号	项目名称	承包方式	结算成本目标/万元	合同（招标）成本目标/万元	设计变更及签证控制目标/万元	主要经济指标值	备注

【实战范本6-09】▶▶▶

项目主要材料（设备）采购方式及成本控制目标建议

项目名称：

序号	材料（设备）名称	市场价/信息价	成本目标/万元	以往工程采购方式	建议采购方式

五、供应商管理系统的建立

供应商管理系统的建立对规范房地产企业的采购行为，形成内部公开、透明的采购管理系统和建立良好的供应商合作伙伴关系非常重要。通过与供应商建立长期、稳定的合作关系，共同努力来降低成本，提高性价比，并通过与知名供应商的合作给企业带来市场宣传与推广方面好处；同时与供应商增进相互信任，在充分沟通上有效地提高性价比，从而达到互惠双赢的良好结果。目前在供应商管理系统的建立方面，很多房地产企业的重视度还不够，因此对供应商的管理力度还非常薄弱。

（一）供应商评估与激励体系的建立和材料信息库的建立

（1）采购部门应收集供应商信息，建立供应商信息库，积累供应商相关信息及产品信息，为选择和确定采购产品提供充分及准确的信息。

（2）制定明确的合格供应商入围标准，对供应商进行初步的筛选、考察和判断，对符合要求的纳入合格供应商名单，不符合要求的也要建立内部不合格供应商（黑名单）的记录，为今后的选择提供信息和依据。

（3）建立对供应商的奖励、惩罚和扶持政策，调动供应商的积极性和处罚违规行为，形成公开、透明和内部充分共享的供应商管理系统。

（二）供应商履约评估

（1）采购部门是组织接受供应商产品和服务的部门，对供应商的产品质量、服务质量、内部管理、资源保障和配合情况等进行评价并打分。对产品好、合作配合好、服务好的供应商根据采购价格及后续实施情况给出评价。同时总结材料采购中的薄弱环节，将采购数据录入数据库。

（2）建立供应商积分管理制度，对产品供应质量好，价格合理，经评价合格后根据评分高低给予不同积分，积分越多的在后续工程或材料供应中可获得被优先选择的权利。

（3）采购部门应建立材料信息收集和研究的职能，主动对材料市场进行研究，并提供相关报告给设计部门参考，使设计部门对材料信息掌握充分，在设计过程中能够充分考虑材料品质、价格和优化、替代及更新的要求。

【实战范本6-10】▶▶

材料/设备制造商/供应商信息库

序号	材料/设备品名	规格/型号	制造商/供应商	地址	代理商/供应商	联系人	电话

【实战范本6-11】

供应商洽谈记录

时间		地点	
谈判对象公司			
对方公司出席人		职务	
出席人			
具体内容			

第三节　房地产企业采购成本控制执行

一、制定采购预算与估计成本

制定采购预算是在具体实施项目采购行为之前对项目采购成本的一种估计和预测，是对整个项目资金的一种理性的规划，它不仅对项目采购资金进行了合理的配置和分发，还同时建立了一个资金的使用标准，以便对采购实施行为中的资金使用进行随时的检测与控制，确保项目资金的使用在一定的合理范围内浮动。有了采购预算的约束，能提高项目资金的使用效率，优化项目采购管理中资源的调配，查找资金使用过程中的一些例外情况，有效控制项目资金的流向和流量，从而达到控制项目采购成本的目的。

二、制订采购计划

为了使材料供应与需求相适应，需要编制材料采购计划。

（一）编制材料供应计划

材料供应计划编制要经过的步骤：技术部门按施工计划及施工预算，提供年、季、月工程项目、工程量、投资计划及单项工程年、季度需要主要材料明细表，同时提出"三大材"节约指标及措施；工程所需的特殊材料和专用工具应由技术部门协助各承包单位按工程任务书提出计划，年初或季初交物资部门备料；物资部门根据各承包单位提出的需用材料计划，在充分利用库存物资的基础上，做好物资平衡工作，及时编报材料采、

订、购计划。材料计划供应量的计算公式为

$$材料计划供应量 = 材料需要量 + 期末库存量 - 期初库存量$$

由于期初库存量是已知的,问题的关键是要确定计划期的材料需要量和期末库存量。

1. 计划期材料需要量的制订

由于目前的水电建筑市场发展不完善,而工程的中标价格却是按市场的供求关系形成的,套用的又是旧的定额,尽管经过十余年的不同程度的调整,但预算成本仍很难反映社会建筑业生产经营管理水平,所以根据技术组织措施计划,制订降低成本计划是十分必要的。由于材料费属于变动成本,所以在计划成本的基础上按不同工程量水平制定弹性成本也是比较容易的。

材料需要量是计划期内保证施工正常进行所必须消耗的材料数量,它的计算公式为

$$材料需要量 = 计划工作量 \times 计划消耗$$

材料需要量确定得准确与否,直接影响材料供应计划的质量,必须做好各项基础工作。

2. 计划期末材料储备量的制订

由于材料供应与需求之间存在着时空的差异,所以在客观上形成了材料储备。材料储备并不是越多就越好,而是要有一个度,即要制定材料储备额,常用的是经济订购批量法。

经济订购批量就是项目一定期间材料存货相关总成本达到最低的一批采购数量;与存货相关的成本,是指为形成和维持材料采购管理而引起的各项费用支出,其总额随材料数量、价格等属性的变化而增减,主要由订货成本、购买成本、储存成本和缺货成本四部分构成。

确定经济订购批量的目的,就是使与材料有关的上述四项成本总和达到最低;根据施工项目的一般情况,由于订货成本和储存成本相对较小,重点要考虑购买成本和缺货成本之和的最小化,最终得出一定期间的经济采购量。

(二)编制采购计划

根据材料的需用计划和经济采购量的分析结果以及将要选择的合同类型编制采购计划,说明如何对采购过程进行管理,具体内容如下。

(1)合同类型。

(2)组织采购的人员。

(3)管理潜在的供应商。

(4)编制采购文档。

(5)制定评价标准等。

采购计划一般由项目物资部门制订。根据项目需要,采购管理计划可以是正式、详细的,也可以是非正式、概括的,关键强调其正确性、及时性和可执行性。

【实战范本6-12】▶▶▶

项目采购需求计划

公司名称：　　　　　　　　　　　　　　项目名称：

序号	招标采购内容	采购分类	采购方式	面积或数量	使用部位	技术标准确定时间	目标成本			计划招标日期	计划进场日期	备注
							单价	单位名称	总价			
问题及建议												

编制：　　　　　　　　审核：　　　　　　　　日期：　　年　月　日

注：1.采购分类指咨询服务类（甲方委托），工程施工类（施工总承包、指定分包、专业承包），设备材料类（甲供、甲定乙供）。
　　2.采购方式指战略采购、公开招标、邀请招标、议标、直接采购。

【实战范本6-13】▶▶▶

项目采购计划管控表

序号	采购内容	计划进场时间	采购分类	采购方式	采购分层	开始时间	完成时间	图纸提交、技术要求确定时间	目标成本			备注
									单价	单位名称	总价	

项目公司：　　　　　　　研发设计中心：　　　　　　工程管理中心：
成本管理中心：　　　　　成本管理中心：
集团领导：

注：1.采购分类指咨询服务类（甲方委托），工程施工类（施工总承包、指定分包、专业承包），设备材料类（甲供、甲定乙供）。
　　2.采购方式指战略采购、公开招标、邀请招标、议标、直接采购。
　　3.采购分层指集中采购、授权采购、分散采购。

三、采购询价

采购询价就是从可能的卖方那里获得谁有资格、谁能以最低成本完成材料采购计划中的供应任务，确定供应商的范围，该过程的专业术语也叫供方资格确认，获取信息的渠道有招标公告、行业刊物、专业建筑网站等媒体。

做好采购询价管理，需要充分利用计算机管理系统，借助网络优势，快速地浏览和获取需要的信息，从而保障采购询价管理、得到询价结果的高效率。

【实战范本6-14】▶▶▶

甲定乙购材料（设备）价格审订单

类别：　　　　　　品名：　　　　　　编号：

项目名称				工程名称					
施工单位				建设单位					
序号	材料名称	规格型号、品牌标准	供应商厂址、联系人、电话	品牌标准核订单编号	单位	数量	原合同暂定价	施工单位申报价	最终审定价

施工单位确认签名（盖公章）：

项目部审批（盖公章）：
项目经理：　　　　　　材料工程师：

注：1. 本表由施工单位填写一式六份原件，确保甲方保留一式四份。
　　2. 本表仅作为（一般指合同约定为暂定价的）材料（设备）价格审核，核定前原则上应先对各供应商进行考察。

【实战范本6-15】▶▶▶

甲定乙购材料（设备）品牌标准核订单

类别：　　　　　　品名：　　　　　　编号：

项目名称		工程名称	
施工单位		建设单位	

续表

材料名称				规格型号		
计划用量				估算总价		
施工单位填写	初选厂商名称、品牌标准		规格型号	拟报单价	备注（含供应商地址、联系人）	
	申请单位意见（盖章）： 乙方项目经理签名：					
监理单位意见（盖公章）（审查技术性能与质量）：						
	项目部审批（盖章）： 项目经理：　　　　　　　专业工程师：					

注：1. 本表由施工（使用）单位提出申请，填写一式六份，甲方留四份；每份表格只填一种材料。
　　2. 施工单位申报时，原则上应选择三家以上合格单位报批。
　　3. 本表仅作为（一般指合同约定为暂定价的）材料（设备）品牌标准的核定，核定前原则上应先对各供应商进行考核。

【实战范本6-16】▶▶▶

乙购材料（设备）价格审核表

工程名称				乙方报价日期				
核价内容				施工单位				
名称	规格（型号）	单位	数量	乙方询价		甲方核价		备注
				厂家（品牌）	单价/元	厂家（品牌）	单价/元	
合计								
（乙方）				××房地产开发有限责任公司（甲方）				
经办人		项目经理		经办人			负责人	
年　月　日				年　月　日				

四、供应商的选择

供应商是项目采购管理中的一个重要组成部分,项目采购时应该本着公平竞争的原则,给所有符合条件的供应商提供均等的机会,一方面体现市场经济运行的规则;另一方面也能对采购成本有所控制,提高项目实施的质量。因此,在供应商的选择方面要注意如下两方面的问题。

(一)选择供应商的数量

供应商数量的选择问题,实际上也就是供应商份额的分担问题。从采购方来说,单一货源增加了项目资源供应的风险,也不利于对供应商进行压价,缺乏采购成本控制的力度,而从供应商来说,批量供货由于数量上的优势,可以给采购方以商业折扣,减少货款的支付和采购附加费用,有利于减少现金流出,降低采购成本。因而,在进行供应商数量的选择时既要避免单一货源,寻求多家供应,同时又要保证所选供应商承担的供应份额充足,以获取供应商的优惠政策,降低物资的价格和采购成本。这样既能保证采购物资供应的质量,又能有力地控制采购支出。一般来说,供应商的数量以不超过3～4家为宜。

(二)选择供应商的方式

选择供应商的方式主要包括公开竞争性招标采购、有限竞争性招标采购、询价采购和直接签订合同采购,四种不同的采购方式按其特点来说分为招标采购和非招标采购。在项目采购中采取公开招标的方式可以利用供应商之间的竞争来压低物资价格,帮助采购方以最低价格取得符合要求的工程或货物,并且多种招标方式的合理组合使用,也将有助于提高采购效率和质量,从而有利于控制采购成本。

五、采购环境的利用

充分利用采购环境的一个重要内容就是熟悉市场情况、了解市场行情、掌握有关项目所需要的货物及服务的多方面市场信息。比如,结合所采购货物或服务的种类、性能参数、质量、数量、价格的要求等,了解熟悉国内、国际市场的价格及供求信息,所购物品的供求来源、外汇市场情况、国际贸易支付办法、保险合同等有关国内、国际贸易知识和商务方面的情报及信息。这就要求项目组织建立有关的市场信息机制,以达到有效利用采购环境的目的,良好的市场信息机制包括以下内容。

(1)建立重要货物供应商信息的数据库,以便在需要时候能随时找到相应的供应商,以及这些供应商的产品或服务的规格性能及其他方面的可靠信息。

(2)建立同一类货物的价格目录,以便采购者能进行比较和选择,充分利用竞争的办法来获得价格上的利益。

(3)对市场情况进行分析和研究,做出市场变化的预测,使采购者在制订采购计划、决定如何发包及采取何种采购方式时,能有可靠而有效的依据作为参考。

只有建立了良好的市场信息机制,才能在项目采购中做到"知己知彼",并对采购环境有充分的了解和把握,这使得采购者能处于供需双方的有利地位,获得价格上的优势,不仅取得高质量的货物或服务,也能取得成本上的利益。而如果缺乏了对相关信息的熟悉,会造成采购工作的延误,采购预算的超支,失去成本控制的优势。

六、采购合同签订

选择供应商的主要参照条件就是在采购询价环节的评价结果,当然也要参照其他标准,如供应能力、历史信誉等。比如具体确定商品混凝土的供应商是一家还是多家,一般都要考虑不少于两家供应商,以防供应不及时导致停工风险的发生,这里就需要考虑到混凝土浇注本身需要连续性等要求。

采购合同就是在确定了供应商后,项目与供应商之间签订的确保双方履行约定的一份法律文件;在签订之前,需要对合同类型进行选择,因为不同的合同类型决定了风险在买方和卖方之间分配;项目的目标是把最大的实施风险放在供应商,同时维护对项目经济、高效执行的奖励;供应商的目标是把风险降到最低,同时使利润最大化。

常见的合同可分为以下几种:成本加奖励费合同,主要用于长期的、硬件开发和试验要求多的合同;固定价格加奖励费用合同;长期的高价值合同;固定总价合同,项目易于控制总成本,风险最小。

【实战范本6-17】▶▶▶

合同现场交底单

项目名称		日期	
合同名称			
甲方单位及参加人员			
合作单位及参加人员			
双方合同经办人员联系方式:			
合同要点简述:			
交底补充内容:			
相关人员会签			
区域公司总经理意见			

注:本单一式两份,集团合同主办部门和合同实施部门或区域公司各一份。

【实战范本6-18】

工程项目采购合同交底答疑纪要

编号：

合同名称		签订合同日期	
甲方			
乙方			
交底经办人			
参加交底答疑人员			

答疑纪要：

交底答疑相关人员（签名）：　　　　　　　　　　　　　　　年　　月　　日

【实战范本6-19】

工程项目采购合同履约情况记录表

编号：

合同名称	
甲方	
乙方	
访谈人	

合同履约过程存在的问题：

乙方建议：

乙方对甲方的评价：（1～10）

注：9～10表示好。7～8表示较好。5～6表示一般。3～4表示较差。1～2表示差。

【实战范本6-20】▸▸▸

工程项目采购合同履约检查情况通报

编号：

项目名称		检查日期	
检查内容			
参加检查部门及人员			

检查人员（签名）：　　　　　　　　　　　　　　　年　月　日

【实战范本6-21】▸▸▸

合同价款变更情况汇总表

工程项目名称：

序号	合同名称	合同编号	合同价款	开工日期	工程进度	累计已付进度款	本月补充预算			累计补充预算			累计补充预算占合同比例	备注
							设计变更	现场签证	甲定乙购单	设计变更	现场签证	甲定乙购单		

七、采购环节成本控制要点、内容、方法及执行部门

材料及设备采购环节成本控制的核心要素是计划和信息，通过明确而科学的流程，就可以最大限度地减少在该环节出现损失的概率，达到成本控制的目的。具体流程如表6-7所示。

表 6-7 采购环节成本控制要点、内容、方法及执行部门

控制要点	控制内容	控制方法	控制执行部门
材料进场	采购招投标及订立合同时间		工程部
	生产周期	与工程进度相配合	
	运输周期	具体与采购点远近相对应	
	安装、验收周期	与工程进度相配合	
	交叉作业时间	与工序安排相联系	
	市场信息	日常搜集市场信息，建立材料市场信息库	采购部
	技术参数	材料设备的技术参数由设计部确定或封样	设计部
	招投标	必须招投标的材料设备要制订招投标计划；不需要招投标的材料设备，采用三家以上厂家报价选择	工程部
材料的性能价格比	市场信息	日常搜集市场信息，建立材料市场信息库	预算部
	技术参数	材料设备的技术参数由设计部确定或封样	设计部
	招投标	必须招投标的材料设备要制订招投标计划。不需招投标的材料设备，采用三家以上厂家报价选择	预算部
材料款支付	材料款支付方式	预付款限额控制	经办部门（工程部或设计部）
	材料款支付进度	首次验收后付款总额进度控制	
	保修款	保修款一般不低于合同总价的5%，依据合同中约定付款	
材料验收	数量验收	几方共同确认货到现场数量	甲方工地代表或专业工程师负责监控验收
	质量验收	外观质量的验收 安装后质量的验收	工程部
		投入使用后的质量验收	采购部
材料保管与保修	材料保管	在合同中明确货物的卸货和保管的责任承担者	工程部
	材料保修	用合同的方式明确保修责任和保修期	

第七章
房地产项目工程管理环节成本控制

> **引言**
>
> 在房地产企业的所有成本中，建筑安装成本所占比例最大，也是变数最多的部分。建筑安装成本控制对象是工程项目，是工程项目施工过程中各种耗费的总和。它从项目中标签约开始，到施工准备、现场施工、竣工验收等，每个环节都离不开成本控制工作，其主要涉及的费用有人工费用、材料费用、其他费用（机械使用费用、辅助工程费用、临时设施费用等）。

第一节 工程项目成本控制概述

工程项目成本是指企业在以工程项目作为成本核算对象的施工过程中所消耗的生产资料转移价值和劳动者的必要劳动所创造的价值之和的货币表现形式，即某建筑工程项目在施工中所产生的全部生产费用的总和。

一、工程项目成本的构成

按照成本的经济性质，工程项目成本由直接成本和间接成本两部分构成。

（一）直接成本

直接成本是指施工过程中耗费的构成工程实体或有助于工程实体形成的各项费用支出，具体包括人工费、材料费、机械使用费、其他直接费等，由直接费、其他直接费、现场经费组成。

1.直接费

直接费指施工过程中耗费的构成工程实体和有助于工程形成的各项费用，包括人工费、材料费、施工机械使用费，如图7-1所示。

图7-1 直接费的构成

2. 其他直接费

其他直接费是指直接费以外施工过程中产生的其他费用，包括冬、雨期施工增加费、夜间施工增加费、特殊地区施工增加费，生产工具用具使用费，检验试验费，工程定位复测、工程点交、场地清理费用等。

3. 现场经费

现场经费是指为施工准备、组织施工生产和管理所需的费用，包括临时设施费和现场管理费，如图7-2所示。

图7-2 现场经费的组成

（二）间接成本

间接成本是指企业内各项目经理部为组织和管理施工所产生的全部支出，由企业管理费和财务费用、其他费用组成。

1. 企业管理费

指施工企业为组织施工生产经营活动所产生的管理费用，包括管理人员的基本工资、工资性津贴，以及按规定标准计提的职工福利费、差旅交通费、办公费、固定资产折旧、修理费，工具用具使用费、工会经费、职工教育经费、劳动保险费、职工养老保险费和待业保险费，财产、车辆保险费，各种税金等。

2. 财务费用

指企业为筹集资金而产生的各项费用，包括企业经营期间产生的短期贷款利息净支出、汇兑净损失、调剂外汇手续费、金融机构手续费，以及企业筹集资金产生的其他财务费用。

二、工程项目成本控制的原则

工程项目成本控制是指为实现工程项目的成本目标，在工程项目成本形成的过程中，对所消耗的人力资源、物质资源和费用开支进行指导、监督、调节和限制，及时控制和修正即将发生和已经发生的偏差，把各项费用控制在规定的范围内。

工程项目成本控制应遵循以下原则。

（一）全面控制原则

全面控制包括两个含义，即全员控制和全过程控制，如图7-3所示。

全员控制：建筑安装成本控制涉及项目组织中所有部门、班组和员工的工作，并与每一位员工的切身利益有关，因此应充分调动每个部门、班组和每一个员工来控制成本、关心成本的积极性，真正树立起全员控制的观念，才能有效地控制成本

全过程控制：建筑安装成本发生涉及项目的整个周期，项目成本形成的全过程，从施工准备开始，经施工过程至竣工移交后的保修期结束，因此成本控制工作要伴随项目施工的每一阶段，只有在项目的每一阶段都做好控制工作，才能使工程建设成本处在有效控制之下

图7-3 全面控制原则

（二）目标控制原则

目标控制原则是管理活动的基本技术和方法，它是把计划的方针、任务、目标和措施等加以逐一分解落实。在实施目标管理的过程中，目标的设定应切实可行，越具体越

好，要落实到部门、班组甚至个人。目标的责任要全面，既要有工作责任，更要有成本责任，做到责权利相结合，对责任部门（个人）的业绩进行检查和考评，并同其工资奖金挂钩，做到赏罚分明。

（三）动态控制原则

建筑安装成本控制是在不断变化的环境下进行的管理活动，所以必须坚持动态控制原则。所谓动态控制原则就是将工、料、机投入施工过程中，收集成本产生的实际值，将其与目标值相比较，检查有无偏离，如无偏离，再继续进行，否则找到具体原因，采取相应措施。

第二节　工程项目成本控制措施

工程管理的成本控制内容有多种，概括起来一般从组织、技术、经济、质量管理、合同管理等几个方面采取有效控制措施。

一、预算及资金控制

对一个工程项目来说，成本控制至关重要。很多企业在制定预算时为达到项目尽快批准的目的，尽量降低预算，结果在工程施工过程中，预算起不到控制标准的作用，导致成本失控，资金紧张。参照工程预算合理地进行成本核算和资金管理是房地产开发企业财务工作的重点。因为工程成本及其资金的支付是房地产开发企业的实质性核心内容，每一项所涉及的金额又相当巨大，故须重点控制。

（一）预算编制

工程预算的编制须结合预算工程师、材料工程师及财务人员等专业人员的综合建议，达到事前成本控制的目的。工程预算编制完毕后，公司预算部门将工程预算交于财务人员，以后的财务核算工作也便有了"有的放矢"的目标。会计科目中成本类明细科目的设置应尽量与工程预算主体内容相一致，以便日后能与工程成本预算数同一口径进行对比、分析，从而有效实施事中成本管理和控制，并为事后的经验总结和新开发项目的成本管理与控制提供参考和标准。

（二）预算及资金控制

在支付工程款项填写用款单时，按"工程项目—分部工程—分项工程—单位工程"写清楚，成本会计根据已有财务信息及预算数进行核对，能立刻确认是否应该支付此款项，并将此信息上报主管领导。若付款，则付款后成本会计也能准确地将该款项列转成本核算对象及其明细项目。

在工程款的支付过程中，重要的是要有正确的付款流程，该流程的设计必须满足

"先产生相关的信息流,再由信息流决定是否支付资金流"的要求。这是因为任何不当的资金支付行动都能使成本管理处于无序和失控状态。可以采取以下的方式:每一次付款都由工程部门(或材料部门)、合同管理部门、财务部门三方会签方可支付,工程部门负责审核工程的施工进度和质量(材料部门负责审核材料的数量和质量),合同管理部门负责审核款项是否按照合同约定的条款支付,财务部门要盯住每一次付款时点及金额进行资金计划安排并报主管领导,这样使每一次付款都能迅速而有效地处于控制状态中。

【实战范本7-01】▶▶▶

某地产企业工程付款管理制度

1. 目的
1.1 确保有计划、有组织、及时准确地向承包商和供应商付款,减少违约行为。
1.2 杜绝错付、超付,以确保工程进度并控制成本。
1.3 确保工程尾款的支付,不产生遗留问题。

2. 适用范围
2.1 工程预付款、进度款、结算款(保修金)的审批、支付。
2.2 材料、设备款的审批、支付。
2.3 设计、报建、营销、策划、行政、财务等部门合同类付款。

3. 付款原则
3.1 工程款支付必须依据合同,严格按计划进行支付。
3.2 工程款支付要严格执行公司审批的年度计划及年度计划修正方案和月度资金计划的规定。
3.3 对于超出公司月度资金计划的工程款项的支付须按公司财务管理制度的规定经特别的审批程序审批。
3.4 工程竣工后进行结算时,必须严格按照合同的要求和经指定的中介机构审计完毕的审计报告进行结算付款。

4. 职责
4.1 工程进度及支付申请。
4.1.1 各承包单位在开工前的第七天向项目公司提交工程总进度计划,每月25日17:00前上报当月工程进度月报表,同时上报下月进度计划。月进度计划必须按时上报,如未按时上报或者没有上报,则不予以支付当月进度款。
4.1.2 工程总进度计划包括总进度计划审批表、封面、总进度计划编制说明、总进度计划,总进度计划的编制应采用网络图形式;工程总进度计划一式五份,批复后返还承包单位一份，项目管理中心、监理单位、成本控制中心、财务管理中心、公司档案室各存一份。

4.1.3 工程进度月报表包括工程进度款支付申请单、工程进度审核表、封面、形象进度文字说明、已完工程进度造价计算书、工程量计算书、隐蔽工程记录、签证单和材料设备价格确认单等，已完工程进度造价计算书必须提供电子版文件；工程量计算书如是计算机打印版本，同样须提供工程量计算书的电子文档；工程进度款支付申请单根据合同约定的付款方式确定是否提交，到合同约定付款节点时随月进度报告一起提交，如未到付款节点则取消；月进度报告一式四份，审核后返还承包单位一份，项目管理中心、监理单位、成本控制中心、公司档案室各存一份。

4.1.4 下月进度计划包括下月进度计划审批表、封面、形象进度文字说明、计划工程进度横道图，下月进度计划一式四份，批复后返还承包单位一份，项目管理中心、监理单位、成本控制中心各存一份。

4.1.5 根据合同需要付款时，由供方单位主动填报"工程款支付申请表"，监理工程师根据项目进度、质量状况及合同履行情况，对"工程款支付申请表"进行审核，审核意见必须注明根据合同具体条款、实际进度、支付何种款项等。

4.2 工程管理中心专业主管工程师负责复核"工程款支付申请表"并签署意见，根据合同历史付款额度、项目完成情况、履约情况、处罚情况、各种扣款签署意见。

4.3 工程管理中心总监对主管专业工程师的意见进行复核。

4.4 成本控制中心造价工程师根据已完成工程量及合同履约情况重点复核并签署意见，确保付款额度的准确性，对付款进行把关，负责复核"工程款支付申请表"并签署意见。

4.5 成本控制中心总监在"付款审批表"中签署意见。

4.6 分管副总负责复核"付款审批表"并签署意见。

4.7 财务部经理根据工程付款台账和工程合同台账，负责对"付款审批表"的复审并签署意见，制订初步付款计划。

4.8 财务总监根据资金计划确定付款计划，确保严格按合同及时付款，如能不能及时付款，应及时与主管领导及成本控制中心沟通，成本控制中心和工程管理中心做好供方单位的解释沟通工作。

4.9 总经理最终确定付款额度和付款进度。

5. 付款程序

5.1 付款申报阶段程序（适应于工程类付款，除设计、报建、营销、策划、行政、财务等部门付款外）。

5.1.1 施工承包方在当月 20 日前将已完工工程费用预算书并附详细计算式、"工程款支付申请表",经项目负责人签字、单位盖章后呈报至监理单位。

5.1.2 监理单位对施工单位申报的"工程款支付申请表"进行审核，并经专业监理工程师和总监签字、加盖监理单位公章后报工程管理中心。

5.1.3 工程管理中心在收到监理单位交来的资料后，在两日内对已完成的工程量进行审核。对施工质量、进度及其他与合同约定不符情况及扣除的相应款项在"工程款支付申请表"中予以明确，不计入工程进度款（如施工单位本次用水、用电、罚款单等）支付范围，经现场工程师和工程管理中心总监签字认可后连同施工单位所报资料送成本控制中心。工程管理中心派专人负责工程付款申请审批跟踪和对相关资料的报送，非特殊情况每月月底统一报送一次。

5.1.4 成本控制中心造价工程师在收到工程管理中心交来的资料后，在两日之内对当月工程款支付金额核算完毕。

5.1.5 工程总监根据监理、工程管理中心、成本控制中心三方意见汇总出具付款意见，作为请款部门付款审批表中请款意见参考。

5.2 审核阶段程序。

5.2.1 请款部门填写"付款审批表"，并详细填报请款意见，将"工程款支付申请表"与"付款审批表"及相关资料报送成本控制中心。

5.2.2 成本控制中心在收到"付款审批表"申请后，对当月工程款支付金额核算，由成本控制总监签字，认可后送交分管领导审批。

5.2.3 分管副总经理对付款审批并签署意见。

5.2.4 分管副总经理审批后交付"付款审批表"给财务管理中心，财务管理中心负责对当月工程款支付金额的审批并对付款签署付款计划，报财务总监审批。

5.2.5 财务总监审批完后报总经理审批。

5.3 拨付阶段。

5.3.1 财务管理中心根据付款审批表编制"月进度款拨付计划表"报财务总监及总经理审批，"月进度款拨付计划表"审批通过后，财务根据付款计划安排付款。

5.3.2 每月"工程款已支付报表"由财务管理中心月底进行统计，次月初报监理公司、工程管理中心、成本控制中心等部门备案。

5.3.3 对应付款尽量安排在付款宽限免责期内付款，减少公司违约行为。

5.4 文件归档。

5.4.1 工程管理中心将审批完后的"付款审批表""工程款支付申请表"复印件交监理公司、工程管理中心、成本控制中心存档，原件在审批完成后三日内交财务管理中心存档。

5.4.2 财务管理中心每月"工程款已支付报表"在每月28日前完成，交监理公司、工程管理中心、成本控制中心备案，工程管理中心和成本控制中心核对无误后，据此作为次月付款审批的依据之一。

6. 施工单位用水、用电费用支出的审批流程

6.1 工程管理中心由专门的经办人首先对水电费产生的金额进行核实。

6.2 根据核实后的水电费用由经办人填制水电费用分摊表，根据各施工单位实际使用的水电费用进行分摊，并由水电费使用单位负责人或授权人（下同）签字确认，待工程结算时从工程款中扣回。水电费使用单位的负责人或者授权许可人需经使用单位书面确定。

6.3 工程管理中心经办人根据核实的水电金额填写"请款单"，在"请款单"后附水电费用的使用单位负责人签字确认的"费用分摊表"。

6.4 经办人将"请款单"按照公司费用的报账程序签字请款。

6.5 经办人将办理好签字审核手续的"请款单"交公司财务管理中心，财务管理中心根据"请款单"支付费用。

6.6 财务管理中心将付款凭证交工程管理中心的经办人到水电部门开具费用发票，交财务管理中心归账。

6.7 财务管理中心在进行账务处理时应根据工程管理中心提供的水电费用分摊表将由公司代垫的水电费登录台账备查，在工程项目结算时和工程管理中心核对后在工程款项中扣回。

7. 罚则

7.1 没有达到付款节点而办理审批时且没有特别注明的，罚工程管理中心专业主管工程师500元/次。

7.2 在"工程款支付申请表"中由于成本控制中心造价工程师工作失误而导致该合同已累计付款额失真的，每次处罚200元。

7.3 因工程付款审批延误导致公司违约时，处罚责任部门总监200元/次，相关责任人300元/次。

7.4 付款审批过程中弄虚作假，为供方单位谋取利益的，处罚相关责任人1000～2000元/次，后果严重的，公司将给予开除处分。

7.5 财务管理中心没有及时将"工程款已支付报表"下达给相关部门的，罚30元/天。

7.6 工程管理中心未将审批完后的"付款审批表""工程款支付申请表"原件在审批完成后三日内交财务管理中心存档的，罚30元/天。

8. 相关文件

8.1 "工程款支付申请表"适用于工程类付款申报，由施工单位申报，送交监理公司进行初审，工程管理中心专业主管工程师、成本控制中心造价工程师、工程总监复审。

8.2 "付款审批表"作为公司内部付款审批表，适用于工程类及非工程类付款审批，工程类付款审批之前必须完成"工程款支付申请表"的复核，非工程类付款直接

由请款部门填报，报相关部门及领导审批。

8.3 "工程款已支付报表"由财务管理中心每月月底完成。

9. 附件

工程款支付与管理控制流程。

工程款支付与管理控制流程

阶段	流程	执行人	完成记录或输出文件	备注
申报阶段	请款单位当月20日前提出"工程款支付申请表"	请款单位	施工单位签字盖章的"工程款支付申请表"	适用于工程类付款，除设计、报建、营销、策划、行政、财务等部门付款外，监理单位对"工程款支付申请表"进行认真复核，确保付款额度准确，工程量计算准确，并提供详细的计算式作为附件
	监理单位专业工程师审核	监理单位	"工程款支付申请表"签字并出具审核意见	
	监理单位总监审核签字			
	请款部门审核	请款部门负责人	签字并出具审核意见	
	成本控制中心审核	成本控制中心负责人	签字并出具审核意见	
	工程总监	工程总监	根据监理、工程管理中心、成本控制中心三方意见汇总出具体付款意见	
审核阶段	请款部门审核	请款部门负责人	签字并出具审核意见	工程类付款请款部门根据"工程款支付申请表"中工程总监审核意见填写"付款审批表" 非工程类付款如设计、报建、营销、策划、行政、财务等部门付款由请款部门根据履约情况直接填写"付款审批表"报相关领导审批
	成本控制部审核	成本控制部负责人	签字并出具审核意见	
	公司主管领导审核	公司主管领导	签字并出具审核意见	
	财务管理中心审核	财务管理中心负责人及财务总监	"月进度款拨付计划表"	
		总经理	对付款额度及付款计划进行审批	
拨付阶段	工程拨款	财务管理中心及公司领导	"月进度款拨付计划表"	财务管理中心报财务总监备案
	执行	财务管理中心及相关人员	"工程款已支付报表"	每月"工程款已支付报表"由财务管理中心月底进行统计，次月初报监理、工程、预算、成本控制等部门备案

续表

阶段	流程	执行人	完成记录或输出文件	备注
归档	原件归档	财务管理中心	"工程款付款审批表""工程款支付申请表"	工程管理中心将审批完后的"付款审批表""工程款支付申请表"复印交部门存档,原件交财务管理中心存档
	复印件	工程、预算及成本控制部	"工程款支付申请表""付款审批表"	

【实战范本7-02】▶▶▶

工程预算书

建设单位:
工程名称:
工程预算总价:
编制人: 审核人:
编制单位:
编制时间: 年   月   日

1. 直接工程费计算表

单位工程:

定额编号	项目名称	单位	数量	主材消耗量	单价					复价				
					主材费	直接工程费	其中			主材费	直接工程费	其中		
							人工费	辅材费	机械费			人工费	辅材费	机械费

2. 工程费用计算表

工程名称:

序号	费用名称	费用计算表	金额
一	直接费	A+B	
A	直接工程费		

续表

序号	费用名称	费用计算表	金额
A_1	其中：人工费	按预算表各分汇总	
B	措施项目费		
B_8	其中：脚手架搭拆费中的人工费		
二	间接费	C+D	
C	企业管理	$(A_1+B_8)\times$费率（%）	
D	规费	$D_1+D_2+D_3+D_4\div D_5+D_6+D_7+D_8$	
D_1	工程排污费	工程发生时，按工程所在地规定计算	
D_2	养老保险费	$(A_1+B_8)\times$费率（%）	
D_3	失业保险费	$(A_1+B_8)\times$费率（%）	
D_4	医疗保险费	$(A_1+B_8)\times$费率（%）+定额用工工日数×费率（%）	
D_5	工伤保险费	按省劳动保障部门的规定执行大玻璃32平方米	
D_6	住房公积金费	$(A_1+B_8)\times$费率（%）	
D_7	危险作业意外伤害保险费	建安工作量×费率（%）	
D_8	工程定额测定费	建安工作量×费率（%）	
三	其他调整	人工费×费率（%）	
四	利润	$(A_1+B_8)\times$费率（%）	
五	其他项目费	按招标文件、合同约定及平均收入签证计算水电	
	不含工程总造价		
六	税金	（一+二+三+四+五）×费率（%）	
七	含税总造价	一+二+三+四+五+六	
合计	总造价大写		

3.措施项目费计算表

建设单位：　　　　　　　　　单位：元
工程名称：

定额编号	项目名称	单位	数量	人工费	材料费	机械费	管理费	利润	合计

编制人：

【实战范本7-03】▶▶▶

付款审批表

合同编号		工程名称			
请款单位		累计付款			
请款金额（大小写）		付款次数			
合同预测金额		计划付款日期			
请款部门		付款类型	预付款☐ 结算款☐	进度款☐ 质保金☐	
请款部门意见（注明付款原因，根据合同支付何种款项、项目质量、工期履约情况、是否有违约行为，若有，注明对方应支付的违约金等）： 请款部门负责人：					
成本控制中心					
分管副总经理					
财务管理中心					
总经理					

注：工程类必须附"工程款支付申请表"及相关资料。

【实战范本7-04】▶▶▶

工程款支付申请表

合同编号：　　　　　　　　　　编号：

工程名称		累计已付款	
请款单位		已付款次数	
请款金额	当期应付款： 扣除当期水电费： 当期奖罚： 扣除甲供材料款： 实际应付款：		
付款事由	付款事由（注明付款原因，根据合同何款支付何种款项）： 施工单位（签字盖章）：　　　　　年　　月　　日		
监理单位审核意见	监理单位（签字盖章）：　　　　　年　　月　　日		

续表

工程管理中心审核意见	
成本控制中心审核意见	
工程总监审核意见	

【实战范本7-05】▶▶▶

工程款已支付报表

制表单位：　　　　　付款日期：　年　月　　　　　单位：万元

序号	合同编号	收款单位、项目名称	累计付款额	本月应付款金额	本月实际付款金额	累计欠款额

二、采取组织措施控制工程成本

组织措施是在施工组织的指导下项目的组织方面采取的措施，是其他各类措施的前提和保障，必须采取组织措施抓好成本控制，才能使企业在市场经济中立于不败之地。

（一）编制施工成本预测报告，确立项目管理成本目标

编制成本预测报告可以使项目经理部人员及施工人员无论在工程进行到何种进度，都能事前清楚知道自己的目标成本，以便采取相应手段控制成本。做到有的放矢，打有准备之仗。这是做好项目成本控制管理工作的基础与前提。

（二）优化项目成本控制体系，目标成本落实到人

工程项目的成本控制体现在各级组织管理机构下，需针对项目不同的管理岗位人员，做出成本耗费目标要求。项目各部门和各班组加强协作，将责、权、利三者很好地结合起来，形成以市场为基础的施工方案、物资采购、劳动力配备经济优化的项目成本控制体系。

（三）在项目部内部实施成本责任制

施工成本管理不仅是项目经理的工作，工程、计划、财务、劳资、设备各级项目管理人员都负有成本控制责任。通过成本责任制分解责任成本，层层签订责任书；量化考核指标，把责任成本分解落实到岗位、员工身上，形成企业上下人人关心成本，人人关心效益的新局面。以下提供的是落实到部门的成本责任（表7-1）。

表 7-1 施工阶段成本控制责任

控制要点	控制内容	控制方式	控制责任方
设计变更环节	变更评估	（1）项目前期规划、定位要全面、准确，尽量避免在施工中的重大设计调整 （2）加强施工前的审核工作。全面考虑工程造价，对可能发生变更的地方有预见性，并予以事先约定 （3）各部门全面评估变更带来的各种变化，为审批提供参考依据	（1）预算部负责计算变更费用（含可能引起的索赔） （2）甲方项目代表执行修改的工期评估 （3）预算部成本管理员负责计算变更后的成本现状
	变更的审核签认	（1）根据变更原因将设计变更分成四类，不同类别按相应的审核签认流程进行	工程部，营销部，审计部
		（2）设计变更通知单	发生变更项目的负责人
		（3）变更必须有设计单位、设计部、工程部、监理单位和施工单位共同签字后，才能有效	经办部门
	变更的审批	主管总经理审批后方可进行变更	主管总经理
施工现场签证	签证的必要性	现场签证的确认应严格按照合同中所约定的条款执行	经办部门（设计部或工程部）
	签证的时限	现场签证确需发生，应坚持当时发生当时签证的原则	
	签证的工程量	认真核对签证的工程量准确。签证的内容、原因、工程量应清楚准确、无涂改，编号准且全，并有监理工程师的签字确认	经办部门（设计部或工程部）
	签证的审批	（1）施工洽商通知单	发生变更项目的负责人
		（2）必须遵循"先洽后干"的原则。在确认签证前，应按相应审批程序报审，通过后方可正式签证	主管总经理
	签证的反馈	对工程变更应定期进行分类汇总统计分析，并根据统计资料对控制工程变更提出改进意见	资料工程师

续表

控制要点	控制内容	控制方式	控制责任方
审图	（1）扩初图会审 （2）施工图会审 （3）分项、分部图会审 （4）各专业技术图纸会审	（1）图纸多层次会审会签及审批制度 （2）各专业互审互签制度 （3）力争在开工前把图纸中的问题修改完	甲方技术负责人
总分包配合费	（1）分包方式 （2）分包内容 （3）分包的责任界定	（1）通过投标确定配合费 （2）应避免在施工过程中修改分包方式、分包内容、范围而增加工程成本	甲方代表
材料供应	（1）选型 （2）材料供应方式 （3）材料计划 （4）预留时间	（1）施工所用的各项材料的选型应在材料招标前确定	设计部
		（2）先确定材料供应方式，通过招标确定相关费用	预算部组织，工程部参加
		（3）限时编制材料计划 （4）材料计划签认	甲方代表
		（5）要考虑可能出现的问题，留出相应的时间	经办部门
工程款的支付	（1）付款进度 （2）工程进度	（1）按合同约定执行付款 （2）按进度付款 （3）多层次、多角度审核工程进度	（1）甲方代表与监理工程师审核完成的形象部位 （2）预算人员审核工程价值量
	付款的审批	根据情况由不同级别人员最终审批	主管副总经理或总经理

三、采取技术措施控制工程成本

（一）优化施工组织方案

项目管理者根据工程特点和工程建设的不同阶段，制定先进可行、经济合理的施工方案，优化施工组织设计，以达到缩短工期、提高质量、降低成本的目的。施工组织设计是工程施工的技术纲领，它的先进性、适用性将直接关系到工程质量、安全、工期，最终将影响到工程项目的成本，正确选择施工方案是降低成本的关键所在。

（二）合理确定施工工期

施工工期是一种有限的时间资源，施工项目管理中的时间管理非常重要。当施工工期变化时，会引起工程劳动量（人工与机械）的变化。同一工程项目，工期不同，工程成本就不同。因此，合理的施工进度安排，达到最大限度地缩短工期，将减少工程费用，使施工单位获得较好的经济效益。

（三）确保工程施工质量

因质量原因造成的返工，不仅会造成直接经济上的损失，而且可能会影响工程的施工进度，如果因此而影响了工程的如期竣工，就可能会引起业主的索赔。因此施工技术人员必须严把质量关，杜绝返工现象，缩短验收时间，节省费用开支。

（四）积极推广运用新工艺、新技术、新材料

在施工过程中，加大科技进步与提高工程质量的结合力度，努力提高技术装备水平，积极推广运用各种降低消耗、提高功效的新技术、新工艺、新材料、新设备，提高施工生产的技术含量，最大限度地节约建设成本，提高经济效益。

四、采取经济措施控制工程成本

经济措施是最易为人接受和采用的措施。管理人员应以主动控制为出发点，及时控制好工程各种费用，尤其是直接费用的控制。

经济措施主要包括对人工费、材料费、机械费等的控制。

（一）人工费的控制管理

人工费占全部工程费的比例较大，一般在10%左右，所以要严格控制人工费。要从用工数量方面控制，有针对性地减少或缩短某些工序的工日消耗量，从而达到降低工日消耗，控制工程成本。

（1）改善劳动组织，以减少窝工浪费，应加强技术教育和培训工作，还需加强劳动纪律，压缩非生产用工和辅助用工，严格控制非生产人员比例。

（2）实行合理的奖惩制度，完善内部的成本激励机制。按岗位责任、工作目标、成本内容与工程项目部每个人的工资和奖金挂钩，上下浮动，促使全体员工在实现各自成本责任目标的同时，实现整个企业的成本利润目标。

（二）材料费的控制管理

材料费一般占全部工程费的65%～75%，直接影响工程成本和经济效益，一般做法是要按量价分离的原则，主要做好表7-2所示几个方面的工作。

表7-2 材料费的控制管理措施

序号	措施	说明
1	对材料用量进行控制	首先是坚持按定额确定材料的消耗量，实行限额领料制度；其次是改进施工技术，推广使用降低料耗的各种新技术、新工艺、新材料；最后是对工程进行功能分析，对材料进行性能分析，力求用低价材料代替高价材料，加强周转料管理，延长周转次数等
2	对材料价格进行控制	价格主要由采购部门在采购中加以控制，首先对市场行情进行调查，在保质保量的前提下，货比三家，择优购料；其次是合理组织运输，就近购料，选用最经济的运输方式，以降低运输成本；最后是考虑奖金的时间价值，减少资金占用，合理确定进货批量与批次，尽可能减低材料储备

续表

序号	措施	说明
3	减少损耗	改进材料的采购、运输、收发、保管等方面的工作,减少各环节的损耗,节约采购费用;合理堆置现场材料,避免和减少二次搬运
4	加强监督,减少浪费	实行监督施工过程,项目负责人要保证材料的使用严格按施工工艺要求进行,违章操作会造成材料不必要的浪费
5	加强物资核算管理	项目部应每月末进行物资盘点,依据工程数量、施工配合比等有关构成工程实体的所用材料,计算主要材料节超情况,针对发现的问题及时查找原因,制定纠偏措施,堵塞漏洞

(三) 机械费的控制管理

机械费的控制主要从以下几个方面来开展。

(1) 正确选配和合理利用机械设备,做好机械设备的保养和修理,提高机械的完好率、利用率和使用率,从而加快施工进度、增加产量、降低机械使用费。

(2) 尽量减少施工中消耗的机械台班量,通过合理施工组织,机械调配,提高机械设备的利用率和完好率,同时加强现场设备的维修、保养工作,降低大修、经常修理等各项费用的开支,避免不当使用造成机械设备的闲置。

(3) 实行机械操作人员收入与产量及设备保管好坏挂钩,调动机械操作人员积极性。

(4) 制定合理的定额管理制度,实行单机核算、单项考核、责任到人的奖惩分明的考核办法,才能收到控制机械作业成本的实效。

(5) 加强租赁设备计划管理,充分利用社会闲置机械资源,从不同角度降低机械台班价格。

五、加强质量管理,控制返工率

在施工过程中要严格把好工程质量关,始终贯彻"至诚、至精、更优、更新"的质量方针。各级质量自检人员定点、定岗、定责,加强施工工序的质量自检和管理工作,真正贯彻到整个过程中。采取防范措施,消除质量通病,做到工程一次性成型,一次性合格,杜绝返工现象发生,避免造成不必要的人、财、物的浪费。

施工是开发项目形成实体的过程,也是决定最终产品质量的关键阶段,要提高开发项目的工程质量,就必须狠抓施工阶段的质量控制。工程项目施工涉及面广,是一个极其复杂的过程,影响质量的因素很多,使用材料的微小差异、操作的微小变化、环境的微小波动,机械设备的正常磨损,都会产生质量变异,造成质量事故。工程项目建成后,如发现质量问题又不可能像一些工业产品那样拆卸、解体、更换配件,更不能实行"包换"或"退款",因此工程项目施工过程中的质量控制,就显得极其重要。

(一) 房地产项目施工前准备阶段质量管理

1. 明确质量目标

房地产开发项目的质量目标确定与项目投资人的开发项目战略和产品策划定位有关,

同时与项目的进度控制、成本控制处于一个优先级。因此，项目开发的质量目标必须适合项目本身的特点。目标过低，会对项目带来伤害，失去市场竞争力；过高会造成投入成本加大，综合开发绩效降低。在准确地确定质量目标时，首先要进行质量投入的收益和费用分析，在项目投资人和项目团队中增强质量成本认识，要树立开发项目全寿命周期成本观念。适当增加项目的一致成本，减少非一致成本；适当增加预防成本，大力降低事故成本。

2. 制订项目建设实施的质量管理计划

在确定了项目建设质量目标后，应制定出实现质量目标的措施和方法，正确地使用计划编制的输入、工具和技术（如质量基准计划、流程图、坚持设计样板带路、准确使用质量标准），编制切实可行的质量计划。在明确项目团队的相关质量责任后，项目经理对项目质量管理负责，项目质量经理具体对项目质量负责，项目团队各专业工程师对项目质量的规范负责，实施单位对项目的结果负责。

3. 建立质量保证机制

质量保证就是实施质量计划，增强项目投资人、项目最终用户对项目质量的信心。具体措施如下。

（1）开发项目工程建设严格实行招投标制和建设监理制，委托有资格的监理单位对中标的施工单位资质进行核查，使施工单位的资质等级与承揽的工程项目要求相一致，对施工人员素质和人员结构进行监控，使参与施工的人员技术水平与工程技术要求相适应。

（2）在标前举行标前说明会，在会上开发商公开讲明本开发项目的质量目标、进度目标、成本控制目标以及招标条件。

（3）对施工组织设计和质量计划进行审查。

（4）对进场的原材料、构配件和设备进行监控。

（5）对施工机械设备的选择，应考虑施工机械的技术性能、工作效率、工作质量、维修难易、能源消耗以及安全、灵活等方面对施工质量的影响与保证。

（6）组织由设计单位和施工单位参加的设计交底及设计会审会议。

（7）检查施工单位是否建立和健全了质量管理体系等。

（二）开发项目建设的施工过程质量控制

1. 过程措施的实施措施

项目施工过程中的质量控制，实际就是程序控制和过程偏差控制。在房地产开发项目的建设过程中，过程控制就是采取以下措施确保工程的工作过程质量。

（1）对施工单位的工作过程和阶段性成果与原合同所界定的工作范围进行比较，找出工作范围在执行中存在的偏差。

（2）运用合同确定的质量标准、施工图及设计总说明与实际工作成品和半成品进行比较，找出偏差。

（3）运用经批准的施工方案、施工作业顺序与实际工作过程顺序进行比较找出偏差。

（4）运用抽查、巡查、普查等手段对整个作业过程进行跟踪，得出施工单位现场项目部是按现阶段施工顺序、方法、质量标准继续作业还是进行整改的意见和建议。

在过程控制中需要用到的工具和技术有：检查、绘制动态过程控制图和施工作业流程图。

2.委托项目监理单位对施工质量进行监控

在实际工作中房地产企业可以委托项目监理单位对施工单位质量管理体系的实施状况进行监控。

（1）监督检查在工序施工过程中的施工人员、施工机械设备、施工方法、工艺或操作是否处于良好状态，是否符合保证质量的要求。

（2）做好设计变更的控制工作。

（3）做好施工过程中的检查验收工作。

（4）做好工程质量问题和质量事故的处理，当出现不合格产品时，应要求施工单位采取措施予以整改，并跟踪检查，直到合格为止。

（5）当施工现场出现质量异常情况又未采取有效措施、隐蔽作业未经检验而擅自封闭、未经同意擅自修改设计图纸、使用不合格原材料或构配件时，应下达停工指令，纠正后下达复工指令。

（6）对工程材料、混凝土试块、受力钢筋等实行取样送检制度。

（7）对从事计量作业的操作人员技术水平进行审核，对其计量作业结果进行评价和确认。

【实战范本7-06】▶▶

项目工程质量管理办法

1.目的

为了完善公司工程质量管理制度，促进工程质量管理的程序化、标准化，指导各地区公司完善管理流程，从而保证工程质量，规范现场管理，特制定此办法。

2.定义及适用范围

2.1 定义

本项目工程管理工作是指公司为新开发项目成立项目开发部之后，工程从开工直到竣工验收，整个施工过程中公司各部门为保证工程顺利完成，达到总体发展目标，而进行的全方位、全过程、多层面的管理工作。

2.2 适用范围

适用于公司全额投资或控股项目的内部工程质量管理，不属此范围的项目，总部结合实际情况确定其具体管理办法。

3. 原则

本指引供地产集团下属各地区公司参照使用，非强制性标准。请各地区公司在实际工作中，结合本公司的实际情况，认真研究，制定出适合本公司的工程质量管理办法并遵照执行。

4. 工程管理

4.1 工程开工准备工作

4.1.1 项目开发部的成立。当项目立项以后，公司根据实际情况决定项目开发部的成立时间、人员配备、办公地点等各项事宜。在项目开发部成立之前，项目的前期施工准备工作由项目发展经理牵头，发展管理部、合约部负责组织和实施。项目开发部成立以后，项目开发部应参与或配合各项工作，其中涉及施工现场的工作可以由项目开发部负责组织。项目开发部的办公地点、办公用品、食堂、宿舍后勤工作由项目开发部报公司领导批准后组织落实，其他部门予以协助。

4.1.2 现场质量管理工作的启动。项目开发部根据项目《工程管理办法》具体展开与落实各项工作，并随工程的展开在需要时调整与完善方案，确保工程质量。

4.1.3 场地"三通一平"的实施，施工临时排水、施工路口手续的办理及各种施工许可证的报批、报建。工程开工之前，项目开发部负责安排现场的"三通一平"（水通、电通、路通、场地平整），发展管理部办理场地临时排水及施工路口手续的工作，涉及分判工作由合约管理部协助落实。同时，发展管理部根据项目发展总体进度计划并按照政府有关规定及程序办理各项施工许可证的报批报建手续。

4.1.4 施工组织设计审查。在施工单位中标后，项目开发部应要求施工单位报送有针对性（在进一步熟悉图纸和施工现场情况的基础上）、完善投标时的《施工组织设计》，并要求施工单位填写"施工组织设计（方案）报审表"，报项目开发部和监理单位审查。项目开发部应对《施工组织设计》中涉及质量控制方面的内容，如管理架构、人员岗位配备、质量保证体系和措施、重要的工程控制以及专题技术方案等环节进行重点审查，必要时应召开专题审查会议，会议纪要将成为施工组织设计补充内容。

4.2 工程开工后的管理

4.2.1 工程开工后，根据工程施工顺序：基础工程施工，基础工程竣工，主体工程施工，装饰工程施工，配套、景观工程施工，竣工验收，要求监理单位做好日常监督管理工作，项目开发部须负责质量管理，公司相关部门给予支持。

4.2.2 工程采用项目开发部、监理单位两个独立的管理主体进行平行管理，建立项目发展经理负责制的项目管理体系，我方直接面对承包商和主材供应商，确保工程直接受控。

4.2.3 对监理单位控制质量行为的要求与实施。

（1）控制依据：《监理合同》和《现场监理管理办法》。

（2）对《监理规划》《监理细则》进行审查，审查人应签署审批意见。

（3）对监理工程师的资格审查：项目开发部应对监理单位派出的监理工程师进行资格审查，核对监理人员数量、资格证书是否与监理合同的规定相一致、是否具备资格、工作人员数量是否足够等。在核对无误后，再将监理工程师的姓名、性别、专业、技术职称、资格证书名称、证书号码等登记在"监理工作人员登记表"上，为了更有效地监控监理工作，监理单位各施工阶段需上报项目开发部"监理人员分工表"。

（4）审核《监理月报》：项目开发部应要求监理单位每月上报《监理月报》，并对其中所反映的质量等情况形成反馈意见，填写"监理月报审核意见表"。项目开发部对于《监理月报》中反映的问题以及项目开发部本身平时所发现的问题，要求监理敦促承包商予以整改，并将整改结果再上报项目开发部核实。

（5）监理例会或其他专题会议：对监理单位组织召开的针对工程实体质量的会议，项目开发部应派人参加。必要时，项目开发部也可以组织监理单位和承包商召开质量专题会议。各会议应注意做好相应的记录并予以保存。

（6）按照国家有关基本建设程序的法律法规，应由建设单位参加并签署的各种中间隐蔽验收、各种质量保证表格等，项目开发部有责任在签署之前予以核查。

4.2.4 对施工单位控制质量行为的要求与实施。

（1）人员架构：施工单位应配备一定数量的专业技术人员组成现场施工管理架构，如项目经理、土建工程师、电气工程师、给排水工程师、材料工程师以及各专业管工等，负责工程施工中的质量控制。

（2）工作流程：施工单位应建立一套清晰明确的工作流程，负责工程施工过程中工程指令的传达与落实，特别是工程质量控制方面的工作，如技术交底、材料检验、工序交接验收、分部分项工程自检、竣工验收自检等。

（3）施工配合：施工单位（特别是主包单位）应全力配合项目开发部对工程施工顺序及质量的要求，配合项目开发部协调与监控各专业分包的进度与质量，以及配合施工现场监理单位对工程质量的控制与整改要求。

（4）制度服从：施工单位应清楚项目开发部制定的各种关于工程质量控制方面的制度并严格服从与执行，特别是施工交底、重要工序申请、材料管理、联合检查以及样板方面的制度等。

4.2.5 工程质量管理。

（1）测量及定位放线的监控：移交项目平面控制及高程控制坐标，要求监理单位配备专门的测量工程师和施工单位复核控制坐标并提交复核报告，项目开发部对比复核报告无误后，由施工单位布设平面控制网和高程控制网，并向监理单位和项目开发部提交控制网数据。监理单位要对施工单位的定位放线情况进行严格核验。项目开发部现场负责人应督促监理工程师组织场地测量控制点移交和保护工作。

（2）对工程样板的确认。

① 需要定样的内容。所有可见工程均应确认样板，包括外墙砖、外墙石材、门

槛石、精装修材料、大堂、电梯厅装修、楼梯间地砖、踢脚、铝合金/塑钢门窗、百叶窗、阳台栏杆、楼梯栏杆、入户门（包括门锁、门碰等）、外墙涂料、沉降缝、英红瓦、木格栅/耐力板、园建面层装修、私家花园装修、庭院栏杆、栏杆扶手、烟道、复式钢爬梯、屋面砖、绿化苗木、管井门/防火门、水表箱、配电箱、信报箱、室外灯具等。直接影响工程质量的乙供材料亦需要确定样板，如防水卷材、PPR/UPVC管材等。

② 材料样板的确定。

a.材料的报样：建筑设计上采用的材料，均要求及时报样给项目建筑师，并留足确认及反复询样的时间。经过项目建筑师确认后，签字盖章送项目开发部样品房，作为施工时对照样板。未送样板或未经过样板确认的材料不得使用在工程上，否则不得予以认可。对于比较复杂的材料，设计师应到现场进行交底，设计师在样板确认时，可在样板上注明材料品牌、规格和要求尺寸等。

b.材料的选样：装修材料采用选样制度，由施工单位按照设计师的要求，报送多种样板，设计师选择确定后，签字盖章交项目开发部在施工控制中对照。

c.材料样板的变更：由于特殊的原因，样板材料需要变更时，由施工单位以"工作联系单"，说明变更原因，经项目开发部和项目设计师调查后确定。如需变更调整，则由项目设计师重新确认并通知项目开发部、监理单位以及合约管理部。

③ 施工样板的确定。

a.需设计师确定的样板。原则上，所有可见工程均须制作施工样板由设计部确认。施工样板确认由项目开发部组织，会同设计师、监理工程师施工单位参加，对施工样板提出修改意见，由监理工程师整理书面记录，填写"样板确认单"，必要时附图片资料，经设计师、项目开发部结构工程师签字认可，并存档。

b.由项目开发部确定的样板。项目开发部确认的样板着重在一些施工质量控制交底方面，由监理工程师提出，由项目开发部及施工单位相关人员参加，主要有施工选材定样（如一般部位钢丝网）、门窗塞缝样板交底、防水堵洞节点处理交底和砌筑、抹灰施工样板、水电预埋施工工艺样板等。

（3）对施工质量的监控要点如下表所示。

对施工质量的监控要点

序号	制度名称	控制要点
1	技术交底制度	（1）各工种每道工序施工前必须进行施工技术与要求及验收标准的交底。技术交底分三个层次，即项目开发部、监理工程师对施工单位技术负责人的技术交底；施工单位内部对工长的技术交底；工长对具体施工班组的技术交底 （2）涉及特殊材料和工艺的技术交底工作，需项目开发部牵头组织，设计部、设计单位以及施工单位参加，进行交底 （3）要求技术交底有详尽的时间及签名记录，项目开发部在日常的巡视监控过程中，随时抽查交底记录并询问交底过程，如施工工人不能明确回答施工方法及要求的，应立即通知施工单位负责人，限期整改并附相应惩罚措施

续表

序号	制度名称	控制要点
2	封样及工程样板房制度	（1）施工单位施工前，必须在项目开发部指定区域，做出项目开发部及监理工程所要求的分项工程施工样板，经监理、项目开发部认可后方能进行大面积施工。施工单位按监理要求，包括精装修在内的主要材料，必须按计划提交实物样品，实样经监理工程师及项目开发部批准后进行"封样"，以备材料进场时的比对和验收 （2）主体结构做至标准层，要求承包商先做标准房施工的工程样板房（即交楼标准），由项目开发部负责组织，各专业工程师（土建、结构、电气、供排水等）、设计部以及设计院、营销部、房地产企业及施工单位等相关人员共同验收 （3）各相关部门参加样板房会审验收后，要形成评审记录，项目开发部负责督促有关单位整改。整改工作由项目经理负责，没有达到整改要求标准的，严禁开展大范围施工工作
3	旁站监理制度	（1）项目开发部应在工程开工前，确定重要隐蔽工程和关键工序，列出工程质量控制点，并针对控制点审核施工单位的施工方案及监理单位的监理细则。项目开发部应对重要的隐蔽工程和关键工序（如土方回填、桩基工程、重要部位的混凝土浇灌、防水工程、装修工程等）会同监理单位到施工现场进行检查，并检查其落实情况。对于需要旁站监理检查的项目，项目开发部各专业工程师应对旁站监理行为进行监督 （2）要求监理工程师采取平行检查、抽查、巡检、旁站的形式，根据有关规范、标准及有关工程建设合同对工程质量进行检查 （3）项目开发部对工程施工中的质量问题和安全隐患向监理单位发出"工程整改通知书"，由监理工程师要求施工单位限期整改。整改完成后，施工单位应有书面"整改回复单"回复，并报监理部、项目开发部复查。若未按时整改，监理部应按合同等规定进行处罚
4	工序控制制度	（1）施工过程中的重要工序须经监理部及项目开发部联合检查认可后才能进行下道工序。结构拆模需提交"拆模申请书"；外墙拆架需提交"拆架申请书"；防水工程施工前要求提交"工序交接单"，抹灰施工前办理相关"隐蔽工程验收记录"等 （2）要求施工单位在混凝土浇筑前必须填写"混凝土工程浇灌令"及报相关附件资料，经监理部签字批准后，才能进行混凝土的浇筑 （3）要求施工单位在每一工序检验批完成后，进行分项工程检验批检查及填写质量验收记录，经监理工程师签字后归档 （4）要求施工单位在各分部及单位工程完成后填写"工程验收报验单"，并提交监理部审核
5	联合检查制度	在隐蔽工程施工完成后施工单位应先行自检，自检合格后，填写隐蔽验收资料，再通知监理部各专业监理工程师及项目开发部现场工程师进行隐蔽验收，验收合格后监理、项目开发部工程师签字，需要时加盖监理部公章。对于工程竣工验收的联合检查详见《地产工程竣工验收移交办法》

（4）对施工材料的验收。凡进入现场的材料、设备均应严格执行材料报审制度，项目开发部各专业工程师应与监理工程师一道对进场材料、设备以及半成品、成品进

行抽样检查（设计样板对照）或抽样送检，监理工程师负责材料送检监督。由于原则上重要的材料、设备均为甲供，因此监控方法主要是由材料工程师牵头组织监理工程师、承包商把好进场验收这一关，监理工程师严格执行进场材料的审查，并结合现场施工情况，当发现不合格品或货不对板（设计师确定的样板）时坚决予以退货。情况恶劣者要予以处罚甚至取消承包、投标资格。

（5）对施工现场的管理。

① 项目开发部各专业工程师应协同监理单位主要负责人每星期巡视一次。巡视内容主要是：质量、进度及安全文明施工情况，并结合现场情况检查监理工程师的工作。检查情况如实记录在"项目每周巡视记录表"中，巡视发现的问题、时间和处理时间、结果均应填写清楚、明了。当出现严重不合格时，项目开发部工程师应填写"工程整改通知书"给监理单位，并负责现场验证和封闭。当出现一般不合格时，项目开发部工程师应通知监理单位，由监理单位通知施工方并进行现场验证关闭，项目开发部根据不合格所造成结果或可能造成的后果（如防水、安全方面的不合格）需进行现场抽样封闭。

② 在分部工程完工后，项目开发部配合监理单位组织验收，在单位工程完工后，项目开发部应按照公司《地产工程竣工质量验收移交办法》中竣工验收程序配合子公司发展管理部进行验收。

③ 在入伙前，项目开发部负责人应组织各专业工程师和监理工程师对户内各承建专业（门窗、栏杆、房间方正、裂缝、装修工程、水电调试等）进行一次全面检查，并对检查出的各项质量问题进行整改维修封闭。

4.2.6 工程技术管理

（1）图纸管理要点如下表所示。

图纸管理要点

序号	管理项目	控制要点
1	图纸的发放	项目开发部负责监理单位及施工单位的图纸发放工作
2	图纸的保管	项目开发部应有专人负责统一保管图纸，填写"工程图纸清单"，并定期进行整理。一般来说，图纸至少应有两份
3	图纸会审及设计交底	工程开工前要先做好图纸会审和设计交底工作。图纸会审至少应有两次：第一次为公司内部（设计部、合约部、发展管理部、项目开发部及设计院等）的会审，主要解决建筑及功能上的问题，由设计部主持；第二次会审为开工前或开工前期的会审（设计部、发展管理部、项目开发部、设计院、监理单位、施工单位等），主要解决施工工艺上的问题，由项目开发部主持。图纸会审中提出问题及处理意见要详见会审纪要，汇总整理成正式文件，由业主、设计人员、施工人员等与会各方审核无误后签字盖章。图纸会审纪要一式四份（原件），业主、设计人员、监理、施工人员各执一份并作为设计补充文件及有效的结算文件

（2）技术方案评审。一般来说，施工过程中的分部分项工程施工方案的评审由监理单位负责组织，项目开发部及其他相关部门参与。对于在施工过程中临时出现的技术质量问题，项目开发部尽可能提前发现问题，主动组织相关施工单位参与方案的设计，或者提出自己的方案供参考等，以使工作更为有效，对于重大工程问题由项目开发部组织公司各相关部门召开专题会议解决。

（3）工程文档管理。

① 工程档案、资料根据工程技术文件类型，将其分为三大类。

工程施工类包括工程立项、工程设计、工程报建文件、工程施工、工程验收、工程决算。生产技术管理类包括工程管理、工程监理、质量安全管理、科技管理、信息管理。资料类包括外来信函及文件、规范、标准、条例、法律、法规、技术性文件、专业书刊、施工图、报建图、分项初步设计图、工程回访记录、工程维修记录、质量体系运行记录等。

② 各子公司档案管理部门应根据当地建设行政管理部门的有关规定对工程资料进行管理，施工单位负责工程施工资料的编制，子公司档案管理部门每月对施工资料进行检查，在竣工前一个月进行验收。工程竣工验收后15天内，由项目开发部督促施工单位按建设项目分单位工程组卷，向子公司档案管理部门移交；档案管理部门将工程立项、设计、报建、验收、决算等资料立卷，和施工单位所交资料进行汇总整理，编制移交目录后，在工程竣工验收后1个月内向城建档案馆和子公司物业管理处移交完整的工程施工档案，同时档案管理部门应自留一套完整的工程施工档案。

③ 工程施工档案的归档范围、组卷排列顺序、案卷编目、案卷装订、案卷格式、移交等都必须符合《建设工程文件归档整理规范》的要求，并同时符合所在城市的城建档案馆的有关档案整理要求。

④ 档案管理部门负责档案管理制度建设、管理办法的建立与修改，负责实施国家有关档案的法律、法规及行政文件，负责对项目档案资料收集、整理、归档及指导工作，编制工程竣工档案移交目录，按规定将工程竣工档案向城建档案馆或有关单位移交。

⑤ 档案要定期检查，账物相符。案卷根据保密级别不同而分别标注，妥善保管。借阅档案者必须事先进行登记，填写档案借阅清单后，方可进行借阅。重要档案的借阅和外单位借阅需经子公司主管领导审批。

六、加强合同管理，控制工程成本

合同管理是房地产企业管理的重要内容，也是降低工程成本、提高经济效益的有效途径，项目施工合同管理的时间范围应从合同谈判开始，至保修日结束止，尤其是加强施工过程中的合同管理，抓好合同的攻与守，意味着合同执行期间密切注意我方履行合同的进展情况，以防止被对方索赔。合同管理者的任务是应熟知合同的字里行间的每一层意思，及时避免每一层的不当或延误而造成成本的增加。

合同控制历来是房地产企业管理的重点，但从以往接触的企业来看，管理效果不佳，主要是缺乏系统的管理手段，合同控制分散在财务和业务部门之间，合同执行过程中，信息沟通渠道不畅，合同信息核对量大，稍有差异，纠错就会耗费很大精力；对乙方执行合同的情况缺乏统一、有效的评估手段，造成事实上不合格的供应商长期参加竞标并成功替代部分更合适的合格供应商。而合同控制作为成本和资金控制的基础，作为招投标工作成果的检验环节和支持环节，其管理效果对企业影响极大。

（一）合同会签

合同控制涉及财务、预算、工程等多个部门。首先从合同会签开始，财务在合同会签中侧重合同资金的安排，尤其是合同款分批支付金额及间隔时间的安排，要与公司现有资金和未来资金计划相统一，避免合同管理与资金管理脱节。采购工程师或其他专业工程师侧重材料设备的质量标准、到场时间，或工程进度及质量标准，避免合同管理与工程管理不协调。

（二）建立合同台账并及时登记

要结合房地产开发企业的实际情况，将合同分为工程合同、材料合同（包括设备）两大类，并建立合同台账，对合同的履约方式、付款要求、合同总价的确定（工程审计值、合同包死价、单价包死合同中总量的确定）、付款情况等进行详细记录。

在合同的执行过程中，各部门要及时沟通信息。合同管理部门要向工程部门收集工程合同的执行情况、合同的施工进度、工程质量、有无违约等信息，向材料部门收集材料的到货情况、质量状况等信息，并及时登记合同台账，以便对施工方、供货商进行评价，作为以后业务合作决策的参考。合同管理部门也要与财务部门及时沟通，核对款项支付情况，增强合同控制作用。

（三）编制合同报表

合同管理部门要定时编制合同执行情况表，编制合同清单并进行汇总统计，从整体方面掌握工程项目的合同执行情况。

对于需要处理大量合同的房地产企业，引入信息化工具并辅之以配套的管理措施成为一种迫切需求。

【实战范本7-07】▶▶▶

房地产项目合同管理程序

1.目的

为加强房地产项目的合同管理，规范工作流程，维护公司权益，以工程合同管理为例，特制定本程序。

2. 范围

本程序适用于公司的工程类合同，勘测、监理合同参照本程序执行。

3. 职责

（1）总经办负责对本管理办法的制定、修改、解释、指导、监督检查。

（2）负责签订、履行工程合同的人员（包括经办、审批、资料管理等）贯彻执行本管理办法。

4. 方法与过程控制

方法与过程控制包括一般规定、合同订立的管理、合同履行的管理、合同档案的管理及其他规定。

4.1 一般规定

4.1.1 本管理办法适用于项目开发通过工程施工形成实体产品（如土建、安装、装饰、园林环境等）的合同；勘测、监理合同参照本管理办法执行；土地、材料设备采购、设计类合同则另按有关管理办法执行。

4.1.2 工程合同管理必须遵循以下原则。

4.1.2.1 合法性原则：工程合同管理必须全面符合有关法律法规及行业规定，使得公司的权益能够依法受到保护。

4.1.2.2 合同书原则：工程施工必须正式签署合同书以明确双方的权利、义务和责任，但金额在一万元以下且能及时结清的零星工程及工程类合同中已经界定清楚归属的变更签证事项可另行办理。

4.1.2.3 事前签订原则：工程合同应在经济事项发生前签署，禁止工程类业务未签署合同即先行施工。

4.1.2.4 招标原则。

本原则包括以下两方面含义：采用招标方式确定合作方，除某项工程、产品已经确定了长期合作伙伴关系或某些政府垄断工程外所有合同的合作方均应通过招标方式确定；合同附招标文件，拟签合同正文及其补充协议（包括设计变更与现场签证协议、工程保修协议、廉洁合作协议），应作为招标文件的附件一并发给投标单位，投标单位需对其进行确认。

4.1.2.5 利益明晰原则：合同应清楚地界定、描述各方的权利和义务，以杜绝模糊、歧义、推诿、扯皮现象；合同中尤其应有明确的、可以界定清楚的合同价款、结算办法及付款方式；如果合同价款可能调整，则应明确调整依据、调整方式（如何计价、总价如何最后确定等），并就设计变更与现场签证的有效性、可控性做出明确规定。

4.2 合同订立的管理

4.2.1 标准示范合同：在招标（招标文件附件）及合同签署时，工程合同应尽量应用合同标准文本。

4.2.1.1 公司根据业务发展，逐步建立统一的合同标准文本。

4.2.1.2 合同标准文本内容分为协议条款、通用条款、补充条款和附件，其中协议条款根据具体业务、对象的不同而定，通用条款适用于所有的同类合同，补充条款则由经办人在具体经办合同时补充加入协议条款、通用条款中未尽事宜。

4.2.1.3 如当地政府部门有强制性规定，可按当地政府部门标准合同执行，但必须通过补充条款等方式充分补充与公司合同标准文本之间存在差异的内容。

4.2.1.4 如公司尚未制定合同标准文本，可以沿用以往的合同，但经办部门应联系总经办尽快制定相应的标准合同。

4.2.1.5 当客观条件发生重大变化、原有合同标准文本不再适用时，业务部门应及时提出与相关部门共同修改。

4.2.2 合同的经济条款应包括但不限于以下内容。

4.2.2.1 合同价款：采用招标方式选择合作方的，应以双方确定的最终报价作为合同金额；提倡在有标底的情况下进行招标并确定合同价款，如果是采用费率折扣方式确定合同价款，合同中应明确费用计取的依据、主材价格计取办法，并规定合同双方如何尽快核实施工图预算确定合同价款，以及就确定后的合同价款签署补充协议。

4.2.2.2 计价依据：工程类合同应将施工图、预算书作为合同的组成附属部分，合同附属文件一般还包括招标文件、投标文件、答疑文件等，并应在合同条款中明确：包干形式、定额标准、取费方法；发包单位分包工程、甲供（发包单位）材料设备、（发包单位）限价的范围和种类；人工、材料、机械台班的价格及其价差的结算办法；总分包的关系、配合的范围以及总包管理费和总包配合费的计取方法等；开办费、施工组织措施费、扰民费、文明现场施工费、赶工费等费用的取舍、计取办法及其包括的具体范围。

4.2.2.3 设计变更及现场签证：合同中应规定设计变更及现场签证的认定依据、结算核价办法，对于承包单位，可依据《设计变更和现场签证管理办法》的规定与其另外订立《关于设计变更、现场签证的协议》。

4.2.2.4 总价结算办法：工程类合同可在合同中明确规定按"结算=合同价（或预算造价）+材料价差+设计变更+现场签证+增加项目－减少项目+奖励－罚款"确定结算总价。

4.2.2.5 结算和付款办法：合同应明确规定验收及付款办法、保修维护办法及保修金处理办法；进度款的支付一般按形象进度分阶段确定付款金额，不采用分月审核进度款的方法；各期进度款累计不应超过总造价的80%；无准确施工图预算或无准确合同总价时，应充分考虑付款风险，尤其在施工中后期更应有效地控制好进度款，以防超付。

4.2.2.6 廉洁合作约定：为维护公司利益、防止黑幕、保护职员，在工程或其他高金额的合同中，应与承包单位另外签署《廉洁合作协议》作合同的补充协议。

4.2.2.7 保修协议：对施工合同，为保证工程质量，保护公司利益，应与承包单位另外签署《工程质量保修协议》作为合同的补充协议。

4.2.3 合同起草、谈判与签署的主要职能部门：工程部负责工期、质量等技术部分的起草、谈判；预算员负责其中的合同价款、计价方式、付款方式等经济部分工程的起草和谈判；总经办负责对付款方式、合同有效果性的审核。

4.2.4 合同审批流程：通过招标确定合作方后，由工程部经理填写合同审批表，在征得有关职能部门同意（会签）后上报分管副总、总经理审批。

4.2.5 为提高合同审批的效率，公司领导、职能部门经理可根据实际情况需要，在自身职能范围内，对于某些类别、一定金额以下的工程合同，在不违反有关规定的前提下，可对下级部门或人员进行一定的授权，但授权人仍为责任人。

4.3 合同履行的管理

4.3.1 合同的交底：在合同签订之后，一般要求至少就主体合同填写"工程合同摘要表"，发至各部门，并向工程、成本、采购等有关人员进行合同讲解交底，说明工期、质量、工程范围、付款方式、发包单位职责（即甲供材料设备、甲方限价、甲方分包等范围）、总分包的关系等，以便各岗位人员协调、配合；金额较小的合同交底，可只填写"工程合同摘要表"发送到相关部门的有关人员，以便执行。

4.3.2 合同款支付。

4.3.2.1 项目的工程管理人员负责合同款支付的经办，填写付款申请单、工程付款审批表等，经相关职能部门审核、公司领导审批后支付。

4.3.2.2 对保修金等余款的支付办法应做明确规定，除一般保修金外，可在合同中约定发包单位在工程竣工后一定时间内扣押承包单位一定数额的渗漏保证金。

4.3.3 合同变更的管理。

合同订立后，因客观条件发生变化需要变更合同内容的，或者承包单位提出变更要求的，经办人员应及时向工程管理副总经理请示报告，工程管理副总经理同意变更的，经办人员在与对方协商一致后起草变更后的条款，再按照合同订立的有关程序办理，严禁擅自变更合同。

4.3.4 合同结算。

4.3.4.1 当合同中约定的承包单位的责任和义务已全部完成，并且通过验收、达到了工程结算条件，由主办工程师协助合作方收集整理结算资料，填写"工程结算申请表"。

4.3.4.2 如工程存在质量问题或履约过程中承包单位存在违约情况等，主办工程师应在结算申请表中做出详细说明及处理意见。

4.3.4.3 由成本管理人员负责按合同确定的结算方式办理结算，并特别注意：奖罚条款的执行（如工期奖罚、质量奖罚、安全奖罚等）、承包方承诺让利、各项费用的计取或扣除（如水电费、扣款项目、保修金等）、承包单位多报领的甲供材料、变更签证未如实实施的部分、钢材实际用量、主材价格等。

4.3.4.4 工程结算要注意结算资料的及时整理、分类、归档、保存。

4.3.5 合同执行情况的评估。

主体合同等金额较大的合同执行完后，应由合同主办部门对发包单位的合同管理（工期、质量、成本、配合等）、承包单位的工期、质量、成本、配合等进行总结。

4.4 合同档案的管理

4.4.1 合同文本保管应遵循及时整理、分类、归档、保存，以便复查。

4.4.2 合同文本原件（包括合同文本、相关补充协议、合同审批表等）应由办公室专人妥善保管；工程部、成本管理人员、财务部应备有合同文本等资料的复印件。

4.4.3 公司办公室设立合同管理台账，系统地填报合同的签订、履行、付款、结算等动态情况。

4.4.4 公司合同专用章由总经理办管理，经法人代表或其授权人签署同意后，合同文本才能加盖专用印章，并做相应的用章登记；同时要求承包单位盖有有效印章的同时，其法人代表或法人代表授权人还需签字；每份合同原件由发包单位至少盖两个以上骑缝章。

4.4.5 工程合同编号。

4.4.5.1 合同应该由办公室连续统一编号；因主合同的变更、解除等订立的补充协议，按主合同类别编号（因补充合同中可能涉及其他类别的内容）；合同有关部门皆应采用统一编号。

4.4.5.2 以公司为买方，房地产项目合同按内容可分为六大类：土地合同；前期合同（包括规划、设计、勘察、监理、造价咨询）；施工合同（包括建筑、安装、装饰、市政）；材料设备采购合同（包括材料采购、甲方付款乙方收货的三方合同、设备购买及安装）；园林环境合同（包括室外环境的设计、施工）；营销包装合同（包括样板间装修、户外广告牌制安、媒介广告设计、制作、宣传品设计、印刷）。

4.5 其他规定

本管理办法公司各相关部门必严格执行，如在执行过程中与实际情况确有不适合之处，执行部门可根据实际情况做修改的请示，报总经办核实，经总经理批准后方可实施。

七、供材管理

为了保证工程项目的质量及节约工程成本，现在大多数工程项目都采用由甲方提供主要材料的方式。但是由于建设单位在甲方供材方面管理疏散，方法不恰当，造成没能节约成本反而浪费的现象。在甲供材的核算方面，由于材料保管与财务部门脱节，在与施工方的结算中核对困难,往往最后不了了之。

(一)材料的采购及保管

首先材料部门应该做好材料的管理,甲供材须根据工序及施工进度安排进料,尽量降低存储成本。在满足材料合格的前提下,应努力争取最低价,掌握建材市场价格变化规律,制定材料价格的管理措施。另外,加强甲供材的现场管理,合理堆放,减少搬运及损耗。

(二)材料的领用

在施工方领料时,应完善手续。领料单最少应一式四联,乙方领料人一联,乙方财务一联,甲方材料保管留存一联,甲方财务记账一联。从甲方仓库领料时,由甲方的负责人、甲方材料保管、乙方的负责人、乙方领料人同时在领料单上签字。由供货商直接将材料送工地验收的,应填制材料直供单,由供货商、甲方、乙方三方签字,每方两联,甲方应及时将单据传财务部门入账。供货商应持其中一联到甲方财务部门进行结算。

(三)甲供材的核算

甲供材的核算涉及与供货商的材料结算及与施工方的工程结算。所以在施工方领用后,财务部门应根据领料单计入"预付备料款"或"预付工程款",并注明为领用材料,用于何项单位工程。对材料直供的情况,要同时记录应付供货商的材料款。

(四)甲供材的核对

甲供材的核对包括材料管理部门与施工方的领料部门(或财务部门)之间的定期对账,也包括材料管理部门与财务部门的定期对账。单据的及时传递将会降低核对的工作量,定期核对也会减少工程决算阶段的核对难度,可以更准确地计算出甲供材的超欠供数量及材料差价,减少在与施工方的结算中因材料不清引起的纠缠。

第三节 工程施工薄弱环节的成本控制

在目前的工程管理过程中,质量监督、进度控制机制已经比较完善,但招投标、工序安排、工程变更和材料价格等的成本控制工作恰恰是施工管理中的薄弱环节。由于成本控制工作做得不到位,工程虽能按期保质完成,但一算账就是不盈利或盈利较低,未能达到预期的收益,这是房地产开发企业存在非常普遍的一个问题。

一、严格进行工程招标,控制新开工程的造价

通过招投标选择信誉高、工期短、技术力量强、施工质量好、造价适中的施工队伍。建设单位签订承包合同是关键,要把主要内容在合同中予以明确。要根据建筑市场行情、建筑业的一般惯例和有关规范,就施工中可能产生职责不清、互相扯皮、影响造价、延

误工期等因素进行事先约定，经法律形式确定下来，确保双方的按约履行。

二、合理安排施工顺序，减少临时费用

在组织住宅小区的施工，安排开工计划时，要考虑到附属配套及大、小市政工程能否与住宅工程同步进行，尽量不产生临时供水、供电、供热的费用，并减少二次施工造成的人力、物力、财力的浪费。在建设小区道路前，即可进行各类管道的铺设，减少二次开挖，避免施工企业因现场施工的原因向开发企业索赔，从而降低成本。

三、建立工程变更制度，降低工程成本

工程变更是编制预算增减账的依据，是施工企业在中标后提高造价，增加收入的主要手段，作为监理工程师要加强工程洽商的管理，防止不正当的索赔，建立规范的变更制度是非常必要的。

（一）变更管理制度

变更管理制度的内容要确定工程、规划、预算合同等有关部门在签办工程洽商时的责任，分工必须明确，权力不宜过分集中。

（二）签办变更要注意的问题

签办变更要注意以下问题。

（1）施工前应严格审图，尽量少改动，少办洽商，减少造价增加的幅度。

（2）结算时要特别注意减账洽商，防止施工企业漏报。

（3）变更应先办，有了手续后再施工。在工程施工中，工程人员往往考虑工程进度，先按变更的情况施工，然后再补洽商手续。这样做的弊病往往是有的隐蔽工程，做完之后无法核实，工作中出现被动。如果工程进度要求紧，也要变更和施工同步进行，增、减账及时审，避免无法核实的情况发生，引起双方不必要的争议。

（4）变更内容既要满足工程施工及使用功能需要，又要考虑经济合理和投资节约。凡是因施工企业出于施工方便签办的变更增账，原则上不予补偿，并应在洽商中予以注明。

【实战范本7-08】▶▶▶

工程变更和现场签证管理办法

1.目的

加强现场签证管理，规范工作流程，提高现场签证的结算效率，有效地控制项目成本。

2.适用范围

适用于集团开发的项目在工程实施过程中,因产生超出合同范围而出现的有关费用、工期等变动情况。

3.重要说明

3.1 现场签证未经审批不得实施

对于工程实施过程中,因发生超出合同范围而出现的有关费用、工期等变动情况,在符合合同约定以及本规定的条件下,要求承包人必须通过有效的申报(即《现场签证申请单》)并获得本公司流程审批和书面批准后方可实施,未经审批擅自实施的属于无效行为。签证经审批实施后必须及时办理确认审批手续后,方能办理相关结算、付款。

3.2 签证验收

当变更、签证的工作内容完成之后,承包人必须在验收时提交工程量确认文件(即《现场签证验收单》),并在完工后最迟不超过7日内完成监理及发包人签字确认,否则项目公司应不予审核和支付费用。

3.3 隐蔽工程

对于隐蔽工程和事后无法计算工程量的变更和签证,要求承包人必须在覆盖或拆除前,会同监理人、本公司现场工程师及成本人员共同完成工程量的确认和费用谈判,否则项目公司应不予支付费用。

3.4 停工、窝工

对于停工、窝工类事件,在停工、窝工事件发生后承包人应及时提出现场签证申请,经监理及本公司现场工程师确认并完成了流程审批手续,可以作为工程计价的依据。如在事件发生后超出14天,承包人未提出现场签证的,视为该事件不涉及工程造价的变更,项目公司应不予支付费用。

3.5 施工组织设计和方案

承包人进场后根据招标文件要求所编制的,经监理及本公司批准的施工组织设计和施工方案,不得作为承包人申请增加任何费用的依据。超出图纸和合同约定的范围,新增的专项技术措施或者施工方案,如果涉及工程造价的变更时,必须另行办理现场签证,未办理现场签证的,视为批准的专项方案不涉及工程造价的变更。其他资料,比如技术处理单、隐蔽验收单、材料验收单等均不能作为工程计价的依据。

3.6 签证执行要求

承包人对于本公司正式发出的变更文件,应及时、完整地的执行,并保证工程的质量和进度要求。

3.7 签证价款支付

项目公司应按照变更文件的内容及其完成情况,在完成审批程序后及时、足量地按合同条款支付签证价款。

3.8 招标文件及合同要求

依据本办法编制的《工程变更洽商管理要求》，必须作为工程类招标文件和合同的附件，主合同的条款与本要求有矛盾时，以本要求为准。

3.9 项目部是签证管理的基本单位

（1）各项目公司应按照项目分期开发或者分组团、标段开发的具体情况，成立项目部作为工程管理的基本单位，项目部的成员由项目公司工程部和成本部人员构成，包括：总包合同约定的现场工程师（以下称甲方代表）、土建、水电、装饰等专业工程师，以及成本部派驻现场的成本专员。通常甲方代表应作为项目经理。项目部是工程签证管理的基本单位。项目部应有任命文件，并知会监理公司和各承建单位。

（2）承包人项目部的主要管理人员应与合同约定人员一致，如有变化应有任命文件，具体包括承包人项目经理、技术负责人、预算员或造价师等。

3.10 合同交底

在所有工程承包单位进场时，各项目公司必须组织监理、施工方进行合同交底，同时重点对本办法进行学习宣贯，并要做好交底记录。其中监理公司、施工方的主要管理人员应有任命文件（应与合同约定人员一致），具体包括总监、总监代表、监理工程师、施工方项目经理、技术负责人、预算员或造价师等。

3.11 设计变更单

（1）基于工程结算管理的分类要求，因设计变更引起图纸更改范围内的工程量和造价变化，必须按照设计变更管理办法以"设计更改完成情况确认单"的方式办理费用确认；单独的设计变更单不能作为结算依据。

（2）因设计变更引起图纸更改范围之外的其他费用索求（如拆除、返工等额外的费用），则应通过现场签证方式确认。

（3）设计变更完成审批程序，项目部收到设计变更文件后，应结合合同分判情况，以及现场最新的变化等情况提出设计变更实施的具体要求，以"甲方通知单"的形式将设计变更单作为附件发给监理及相关的承包单位。

3.12 甲方通知单

（1）在工程实施过程中，项目公司根据经营需要提出的工程变更要求，包括进度、质量、成本、现场组织、营销需要、设计变更等方面的要求，一律由项目部向监理及承建单位发出"甲方通知单"，提出具体工程指令。当有关指令超出项目公司授权时，项目公司应按照有关管理制度上报集团审批。

（2）项目部在发出"甲方通知单"前，必须完成项目公司内部各业务部门审核会签，以排除可能对成本、销售、报建、设计等方面带来影响，"甲方通知单"完成审批后须加盖项目公司章后方可发出。

（3）属于原合同费用核减时，项目公司以"甲方通知单"的形式告知承包人，如承包人不及时回应,则办理"现场签证申请单",项目公司有权按"甲方通知单"及合同约定进行结算。

(4)承包人收到项目部发出的"甲方通知单",如属于费用增加的情况,必须及时提出"现场签证申请单"。单独的"甲方通知单"不能作为结算时费用增加的依据。

3.13 现场签证的范围

以下情况发生(包含但不限于以下所有列举情况),引起承包人合理的费用或工期索求时,必须及时完成现场签证,方能作为有效的结算依据。

(1)合同中约定的工作内容发生改变,如实际工程量与合同约定有较大出入且已经超越合同约束范畴,引起承包人合理的费用索求,如不通过签证,无法核实实际发生的具体情况。

(2)合同规定需实测工程量的工作项目。

(3)施工过程中出现的未包含在合同总价中但按合同规定可以计取的各种技术措施处理、附加工作、材料或设备。

(4)合同约定的质量标准、工艺方法或其他特征的改变,且在合同中规定可以按实际情况调整的情况。

(5)工程任何部分的标高、位置和尺寸的改变,且在合同中规定可以按实际情况调整的情况。

(6)在施工过程中,由于施工条件变化、地下状况(土质、地下水、构筑物及管线等)变化,导致工程量增减、材料代换或其他变更事项,且在合同中规定可以按实际情况调整的情况。

(7)因发包人通知要求引起的,非承包人原因的重复施工、返工、额外施工等费用增加,且在合同中规定可以按实际情况调整的情况;因设计变更的实施,引起承包人对设计图纸更改范围外的费用索求(如导致已施工的部位需要拆除等),应进行现场签证。

(8)发包人在施工合同范围之外,委托承包人的临时用工、零星工作、"三通一平"、障碍清除、红线外施工道路的修补等。

(9)工程停工、窝工涉及工程价款索赔的,承包人应提出现场签证要求,明确停工、窝工的时间、涉及的人员和费用计算办法。发包人或其委托的现场工程师应按规定的内容和时限办理现场签证手续。

(10)其他:因政府政策发生变化以及其他原因,引起承包人对合同外的额外费用索求,必须进行签证。

3.14 签证单填报要求

签证单必须同时符合下述规定。

(1)隐蔽工程签证必须在隐蔽前完成验收手续和工程量确认。

(2)现场签证应清楚注明发生的日期、原因、内容、范围和所在的部位及签证数据；有必要的简图、图片和计算式。

（3）文字描述明确，书写规整，不得随意在原文字上涂改（如必须涂改，应在涂改处由当事人签名并加盖公章）。

（4）承包人签认栏目中有指定的项目技术负责人、指定预算员或造价师、项目经理签名。

（5）工程量计算符合预、结算有关规则及合同规定。

（6）用作原始签证单的单据是通过复写制作的，原件为一式四份。

（7）在事件发生前或发生后的72小时内提出，且提出时事件尚未隐蔽（已完成临时签证除外）。

（8）发包人发出的变更文件，须加盖发包人指定的印章，否则承包人可以不接受；承包人出具的要求发包人结算价款的变更、签证单，须加盖承包人指定的印章，否则发包人可以不予结算费用。

（9）发包人、承包人及监理均应对文件分专业连续编号、妥善保存；发包人、承包人都应设置变更文件交付记录，交付对方文件时应要求对方签收，接受方不得拒签。

3.15 无效签证

有效的工程变更签证方可以作为工程结算资料，无效文件不予作为结算资料。下列文件为无效的工程变更签证文件，在工程结算中不能采用：

（1）签证金额的审批权与集团流程要求不一致（详见集团授权手册）；

（2）合同中已约定内容不得作为签证内容；

（3）现场签证所产生的费用不单独列项，或者与其他工程项目有交叉；

（4）现场签证完成的手续未在规定时间内签署完成；

（5）签证的时间和内容矛盾，签证的内容与技术文件矛盾，签证的内容与实际矛盾；

（6）现场签证单未按编号办法连续编号的；

（7）现场签证单的内容重复；

（8）基础处理及隐蔽工程，未于当日签证（或办理有效的临时签证）而采用后补的；

（9）属于承包人工作失误（如承包人前期进度耽误造成后期赶工费用增加、承包人因质量问题造成的工程返工及费用增加等）。

4. 工作职责

4.1 项目公司项目部

（1）负责根据工程变更的要求，草拟并发起"甲方通知单"的审批。

（2）负责处理承包人提出的"现场签证申请单"，完成判断、核实取证、造价测算等工作，在明源系统中发起现场签证申请审批流程。

（3）负责现场签证的实施和验收，办理"现场签证验收单"审核及其明源系统的录入。

（4）负责现场签证的结算，办理"现场签证计价单"和明源系统的审批。

（5）及时上报现场签证管理中存在的争议问题。

（6）负责现场签证的资料管理工作。

4.2 项目公司工程部部长

（1）负责对项目部工程业务的管理，负责组织工程部对项目部的支持。

（2）负责与成本部部长共同管理签证的及时率，协调处理项目部的争议问题，负责与集团工程部的沟通协调。

（3）负责结合工程签证的实施情况，对承建商进行履约评价。

（4）工程部部长负责依据授权对工程签证进行审核、确认。

（5）每月10日前，与工程部部长一起主持和承包人就截至上月末已确定最终费用的变更、签证的费用结算报告，进行综合性核对，并形成核对与商谈记录清单。

4.3 项目公司成本部部长

（1）负责对项目部成本业务的管理，负责组织成本部对项目部的支持。

（2）负责与工程部部长共同管理签证的及时率，负责协调处理项目部的争议问题，负责与集团成本部的沟通协调。

（3）负责结合工程签证的结算和配合情况，对承建商进行履约评价。

（4）负责依据授权对工程签证进行审核、确认。

（5）每月10日前，与工程部部长一起主持和承包人就截至上月末已确定最终费用的变更、签证的费用结算报告，进行综合性核对，并形成核对与商谈记录清单。

4.4 项目公司副经理/经理

（1）负责审批金额在5万元以下的现场签证。

（2）负责全面管理项目公司工程签证管理业务，解决项目部与承包人之间的争议问题。

（3）负责应急签证事件的处理。

（4）每月10日前，项目公司分管领导应组织与承包人就截至上月末已确定最终费用的变更、签证的费用结算报告，进行综合性核对，并形成核对与商谈记录清单。

4.5 集团工程管理部

参与审核金额大于5万元及以上的现场签证。

4.6 集团成本管理部

（1）负责审核金额大于5万元及以上的现场签证。

（2）负责依据成本管理办法，加强合同实施过程中的成本动态信息管理，建立健全签证管理的考核、评价体系。

（3）负责组织对项目公司签证管理的季度、年度巡检。

4.7 集团领导

负责审批金额大于5万元及以上的现场签证。

5. 工作程序

5.1 现场签证的申请与现场核实

5.1.1 施工单位填报"现场签证申请单"。

（1）承包人应依据施工内容、范围、工艺等现场情况的变化以及甲方通知的要求，及时提出现场签证申请。承包人应认真填写"现场签证申请单"（编制初步预算书，提出预估价及工期），由合同指定人员签字盖章后向监理单位提交。

（2）对原合同费用核减的情况，如承包人未进行签证申请，则由项目部根据实际情况发起签证申请审批并完善相关手续。

5.1.2 监理单位接收、初审"现场签证申请单"。

（1）监理工程师接到承包人"现场签证申请单"应签署接收时间，并于当天内到现场对工程变动情况进行调查。

（2）监理单位应依据承包合同对签证申请事项进行调查核实，确认符合签证要求后应于当天通知甲方项目部专业工程师进行核实。

（3）监理工程师应认真填写"现场签证申请单"并逐项确认有关申请内容，于24小时内将经总监签字盖章确认后的相关资料提交甲方项目部专业工程师。

（4）监理单位依据合同有权决定不予签证，但仍需将签署否定意见的"现场签证申请单"报送甲方项目部。

（5）监理单位必须建立签证文件收发台账，认真登记签证文件收发时间、内容和办理情况，对不予签证的事项要认真记录。监理单位要建立独立的编号系统。

5.1.3 甲方项目部接收、核实"现场签证申请单"。

（1）项目部的专业工程师及成本专员接到监理工程师签署意见的"现场签证申请单"后应首先签署接收时间。

（2）项目部的专业工程师及成本专员在12小时内必须到现场记录（拍照或录像）、核对、确认情况，并给出初步评估意见。紧急情况应立即电话报告上级领导请示。

（3）现场核实工作实行量价分离原则，专业工程师对工程量、图纸类别、用工性质等发生事实进行认证，专业工程师及成本专员应在"现场签证申请单"工程量签署意见。成本专员应在1天内按照合同约定拟定预估费用。

5.1.4 建设单位审批栏，待明源系统审批完成后，由项目部按审批意见填写并签字盖章。

5.1.5 项目部必须建立签证文件收发台账，认真登记签证文件收发时间、内容和办理情况，对不予签证的事项要认真记录。项目部要建立根据合同关联的签证文件编号系统。

5.2 现场签证申请的审批

（1）"现场签证申请单"的审批采用明源成本管理软件平台，实行无纸化网上审批。

（2）完成现场核实工作后，项目部专业工程师和成本专员立即开始现场签证申的明源系统录入，发起审批程序。相关记录文件（工程量、照片等）和价格预估文件扫描后作为附件上传明源系统。如承包人无有效价格预算文件，则由发包人按合同约定进行费用预估。

（3）对于不得签证的事项，项目部依据合同有权决定不予签证，项目部成员经讨论后由甲方代表在明源系统签署否决意见后终止流程。

（4）对于存在争议或者无法决定的事项，项目部甲方代表应在明源系统上如实反映现场情况，交由项目公司上一级领导协调解决。本着实事求是的原则，针对复杂疑难问题，项目公司预判处理协商过程较长，应在流程申报时特别做出说明。

（5）对原合同费用核减的情况，如承包人未进行签证申请，由项目部根据实际情况发起签证申请审批，相关资料录入明源系统。

（6）项目公司工程部、成本部部长，负责对项目部申报的签证申请进行符合性审查，否决不合格签证，及时协调项目部反映的争议问题。

（7）项目公司领导对签证申请的规范管理负责，应定期组织内部检查、专题会议等形式，解决争议问题，维护企业利益。

5.3 现场签证申请的审批权限

（1）项目公司各部门、副经理/经理及集团相关岗位根据授权文件，按时完成现场签证申请的明源系统审核工作，具体的内部审批权限如下。

序号	估算费用	审核	审批
1	5万元以下	项目公司成本部部长、项目设计组审核后，报项目公司分管工程的副经理、分管成本的副经理审核	项目公司经理
2	5万元及以上10万元以下	项目公司成本部部长、项目设计组，项目公司分管工程的副经理、分管成本的副经理，项目公司经理，集团工程管理部经理、成本管理部经理，集团分管成本的副总	集团分管工程的领导
3	10万元（含）以上	项目公司成本部部长、项目设计组，项目公司分管工程的副经理、分管成本的副经理，项目公司经理，集团工程管理部经理、成本管理部经理，集团分管成本的领导、分管工程的领导	集团总经理
说明	时限要求如下 （1）项目公司工程部部长1天时间，项目公司成本部部长1天时间，集团成本管理部经理1天时间。 （2）其他审核岗0.5天时间 （3）具体审批权限以授权手册为准		

（2）为排除工程变更对销售和设计的可能影响，项目公司营销岗及集团设计岗应参与审核。

5.4 "现场签证申请单"编号及下发

（1）现场签证申请完成明源系统审批后，甲方代表依据审批结果，在"现场签证申请单"建设单位代表签字栏签字确认，项目部项目秘书根据审批结果，将"现场签证申请单"根据合同进行编号、加盖项目公司公章、归档。

（2）项目秘书应在1天内将"现场签证申请单"以及明源系统电子审批表单（打印件加盖项目工程部章）发给监理单位；监理单位进行归档、编号（监理单位独立的编号系统）后发给签证申请单位。

5.5 现场签证的执行、验收及现场签证确认审批发起

（1）承包人必须按照现场签证申请的审批意见执行，未经审批不得实施。

（2）监理单位及项目部专业工程师监督承包人按照现场签证申请的审批意见执行，现场签证完工后由施工方、监理方、甲方项目部共同验收，承包人填报"现场签证验收单"，现场验收人员（监理工程师、项目部工程师、成本专员必须到场）需进行签字确认。

（3）承包人完成"现场签证验收单"签证，提交监理单位审核。

（4）监理工程师和甲方项目部专业工程师、成本专员，在验收时对工程量进行核对并逐项签字确认，工程师应避免签署类似"情况属实"或"工程量属实"等模糊性内容，而必须实测实量后，签字确认完成或未完成的事实或者工程量、材料材质、规格、工日数、机械台班等。对于隐蔽工程的现场，还应附上前后实施对比图片资料。

（5）特殊情况下，可以办理临时现场确认文件，但正式文件不得超过工程完工之日7天内提交，否则项目公司应不予审核并支付费用。对于隐蔽工程和事后无法计算工程量的变更和签证，承包人必须在覆盖或拆除前，会同监理人、发包人现场工程师及成本人员共同完成工程量的确认和费用谈判，否则项目公司应不予审核并支付费用。

（6）监理单位于验收后1天内将"现场签证验收单"盖章后交项目部专业工程师。对不按"甲方通知单"以及现场签证申请的审批意见施工、验收不合格、未经监理验收而进行下道工序的情况，除扣除相关费用外，还要提请建设方对责任单位进行处罚。

（7）项目部收到"现场签证验收单"1天内完成核对确认和签字手续，专业工程师负责立即办理明源系统现场签证确认审批程序的第一步工作：工程量计量资料的录入工作。

（8）"现场签证验收单"的明源系统录入是签证管理考核评价的重要时点，项目部必须及时办理，录入资料应包括："现场签证申请单""签证申请明源系统审批单""现场签证验收单"、工程量、照片等相关文件。

（9）"现场签证验收单"需等现场签证确认审批完成后，方可签章下发。

5.6 现场签证计价

5.6.1 承包人最迟在该变更内容全部施工完毕后14日内（从签证现场验收之日起

计算），向监理提交"现场签证计价单"（包含结算资料等相关文件）。每迟报1天，项目公司应对承包人处以签证最终审定价的1%的违约金处罚。

5.6.2 承包人申报的结算文件的内容必须完整、准确，结算工程量应符合实际情况，结算套价应符合合同约定。若结算报价超过最终审定价±5%，项目公司应按审定价1%对承包人进行处罚。

结算报告一般包括以下内容：
（1）结算总费用；
（2）原合同相同工作内容的综合单价；
（3）套用定额编号的直接费计价表；
（4）其他直接费、间接费的取费表；
（5）调价依据；
（6）定额以外项目的工料机分析；
（7）变更签证单原件及所有相关的往来函件、其他需要说明的与造价有关的问题。

5.6.3 监理单位对"现场签证计价单"签署接收时间并登记台账，对相关文件进行核对并逐项确认，于1天内签字盖章后交项目部。

5.6.4 项目部收到"现场签证计价单"首先签署接收时间并登记台账，成本专员应在一周内与承包人完成签证初审价确认后，开始报内部流程审核工作。

5.6.5 由项目部成本专员负责在明源现场签证确认审批流程的工程造价确认环节，录入成本变动情况，将签证结算的初步审核资料（"现场签证计价单"及相关附件）扫描上传。

5.6.6 现场签证确认的内部审批流程应在1周内完成，形成签证结算终审意见。项目公司项目部在"现场签证计价单"建设单位代表签字栏依据审批意见签字盖章（附内部审批文件）。

5.6.7 双方核定变更、签证事项的价格后，应在结算文件上注明最终审定价格，并由双方签字、盖章后生效。

5.6.8 对于存在争议或者无法决定的事项，成本专员应和甲方代表应在明源审批流程上如实反映争议情况，交由项目公司上一级领导协调解决。针对复杂疑难问题，本着实事求是的原则，项目公司预判处理协商过程较长，应在流程申报时特别做出说明。

5.6.9 项目公司工程部、成本部部长，负责及时协调解决项目部反应的争议问题。对项目部申报的签证结算进行合规性审查，否决不合理结算。

5.6.10 项目公司领导负责管理签证的及时率、合规性，及时解决争议问题。

5.6.11 合同双方争议较大的问题，项目公司应依据公司规定及合同，以维护企业利益为前提，以实事求是为原则，采取召开专题会议等方式与承包人达成谅解。

5.7 现场签证结算确认的审批权限

项目公司及集团相关岗位根据授权文件，按时完成明源现场签证确认的审核工作，具体的内部审批权限如下。

序号	估算费用	审核	审批
1	5万元以下	项目公司成本部部长、项目设计组，项目公司分管工程的副经理、分管成本的副经理	项目公司经理
2	5万元及以上10万元以下	项目公司成本部部长、项目设计组，项目公司分管工程的副经理、分管成本的副经理，项目公司经理，集团工程管理部经理、成本管理部经理，集团分管成本的领导	集团分管工程领导
3	10万元（含）以上	项目公司成本部部长、项目设计组，项目公司分管工程的副经理、分管成本的副经理，项目公司经理，集团工程管理部经理、成本管理部经理，集团分管成本的领导、分管工程的领导	集团总经理
说明	时限要求如下： （1）项目公司成本部经理1天时间，集团成本管理部经理1天时间 （2）其他审核岗0.5天时间 （3）具体审批权限以授权手册为准		

5.8 现场签证确认文件收发及签证价款支付

（1）签证确认相关审批完成后，项目部成本专员及甲方代表依据审批结果，在"现场签证计价单"签署意见。项目秘书应及时将"现场签证验收单""现场签证计价单"以及明源系统电子审批表单（打印件加盖项目工程部章）发给监理单位；监理单位进行收发及编号后发给承包人。

（2）现场签证所有审批手续完成后，承包人可按审批意见及合同支付条款办理工程款的支付手续。

5.9 应急签证

（1）估算金额5万元以下的现场签证，因特殊情况（现场需立即执行，延缓实施会造成更大不利影响的情况）无法及时履行完毕审批手续的，项目部甲方代表应以OA（办公自动化）工作留言的形式报项目公司工程部部长、成本部部长，以及项目公司副经理、经理，同意后可以临时签证的形式先行实施，记录在案。相关流程审批手续须在动工后1周内发起。

（2）估算金额5万元及以上的现场签证，因特殊情况（即现场需立即执行，延缓实施会造成更大不利影响的情况）无法及时履行完毕审批手续的，须由项目公司以OA工作留言的形式报集团工程、成本部以及分管领导同意后方可先行实施，相关流程审批手续须在动工后1周内发起。

5.10 签证文件的归档及流转

（1）现场签证完成所有审核及审批程序后，由项目部项目秘书登记受理台账，分类登记，进行编号存档、归档。

（2）项目秘书同时将以上审批完成的文件审批单分发给项目公司资料室（原件），成本专员（原件）、承包人（原件）、监理（原件）、现场专业工程师（复印件）、项目部留存（复印件）。

（3）要求相关人员应当场签收；当对下发文件有问题时，应立刻上报项目经理请求处理。

5.11 签证与工程承包合同的变更

若属于重大签证，或签证的累积引起工程造价或工期的较大变化，项目公司须及时办理补充协议，详见《合同管理办法》。

5.12 变更签证计价及结算

（1）变更、签证的计价应严格执行与其相关的主合同的经济条款，执行相同项目的综合单价或套用相同的定额、取费标准、材料调差方式。当没有合适的定额套用时，可以按当时当地的市场合理低价协商确定。

（2）关于临时用工的签证事项，应在签证通知单上协商确定以下问题：工作内容及工作量、工作时间、工作人数、取定的人工单价（必须是综合单价，已含管理费和利润）。

（3）因设计变更或工程签证涉及可重复利用的材料时，项目公司应在拆除前与发包人谈定材料的可重复利用率，否则视为承包人100%的回收利用。

（4）每月10日前，项目公司分管领导应组织与承包人就截至上月末已确定最终费用的变更、签证的费用结算报告，进行综合性核对，并形成核对与商谈记录清单。项目公司不得接受承包人以汇总方式编制的多项变更、签证事项的结算报告。

6. 加强现场签证的控制与管理

6.1 现场签证对项目经营的影响

（1）不当的签证活动必将引起公司边际成本的增加，影响目标成本的实现。

（2）不当的工程变更可能引起工期的进一步延误，导致附加索赔的产生，影响进度目标的实现。

（3）不当的工程变更可能改变对客户已有的承诺，可能引起法律纠纷而引致损失。

6.2 加强现场签证控制与管理的思路

按照避免签证、减少签证、规范签证三个层面进行控制与管理。

（1）避免签证：首先应尽量避免签证，在设计阶段以及合同管理方面少出现工作漏洞，避免施工现场签证产生。

（2）减少签证：在工程实施过程中，尽早发现可能引发签证的诱因，采取措施减少签证的发生。

（3）规范签证：基于工程管理的复杂性，难以避免签证的发生，因此必须规范签证行为，不要在签证过程中违反规定，犯各种错误。

6.3.加强现场签证控制与管理的具体要求

6.3.1 设计管理要求。

（1）不得因领导、建筑师的个人喜好影响，忽视客户需求，造成事后大量工程变更的产生。

（2）对少数客户的特殊要求要应尽可能通过沟通化解，避免随意承诺引发大量变更产生。

（3）控制设计质量，逐步推进设计标准化，减少因设计错漏产生的工程变更。

（4）做好风险评估，减少客户投诉成本。

6.3.2 合同管理要求。

（1）推进合约标准化建设，减少因合同边界不清而产生工程变更。

（2）逐步推进招标文件及合同标准化建设，减少因合同缺漏、矛盾而产生工程变更。

（3）推进工程技术标准化建设，使招标文件、合同、图纸、技术要求、工程量清单形成一个相互联系的整体，避免相互矛盾产生工程变更。

（4）采用规范、有效的工程量清单，减少因工程量缺漏、措施项目不清等现象而产生工程变更。

（5）加强签证检查及后评估工作，使签证管理进入良性循环。

6.3.3 工程管理要求。

（1）加强合同交底、培训，使参与签证管理的人员熟悉了解合同精神，切实在工程实施过程中围绕合同进行管理。

（2）成本管理必须深入一线，避免出现施工措施费用不清，以及与合同、清单包括内容重叠的签证。

（3）加强责任心教育，以及签证统计分析、检查工作，避免重复签证现象。

（4）加强合同边界管理，以及各单位之间的施工交接工作，避免未按照合同要求完成工作内容而出现事后签证现象。

（5）加强工程质量管理，避免出现因质量问题而发生的返工签证现象。

（6）做好成品保护工作，减少因责任不清产生事后签证现象。

（7）加强签证计划性、预见性，计划好文件审批和流程管理的合理时间，力求避免引起附加损失。

（8）加强工作文件记录，收集有利于我方的证据，记录并及时反映可能引起向我方索赔的信息，并在相应工作阶段完成时向下一工作阶段的"协调人"移交交底，力求减少损失。

（9）做好风险评估，减少客户投诉成本。

（10）应制定合理工期，减少赶工签证。

7.现场签证管理的考核与评价

（1）巡检检查、评价：集团成本、工程巡检中，对现场签证的收发台账、"现场签证申请单""现场签证验收单"以及"现场签证计价单"等纸质原件资料,就及时性、合规性进行检查、评价和纠正。

(2)明源系统考核:集团成本部通过明源系统,对签证流程的及时率以及工作质量(包括审价合理性、准确率等)进行评价考核,其考核结果计入各项目公司绩效评价。

(3)对承包人履约评价:各项目公司根据承包人在现场签证中的配合情况进行过程履约评价,对于履约情况不合格的承包人,不得参与新项目的投标。

(4)奖罚:集团将依据检查以及工程结算中反映出的违规问题,视具体情况依据有关规定进行奖惩和处理。

【实战范本7-09】▶▶▶

签证单费用计价表

20××年××月××日　　　　　　　　　　　　　　签证单编号:×××

序号	项目名称	计量单位	完成工程量	完全综合单价	合价/元	备注
1						
2						
	合计					

签证工程费用金额:	
大写:	
小写:	
承包单位:(公章)	
经办人:	
项目经理:	

监理单位意见:	
监理单位:(公章)	
专业监理工程师:	
总监理工程师:	

审定签证单费用金额:	

	续表
建设单位审定意见：	
建设单位（公章） 造价人员：　预算组长： 工程部长：　现场经理：	

注：单价保留小数点后两位，合价取整。

四、严格控制材料、设备价格

做好市场价格的管理工作，掌握价格的变动趋势，特别是大宗材料设备订货，应货比三家，在满足施工的前提下，把握好订货的时机。同样的材料设备，由于产地和档次不同，价格相差很远，就是同样品牌的设备由于销售代理级别不同，价格也有差别。要树立成本意识，形成控制成本机制。材料设备费在工程的建筑安装造价中约占70%，有的工程还会更高，因此材料设备费应是建筑安装成本控制中的重点。凡施工企业自行采购的材料，重点是对指导价的材料控制，可以采取限价的手段进行控制。材料限价的原则主要如下。

（1）明确加工订货的责任者是施工单位，业主与监理工程师适当参与，参与的目的是控制材料的采购价格，但不能包办代替。

（2）可以推荐厂家但不指定厂家。

（3）监督材料的质量。

（4）在保证质量的前提下合理限价。

五、加强竣工结算的管理

凡结算工程必须按设计图纸及合同规定全部完成，要有竣工验收单，如有甩项应在验收单中注明，结算中予以扣除。应做好工程洽商签证及预算增减账的清理，重点做好材料价差及竣工调价的审定工作，审核时应与原招标文件对照，凡是标底内已含项目不能重复出现。要严格按合同及有关协议的规定，合理确定提前工期奖、优质奖等相关费用。认真实行结算复审制度及工程尾款会签制度，确保结算质量。

（一）建立明确的工程竣工结算管理办法及流程

房地产企业应根据自身性质（国有、国有控股、外资、合资、民营）及具体的管理构架，设立工程竣工结算管理办法及流程，明确赋予工程竣工结算参与人（方）的权利和义务，特别注意要明确工程竣工结算办理各阶段的组织牵头部门及工程竣工结算审批流程中最终确认权的归属（表单清晰、责任明确）。

（二）工程竣工结算的资料的确认

工程竣工结算资料的真实性、有效性、合法性，将直接影响到工程竣工结算数据的准确性，对工程竣工结算中采纳的结算资料的审核是重点审核对象，特别是一些合理但不合法、合法但不合理的工程竣工结算资料是审核争议的焦点。这就要求提供、收集工程竣工结算资料的部门，在工程施工过程中及时完善有关结算资料手续，提供的所有工程竣工结算资料必须真实、有效、合理、合法。

（三）加强工程竣工结算中的廉洁建设

由于工程竣工结算涉及项目建设所有参与人（业主、总承包单位、分包单位、监理单位、材料供货单位、设备租赁单位、劳务单位、造价咨询单位、审计单位）的经济利益，审核人员将不可避免地要面对众多的诱惑，作为工程竣工结算管理人员，一方面必须做到自己廉洁不贪、以身作则，同时加强具体参与人员的职业操守教育；另一方面要做好制度方面的规定，规范有关操作流程，明确有关处罚措施，从制度上约束腐败事件的发生。

（四）做好工程结算审核

1.做好结算审核的前期工作

（1）做好结算资料的收集整理，如施工合同、施工图纸、竣工图纸、会审纪要、设计变更、隐蔽记录、经济签证乃至会议纪要、施工日志等都是工程结算的主要依据。

（2）核对施工图纸变动情况和工程内容是否完成等。

（3）落实施工是否有变更，签证手续是否齐全等。

（4）核查施工合同是否内容明确，工期、质量、材料市场价、奖惩规定等是否有具体签订明确。

只有了解上述情况，才能遵循求实公正的原则，既按国家、省、市有关工程价管理的政策、法规等办事，又从实际出发，把施工图纸、施工方法及变更设计有机地结合起来，完整地体现在工程结算书中。

2.把握好结算审核关键环节

工程结算审核既然是建设工程造价控制中的最后阶段，所以要提高工程结算审核质量。除了认真审核工程量、清单定额套用及费率标准外，尚需认真做好以下几个环节的工作。

（1）认真阅读施工合同文件。

认真阅读施工合同文件，正确把握合同条款约定，熟悉国家有关的法律、法规及行业有关规定，仔细理解施工合同条款的准确含义，这是提高工程结算审计质量的一个重要步骤。凡施工合同条款中对工程结算方法有约定的，且此约定不违反国家的法律、法规及行业有关规定的，那就应按合同约定的方式进行工程结算。凡施工合同条款中没有约定工程结算方法，事后又没有补充协议或虽有约定，但约定不明确的，则应按建设部与国家的有关规定进行结算。施工合同由建设方、施工方共同签订，双方的权利、义务均以合同约定为准。若有争议，当以合同为解决争议的依据。

因此，审计人员一定要认真阅读施工合同文件，这样才能在审计工作中善于发现问题，并采取有效的方法予以解决。

（2）认真审核材料价格，做好审价调研工作。

认真审核材料价格，做好市场调研，也是提高结算审核质量的一个重要环节。

首先应由施工单位提供建设方认可品牌的材料发票，也可由施工单位提供材料供应商的报价单和材料采购合同，然后根据这些资料有的放矢地进行市场调研，则可提高询价工作效率。但审计人员应该清楚地知道，材料供应商的报价和材料采购合同价与实际采购价会存在一定的差距。在审价实际工作中，应当找出"差距"，按实计算。

（3）认真踏勘施工现场，及时掌握第一手资料。

在施工阶段踏勘现场，及时掌握第一手资料，有利于提高工程结算审核质量。随着科技发展的日新月异，目前在工程审价中常常会遇到新的施工工艺和新材料，没有现成可以套用的定额子目，需要审价人员自己测算人工、材料、机械的用量。收集这些新的施工工艺和新材料的基础资料，是做好结算审核工作的前提条件。

3.结算审核方法

工程结算的审核方法常用的有全面审核法、重点审核法和经验审核法（图7-4），具体可根据时间和委托方的要求而定。

方法一 全面审核法
全面审核法是按照施工图要求，结合清单定额分项工程的细目，逐项审核，其优点是全面、细致、质量高、差错比较少，但费时、工作量太大

方法二 重点审核法
重点审核法是抓住工程预算中的重点进行审核，一般选择工程量大或造价较高的项目、补充单价、计取的各项费用作为重点

方法三 经验审核法
经验审核法是根据以往的实践经验审查容易出现差错的那部分工程项目

图7-4 结算审核的方法

当时间紧、规模大、预（结）算编制质量较好时，一般可采用经验审核法与重点法相结合；若预（结）算编制质量较差，则宜采用全面审核法。

4.结算审核中的复核方法

复核是审计的主要方法之一，是由审计人员对工程造价文件（工程预算、结算、决

算）的主要内容及计算情况进行检查核对，以发现可能出现的差错，提高工程造价的准确性。

5. 结算审核时应注意的问题及要掌握的要领

（1）以建设项目施工图为主，审核工程量的计算是否准确。

（2）注重实际，审核单价建筑安装工程的直接费是由量和价两个因素相乘求得的，量即工程量，价即按照施工单位投标的每一个计量单位分部、分项工程的单价。

（3）依据标准审核各项费用的取费情况。

（4）根据不同情况，实事求是进行审核工程结算。

【实战范本7-10】▶▶▶

工程竣工结算管理规定

1. 总则

1.1 为规范竣工结算行为，建立规范性、统一性结算流程，明确竣工结算中各自的职责、权限，确保竣工结算有序开展，特制定本管理办法。

1.2 对已竣工工程或已供应完成的材料、设备等按照合同约定，承包（供应）单位已履行完成合同内的任务且经验收合格后应办理竣工结算的，适用于本办法。

1.3 承包（供应）单位必须按照本公司《竣工结算资料目录》及其他要求进行结算资料申报。监理公司、本公司工程部、总工办、成本管理部分别对提报结算资料全面审核，并签署《工程（施工类）竣工资料审核意见书》。经本公司相关人员签字认可、盖公章后方可生效。

1.4 工程结算的前提是工程竣工验收合格并无任何质量问题或其他纠纷。

1.5 逾期上报的甲方不再接受申报，以甲方出具报告为最后结算结果。

1.6 本办法适用于××房地产开发有限公司所开发建设的项目。

2. 职责

2.1 工程管理部各专业工程师对竣工结算中提供的工程量签证单/确认单的准确性负责。

2.2 总工办对"设计变更单""技术联系单""施工图纸"等作为结算依据的过程资料的准确性负责。

2.2 监理单位提供相关的罚款资料及因其他单位造成工程费用增加的详细资料，并对资料的准确性负责。

2.3 成本管理部各专业造价人员根据相应的工作职责依据工程管理部签发的资料（包含上述2.1中的内容）负责竣工结算的编制及与承包（供应）单位进行核对、审核，并对金额的准确性负责。

2.4 成本管理部造价人员应根据结算资料进行校对和审核，复核相关数据。部门经理根据结算内容与数据进行用量指标、经济指标的分析，负责组织部门及相关部门对竣工结算审查及组织编写项目竣工结算总结分析报告。配合风险控制部或公司委托的第三方审计单位进行审计工作，对竣工结算的真实性和准确性负责。

3. **结算分类、审查**

3.1 竣工结算分类以项目成本预算部相对应的原则，分为前期工程（办理工程开工前的手续费用）、单体建筑安装工程、外网配套工程、景观工程、公共配套工程所涉及装饰装修工程、甲供材料、设备及绿化工程等，每份结算书都按要求分类编号，以便分类统计与管理。中前期手续费用、配套施工费用由综合管理部汇总，甲供材料、设备由采购部负责汇总，最后由成本管理部进行综合整理。

3.2 竣工结算应遵循结算内容与合同承包范围、内容相一致原则，在合同承包范围外且与合同内容相关的增项内容已经签订补充协议或工程量签证单的，可列入或归集到同一合同结算内。

3.3 对合同约定的价款或计价计量方式因市场变化等原因进行合同变更或调整的，须签订相应的补充协议或签订"工程量签证单"，变更后补充协议或签订"工程量签证确认单"作为竣工结算的依据，否则结算部门或单位一律不接受事后补签或其他形式的解释、说明，按照合同约定进行结算。

4. **竣工结算前提与资料递交**

4.1 凡同一合同单位项下的工程，如有未完工程或未经交工验收的工程，或质量不合格的工程等，均不进行竣工结算。需要返工或修补的工程，必须在返工和修补并经验收合格后方可办理竣工结算。

4.2 竣工结算的资料目录、份数及内容要求按相应的规定形式递交，所提交资料至少6份为原件并装订成册，承包（供应）单位递交资料必须齐全，否则后期在核对中所提供涉及增加费用的资料不作为结算依据。

5. **竣工结算工作流程**

5.1 工程管理部在符合公司对工程结算要求的前提下，向公司提交《竣工结算申请》，工程总监、工程副总经理、常务副总经理、总经理审批同意后，转交成本管理部启动结算工作。

5.2 成本管理部编制《竣工结算计划》，报常务副总经理、总经理审批同意后，转工程管理部、总工办、材料设备部、综合管理部、财务管理部、风险控制部等相关部门。

5.3 成本管理部按照《竣工结算计划》中的时间安排，向施工单位下发《结算通知书》。

5.4 施工单位按照本公司结算要求及时间安排，准备竣工资料并上报监理公司进行资料审核。监理公司对资料的准确性、齐全性、有效性、真实性、客观性负责,签署《工程(施工类)竣工资料审核意见书》后转入本公司工程管理部。

5.5 本公司工程管理部各专业工程师对"工程量签证申请单""工程量签证确认单""工作联系单"等作为结算依据的过程资料的准确性、齐全性、有效性、真实性、客观性负责。专业经理、工程部经理、工程总监签署《工程(施工类)竣工资料审核意见书》后转入本公司总工办。

5.6 本公司总工办各专业工程师对"设计变更单""技术联系单""施工图纸"等技术资料进行审核。专业工程师、技术总监签署《工程(施工类)竣工资料审核意见书》后转入本公司成本管理部。

5.7 配套施工工程结算由综合管理部负责结算资料整理和审核,签署《工程(施工类)竣工资料审核意见书》后,经监理公司、本公司工程管理部、总工办等相关专业人员及层级领导审核后,转入成本管理部。

5.8 成本管理部接收、校对、审核结算资料的齐全性、真实性、签字手续完整性、合规性等。

5.9 承包人应本着诚实的原则申报结算,不得虚报瞒报,核对时应积极主动地配合发包人或发包人委托的审核人员的工作,以缩短审核时间、提高审核效率。承包人申报的结算值误差率应在8%以内(含8%),即申报的单项工程(按每一合同范围为界)竣工结算值(A)与最终审定确认的结算值(B)的差值(C)与申报竣工结算值(A)8%以内部分为允许的误差率。计算公式:$C/A \leqslant 8\%$,否则承包方须承担如下违约金。

误差率/%	违约金比例	违约金支付方式
8～10	审减值的3%	
10～15(含15)	审减值的5%	从结算付款中直接扣减
15～20(含20)	审减值的6%	
20以上	审减值的7%	

5.10 竣工结算资料齐全后,成本管理部对竣工结算资料进行审核,并开展预决算工作,形成初步审核意见后,编制《竣工结算初审/复审报告书》报风险控制部审核。

5.11 风险控制部在成本管理部初审的基础上,进行本部门内部的二次工程结算审核,也可以根据工程情况委托公司指定的第三方进行结算审核。无论哪方二次审核,都需出具二次审核结算书,即《工程(施工类)竣工资料审核意见书》报常务副总经理、总经理审阅。

5.12 由本公司内部的审核的,成本管理部向施工单位下发《竣工结算核对通知书》,并负责与施工单位核对竣工结算工作;由第三方审核的,风险控制部组织向施工单位下发《竣工结算核对通知书》，第三方单位和风险控制部同时与施工单位核对竣工结算工作。核对过程中，对双方争议事项形成《竣工结算审核争议处理意见书》，争议处理后修改结算书，相关单位盖章确认。

5.13 工程竣工结算完成后，形成最终《竣工结算报告》，当事方单位盖章生效。

6.竣工结算审查期限

6.1 甲供材料、设备供应由采购部进行结算汇总，前期手续及配套工程由综合管理部汇总，财务费由财务部汇总。

6.2 单体建筑安装工程、外网配套工程、景观工程、公共配套工程等竣工结算资料审查合格后根据合同约定或按照国家有关结算要求执行。

6.3 成本管理部在签收申报的全部竣工结算资料（达到竣工结算要求）与结算书之日起算审查期限，审查中存在资料真实性、计量计价等结算依据不充分或偏差等争议事宜，审查人员出具书面审查意见。

7.竣工结算争议处理

7.1 竣工结算争议事项是指工程量计算（测量）、定额套项、综合单价组成与实际施工不一致、合同总价包干内容、设计变更、签证、材料价格等在合同中没有约定或合同约定不清楚及计价计量规则不明确、合同履行过程记录不全或与施工不符等在结算过程中与承包（供应）单位所发生的不同处理意见而引起争议事项。

7.2 成本管理部或第三方审计机构在竣工结算核对过程中，与承包（供应）单位存在争议事项，原则上以第三方审计为准。重大争议事项，专业造价工程师须将争议事项及处理意见形成书面报告，经本公司专题会议研究形成统一意见后执行。

【实战范本7-11】▶▶▶

结算项目基本信息表

项目公司：　　　　项目名称：　　　　填报日期：

序号	名称	填报内容	备注
1	合同名称及对应编号		
2	合作单位		
3	结算内容	说明规模及范围内容	
4	结算方式		
5	结算形式	□自行结算 □委托造价咨询公司	
6	合同金额		

续表

序号	名称	填报内容	备注
7	合同单位申报金额		
8	累计已付款		
9	计划开始时间		
10	计划结束时间		
11	项目公司主要结算负责人及联系电话		

填表人：　　　　　　　　　　　　联系电话：
负责人（签字）：　　　　　　　　单位（公章）：

【实战范本7-12】

结算审批表

项目名称		工程规模	
各单位名称		合作单位名称	
合同名称		合同编号	
合同价款		合作单位送审价	
各单位审核价		公司审核价	
各单位	主办部门	日期：	
	成本管理部	日期：	
	财务部	日期：	
	主办部门分管领导	日期：	
	分管成本领导	日期：	
	总经理	日期：	
公司	主办部门	日期：	
	成本管理部	日期：	
	财务管理部	日期：	
	主办部门分管领导	日期：	
	分管成本领导	日期：	
	总经理	日期：	

【实战范本7-13】

工程结算复审情况表

项目名称			工程规模	
合同名称			合同编号	
各单位名称			合作单位名称	
目标成本			与目标成本比较	
合作单位送审价			单方造价	
各单位审核价			单方造价	
复审调整事项记录				
序号	名称	初审价小计/元	复审价小计/元	调整金额
1	图纸内结算值			
2	变更			
3	签证			
4	工程索赔			
5	扣减费用			
6	其他费用			
	……			
	合计			
公司复审价				
复审意见	主办部门：	成本管理部：		日期：

第三部分

房地产企业开发产品成本核算与分析

第八章　房地产企业开发产品成本核算
第九章　房地产开发项目成本报表与分析

第八章
房地产企业开发产品成本核算

> **引言**
>
> 　　成本核算是房地产企业经营管理的核心内容之一，正确组织地产项目的成本核算并及时将成本分析的信息反馈给企业管理层，可以为企业在不同发展阶段采用不同的成本控制决策提供科学的依据。

第一节　开发产品成本项目的构成

一、开发产品成本的内容

　　开发产品成本，是指房地产企业在房地产开始经营过程中所耗费的对象化的各项费用。要核算开发产品的成本，首先要弄清开发产品成本的种类和内容。

　　开发产品成本按其用途，可分为四类，如图8-1所示。

图8-1　开发产品成本的类别

二、开发产品成本的项目

在会计核算业务上,开发产品成本划分为如图8-2所示六个成本项目。

图8-2 开发产品成本的项目

具体的成本核算项目如下。

(一)土地获得价款

土地获得价款是指为取得土地开发使用权而产生的各项费用,主要内容如表8-1所示。

表8-1 土地获得价款的项目

序号	项目	说明
1	政府地价及市政配套费	支付的土地出让金、土地开发费,向政府部门交纳的大市政配套费、契税、土地使用费、耕地占用税,土地变更用途和超面积补交的地价

续表

序号	项目	说明
2	合作款项	补偿合作方地价、合作项目建房转入分给合作方的房屋成本和相应税金等
3	红线外市政设施费	红线外道路、水、电、气、通信等建造费、管线铺设费、接口补偿费
4	拆迁补偿费	有关地上、地下建筑物或附着物的拆迁补偿净支出，安置及动迁支出，农作物补偿费，危房补偿费等

（二）开发前期准备费

指在取得土地开发权之后、项目开发前期的水文地质勘察、测绘、规划、设计、可行性研究、筹建、"三通一平"等前期费用，如表8-2所示。

表8-2 开发前期准备费

序号	项目	说明
1	勘察设计费	（1）勘测丈量费：包括初勘、详勘等。主要有水文、地质、文物和地基勘察费，沉降观测费、日照测试费、拨地钉桩验线费、复线费、定线费、施工放线费、建筑面积丈量费等 （2）规划设计费 规划费：方案招标费、规划设计模型制作费、方案评审费、效果图计费、总体规划设计费 设计费：施工图设计费、修改设计费、环境景观设计费等 其他：可行性研究费，制图、晒图、赶图费，样品制作费等 （3）建筑研究用房费：包括材料及施工费
2	报批报建增容费	（1）报批报建费：包括安检费、质检费、标底编制费、交易中心手续费、人防报建费、消防配套设施费、散装水泥集资费、白蚁防治费、墙改基金、建筑面积丈量费、路口开设费等、规划管理费、新材料基金（或墙改专项基金）、教师住宅基金（或中小学教师住宅补贴费）、拆迁管理费、招投标管理费等。 项目整体性报批报建费：项目报建时按规定向政府有关部门交纳的报批费 （2）增容费：包括水、电、煤气增容费
3	"三通一平"费	（1）临时道路：接通红线外施工用临时道路的设计、建造费用 （2）临时用电：接通红线外施工用临时用电规划设计费，临时管线铺设、改造、迁移、临时变压器安装及拆除费用 （3）临时用水：接通红线外施工用临时给排水设施的设计、建造、管线铺设、改造、迁移等费用 （4）场地平整：基础开挖前的场地平整、场地清运、旧房拆除等费用
4	临时设施费	（1）临时围墙：包括围墙、围栏设计、建造、装饰费用 （2）临时办公室：租金、建造及装饰费用 （3）临时场地占用费：含施工用临时占道费、临时借用空地租费 （4）临时围板：包括设计、建造、装饰费用

（三）主体建筑工程费

主体建筑工程费是指项目开发过程中产生的主体内列入土建预算内的各项费用，见表8-3。

表 8-3　主体建筑工程费

序号	项目	说明	
1	基础造价	包括土石方、桩基、护壁（坡）工程费，基础处理费、桩基咨询及检测费等	
2	结构及粗装修造价	主要包括混凝土框架（含独立柱基和条基等浅基础）、砌体、找平及抹灰、防水、垂直运输、脚手架、超高补贴、散水、沉降缝、伸缩缝、底层花园砌体（高层建筑的裙楼有架空层，原则上架空层结构列入裙楼、有转换层结构并入塔楼）等费用	
3	门窗工程	主要包括单元门、入户门、户内门、外墙门窗、防火门的费用	
4	公共部位精装修费	主要包括大堂、电梯厅、楼梯间、屋面、外立面及雨篷的精装修费用	
5	户内精装修费	主要包括厨房、卫生间、厅房、阳台、露台的精装修费用	
6	主体安装工程费	室内水、暖气、电管线设备费	（1）室内给排水系统费（自来水/排水/直饮水/热水） （2）室内采暖系统费（地板热/电热膜/分户燃气炉/管道系统/暖气片） （3）室内燃气系统费 （4）室内电气工程费：包括楼栋及单元配电箱、电表箱、户配电箱、管线敷设、灯具、开关插座、含弱电工程管盒预埋等费用
		室内设备及其安装费	（1）通风空调系统费：包括空调设备及安装费，空调管道、通风系统费用 （2）电梯及其安装费 （3）发电机及其安装费：包括发电机供货、安装、机房降噪等费用 （4）消防系统费：包括水消防、电消防、气体灭火、防排烟工程等费用 （5）人防设备及安装费：包括密闭门、气体过滤装置等费用
		弱电系统费	（1）居家防盗系统费用：包括阳台及室内红外探测防盗、门磁、紧急按钮等费用 （2）对讲系统费用：包括可视及非可视对讲系统费用 （3）"三表"远传系统费用：包括水、电、气远程抄表系统费 （4）有线电视费用：包括有线电视、卫星电视主体内外布线及终端插座费用 （5）电话系统费用：包括主体内外布线及终端插座费用 （6）宽带网：包括主体内外布线及终端插座费用

（四）社区管网工程费

（1）室外给排水系统费：包括室外给水系统费（主要包括小区内给水管道、检查井、水泵房设备及外接的消火栓等费用）；雨污水系统费用。

（2）室外采暖系统费：主要包括管道系统、热交换站、锅炉房费用。

（3）室外燃气系统费：主要包括管道系统、调压站费用。

（4）室外电气及高低压设备费。

① 高低压配电设备及安装：包括红线到配电房的高压线、高压柜、变压器、低压柜及箱式变压设备费用。

② 室外强电管道及电缆敷设：室外强电总平线路部分费用。

③ 室外弱电管道埋设：包括用于电视、电话、宽带网、智能化布线的管道预埋、检查井等费用。

（5）室外智能化系统费。

① 停车管理系统费用：包括露天停车场管理系统、地下室或架空层停车场管理系统的费用。

② 小区闭路监控系统费用：包括摄像头、显示屏及电气系统安装等费用。

③ 周界红外防越系统费用：红外对扫等。

④ 小区门禁系统费用。

⑤ 电子巡更系统费用。

⑥ 电子公告屏费用。

（五）园林环境工程费

园林环境工程费是指项目所发生的园林环境造价，主要包括以下内容。

（1）绿化建设费：包括公共绿化、组团宅间绿化、一楼私家花园、小区周边绿化支出。

（2）建筑小品费：雕塑、水景、环廊、假山等。

（3）道路、广场建造费：道路广场铺设、开设路口工程及补偿费等。

（4）围墙建造费：包括永久性围墙、围栏及大门。

（5）室外照明费：室外照明电气工程，如路灯、草坪灯。

（6）室外背景音乐。

（7）室外零星设施费：儿童游乐设施、各种指示牌、标识牌、示意图、垃圾桶、座椅、阳伞等。

（六）配套设施费

配套设施费是指房屋开发过程中，根据有关法规，产权及收益权不属于开发商，开发商不能有偿转让也不能转作自留固定资产的公共配套设施支出。主要包括以下几类（图8-3）。

类别	说明
类别一	在开发小区内发生的不会产生经营收入的不可经营性公共配套设施支出，包括居委会、派出所、岗亭、儿童乐园、自行车棚等
类别二	在开发小区内产生的根据法规或经营惯例，其经营收入归于经营者或业委会的可经营性公共配套设施的支出，如建造幼儿园、邮局、图书馆、阅览室、健身房、游泳池、球场等设施的支出
类别三	开发小区内城市规划中规定的大配套设施项目不能有偿转让和取得经营收益权时，产生的没有投资来源的费用
类别四	对于产权、收入归属情况较为复杂的地下室、车位等设施，应根据当地政府法规、开发商的销售承诺等具体情况确定是否摊入本成本项目。如开发商通过补交地价或人防工程费等措施，得到政府部门认可，取得了该配套设施的产权，则应作为经营性项目独立核算

图8-3 配套设施费的类别

该成本项目下按各项配套设施设立明细科目进行核算。
（1）游泳池：土建、设备、设施。
（2）会所：设计、装修费、资产购置、单体会所结构。
（3）幼儿园：建造成本及配套资产购置。
（4）学校：建造成本及配套资产购置。
（5）球场。
（6）设备用房：配电房、水泵房土建及装修费。
（7）车站建造费：土建、设备、各项设施。

（七）开发间接费

开发间接费核算与项目开发直接相关，但不能明确属于特定开发环节的成本费用性支出，以及项目营销设施建造费，如表8-4所示。

表8-4 开发间接费

序号	项目	说明
1	工程管理费	（1）工程监理费：支付给聘请的项目或工程监理单位的费用 （2）预结算编审费：支付给造价咨询公司的预结算的编制、审核费用 （3）行政管理费：直接从事项目开发的部门的人员的工资、奖金、补贴等人工费以及直接从事项目开发的部门的行政费 （4）施工合同外奖金：赶工奖、进度奖 （5）工程质量监督费：建设主管部门的质监费 （6）安全监督费：建设主管部门的安监费 （7）工程保险费

续表

序号	项目	说明
2	营销设施建造费	（1）广告设施及发布费：车站广告、路牌广告 （2）销售环境改造费：会所、推出销售楼盘（含示范单位）周围等销售区域销售期间的现场设计、工程、装饰费，临时销售通道的设计、工程、装饰等费用 （3）售楼处装修、装饰费：设计、工程、装饰等 （4）样板间：包括样板间设计、装修、家具、饰品以及保洁、保安、维修费。主体外搭设的样板间还包括建造费用主体内样板间销售后回收的设计、装修、家具等费用，在主营业务收入中单列或单独记录，考核时从总费用中扣除 （5）其他
3	资本化借款费	包括直接用于项目开发所借入资金的利息支出、折价或溢价摊销和辅助费用，以及因外币借款而产生汇兑差额，因借款而产生的辅助费用包括手续费等
4	物业管理完善费	包括按规定应由开发商承担的由物业管理公司代管的物业管理基金、公建维修基金或其他专项基金以及小区入住前投入的物业管理费用

第二节 房地产企业开发成本与期间费用的核算

房地产企业成本与费用核算的任务是建立和完善成本核算基础工作，合理确定成本计算对象，正确归集和分配开发成本的费用，及时、准确、完整地提供成本核算资料，以便及时发现成本管理中存在的问题，寻求降低成本的途径。

一、开发成本核算的科目设置

（一）开发成本账户

为了核算各项开发成本，房地产企业要设置"开发成本"总账科目。该科目借方登记房地产开发过程中所产生的各项费用，贷方登记开发产品完工后结转到"开发产品"账户的开发产品的实际成本。期末借方余额反映的是正在开发，尚未完工的各开发项目已产生的实际成本。

该账户应按开发产品的不同内容设置开发成本二级账，在二级账内，设置"土地开发""房屋开发"等二级账户进行分类核算，如下所示。

开发成本——土地开发

开发成本——房屋开发

开发成本——配套设施开发

开发成本——代建工程开发

为了具体核算每一开发项目的成本，应在开发成本二级账下，分设"土地开发明细账""房屋开发明细账"等明细账（三级账），进行明细核算。三级账内，应按每个开发项目分别设置三级账户，如下所示。

开发成本——土地开发——A土地
　　　　　　　　　　——B土地
开发成本——房屋开发——A房屋
　　　　　　　　　　——B房屋

开发成本一级账户和二级账户应采用三栏式账页，而三级账应采用借方多栏式账页，以分别记录和反映各不同的成本项目。

（二）开发间接费用账户

为了核算企业开发现场产生的各项间接费用，房地产开发企业应设置"开发间接费用"总账账户。

"开发间接费用"账户用来核算房地产开发企业在开发现场发生的为直接组织和管理开发项目而产生的各项间接费用，如现场管理人员的薪酬；现场房屋设备的折旧费、现场办公费、水电费、劳动保护费、工程借款利息支出和周转房摊销等。

该账户借方登记开发现场产生的各项间接费用，贷方登记期末分配转入"开发成本"账户的开发间接费用。月末结转后，该账户应无余额。

该账户应按企业不同的开发现场设置明细账，进行明细核算，如下所示。

开发间接费用——甲开发现场
　　　　　　　——乙开发现场

开发间接费用明细账应采用借方多栏式账页，以记录和反映各不同的费用项目。

【实战范本8-01】▶▶▶

土地开发明细账

三级科目：

年		凭证号	摘要	借方					贷方	余额
月	日			土地征用及拆迁补偿费	前期工程费	基础设施费	公共配套设施费	开发间接费		

【实战范本8-02】

房屋开发明细账

三级科目:

年		凭证号	摘要	借方						贷方	余额
月	日			土地征用及拆迁补偿费	前期工程费	基础设施费	建筑安装工程费	公共配套设施费	开发间接费		

【实战范本8-03】

某地产企业"开发成本"明细科目一览表

科目代码	科目名称	备注
4301	开发成本	
430101	土地获得价款	为取得土地开发使用权而产生的各项费用。指因房地产开发而征用土地所产生的各项费用,包括土地征用费、耕地占用税、契税、劳动力安置费及有关地上、地下附着物拆迁补偿的净支出、安置动迁用房支出、土地拍卖价款及佣金等
43010101	土地出让金	向政府部门支付的土地出让金,土地变更用途和超面积补交的地价。支付的土地出让金、土地开发费,向政府部门交纳的大市政配套费、契税、土地使用费、耕地占用税,土地变更用途和超面积补交的地价
43010102	土地征用及拆迁补偿费	有关地上、地下建筑物或附着物的拆迁补偿净支出,安置及拆迁补偿,农作物补偿费等
4301010201	土地征用费	
4301010202	耕地占用费	
4301010203	安置养老费	
4301010204	拆迁补偿费	有关地上、地下建筑物或附着物的拆迁补偿净支出,安置及动迁支出,农作物补偿费,危房补偿费等

续表

科目代码	科目名称	备注
4301010205	土地补偿费	
4301010299	其他	如土地拍卖手续费、佣金等
43010103	合作补偿款	补偿合作方地价、合作项目建房转入分给合作方的房屋成本和相应税金等
43010104	中介费	
43010198	预提	
43010199	其他	含契税、初始登记费等
430102	前期工程费	在取得土地开发权之后,项目开发前期的水文地质勘察、测绘、规划、设计、可行性研究、筹建、"三通一平"等前期费用
43010201	勘察设计费	
4301020101	勘察及丈量费	包括初勘、详勘等。主要有:水文、地质、文物和地基勘察费,沉降观测费、日照测试费、拨地钉桩验线费、复线费、定线费、放线费、建筑面积丈量费等
4301020102	规划设计费	规划费、方案招标费、规划设计模型制作费、方案评审费、效果图设计费、总体规划设计费 设计费:施工图设计费、修改设计费等 其他:可行性研究费、制图、晒图、赶图费等,含景观设计
4301020103	竞标设计补偿费	
43010202	"三通一平"费	
4301020201	临时道路	接通红线外施工用临时道路的设计、建造费用
4301020202	临时用电	接通红线外施工用临时用电规划设计费、临时管线铺设、改造、迁移、临时变压器安装及拆除费用
4301020203	临时用水	接通红线外施工用临时给排水设施的设计、建造、管线铺设、改造、迁移等费用
4301020204	场地平整	场地清运费、旧房拆除等费用
43010203	临时设施费	(1)临时围墙,包括围墙、围栏设计、建造、装饰费用 (2)临时办公室,包括租金、建造及装饰费用 (3)临时场地占用费,含施工用临时占道费、临时借用空地租费 (4)临时围板,包括设计、建造、装饰费用
43010204	可行性研究费	
4301020401	可行性研究编制费	

续表

科目代码	科目名称	备注
4301020402	市场调查费	
4301020403	项目建设咨询费	
4301020499	其他	
43010205	人防费	
43010206	大市政配套费	
43010298	预提	
43010299	其他	
4301029901	招标代理及管理费	
4301029902	配套方案征询费	
4301029903	测绘费	
4301029904	工程保险费	
4301029905	环境评估费	
4301029906	竣工档案编制费	
4301029907	日照分析	
4301029908	审图费	
4301029909	晒图费	
4301029999	其他	
430103	基础设施费	建筑物外红线内，指项目开发过程中产生的建设安装工程施工预算图以外的费用，包括供水、供电、道路、供热、燃气、排洪、电视、通信、绿化、环卫设施、场地平整及道路等基础设施费用
43010301	室外给排水系统	主要包括自来水系统、雨污水系统、直饮水系统、热水系统 （1）室外给水系统费：主要包括小区内给水管道、检查井、水泵房设备及外接的消火栓等费用 （2）雨污水系统费用
4301030101	上水配套费	
4301030102	雨污水	
4301030103	直饮水	
4301030104	热水	
4301030199	其他	

续表

科目代码	科目名称	备注
43010302	室外电气系统	（1）高低压配电设备及安装：包括红线到配电房的高压线、高压柜、变压器、低压柜及箱式变压设备费用 （2）室外强电管道及电缆敷设：室外强电总平线路部分费用 （3）室外弱电管道埋设：包括用于电视、电话、宽带网、智能化布线的管道预埋、检查井等费用
4301030201	供电配套工程费	
4301030299	其他	
43010303	室外燃气系统	主要包括管道系统、调压站
4301030301	燃气配套费	
4301030399	其他	
43010304	通信系统	电话、宽带、有线电视等
43010305	环卫设施	
43010306	室外取暖系统费	主要包括管道系统、热交换站、锅炉房费用
43010307	室外消防系统费	主要包括高压线路工程、低压线路工程、配电站、开闭站
43010308	室外智能化系统费	主要包括电信网络系统、小区停车管理系统、电子巡更系统、围墙监控照明系统 （1）停车管理系统费用：包括露天停车场管理系统、地下室或架空层停车场管理系统的费用 （2）小区闭路监控系统费用：包括摄像头、显示屏及电气系统安装等费用 （3）周界红外防越系统费用：红外对扫等 （4）小区门禁系统费用 （5）电子巡更系统费用 （6）电子公告屏费用
43010309	室外背景音乐及照明系统	
43010310	绿化建设费	区内、区外绿化支出
43010311	建筑小品	雕塑、喷泉、环廊、假山等
43010312	道路、广场建造费	道路广场铺设、开设路口工程及补偿费等
43010313	围墙建造费包	包括永久性围墙、围栏及大门
43010314	室外照明	室外照明电气工程，如路灯、草坪灯
43010315	室外背景音乐	

续表

科目代码	科目名称	备注
43010316	室外零星设施	各种指示牌、标识牌、示意图等 儿童游乐设施、各种指示牌、标识牌、示意图、垃圾桶、座椅、阳伞等
43010398	预提	
43010399	其他	
430104	建筑安装工程费	项目开发过程中产生的主体内列入预算的各项费用。指企业以出包方式支付给承包单位的建筑安装工程费和以自营方式产生的建筑安装工程费
43010401	建筑结构工程	
4301040101	基础工程	包括土石方、桩基、护壁（坡）工程费，基础处理费、桩基咨询及检测费等
4301040102	主体结构工程	结构及粗装修（含地下室部分），如为高层建筑，有裙楼架空层及转换层，原则上架空层结构列入裙楼、转换层结构并入塔楼
4301040103	门窗工程	主要包括室外门窗、户门、防火门的费用
4301040104	公共部位精装修	主要包括大堂、楼梯间、屋面、外立面及雨篷的精装修费用
4301040105	室内精装修	主要包括厨房、卫生间、厅房、阳台、露台的精装修费用
4301040106	样板房	主体内的样板间的设计、装修以及家具等费用
43010402	设备及设备安装工程	
4301040201	室内水、暖气、电管线设备	（1）室内给排水系统费（自来水/排水/直饮水/热水） （2）室内采暖系统费（地板热/电热膜/分户燃气炉/管道系统/暖气片） （3）室内燃气系统费 （4）室内电气工程费：包括楼栋及单元配电箱、电表箱、户配电箱、管线敷设、灯具、开关插座、含弱电工程管盒预埋
4301040202	室内设备及安装	空调、电梯、高低压配电等 （1）通风空调系统费：包括空调设备及安装费用、空调管道、通风系统费用 （2）电梯及其安装费 （3）发电机及其安装费：包括发电机供货、安装、机房降噪费 （4）高低压配电及安装费 （5）消防系统费：包括水消防、电消防、气体灭火、防排烟工程费 （6）人防设备及安装费：包括密闭门、气体过滤装置等

续表

科目代码	科目名称	备注
4301040203	消防系统	
4301040204	室内智能化系统费	保安、电信、卫星电视等 保安监控及停车管理系统费用；电信网络费用；卫星电视费用；"三表"远传系统费用；家居智能化系统费用
4301040205	弱电系统费	（1）居家防盗系统费用：包括阳台及室内红外线探测防盗、门磁、紧急按钮等 （2）对讲系统费用：包括可视及非可视对讲系统费用 （3）"三表"远传系统费用：包括水、电、气远程抄表系统费用 （4）有线电视费用：包括有线电视、卫星电视主体内外布线及终端插座费用 （5）电话系统费用：包括主体内外布线及终端插座费用 （6）宽带网：包括主体内外布线及终端插座费用
43010403	室外总体工程	
4301040301	道路系统	小区道路、围墙、门卫、标识等
4301040302	园林环境工程	绿化建设、建筑小品等
4301040399	其他	
43010404	工程管理费	
4301040401	工程监理费	
4301040402	咨询费	
4301040403	施工合同外奖金	
4301040404	质监费、验收费	
43010498	预提	
43010499	其他	
430105	公建配套设施费	
43010501	会所、物管楼	
43010502	儿童乐园	
43010503	学校、幼儿园	开发过程中，根据有关法规，产权及其收益权不属于开发商，开发商不能有偿转让也不能转作自留固定资产的公共配套设施支出
43010504	游泳池	
43010505	网球场	
43010598	预提	
43010599	其他	

续表

科目代码	科目名称	备注
430106	资本化借款费用	直接用于项目开发所借入资金的利息支出、汇兑损失，减去利息收入和汇兑收益的净额 包括直接用于项目开发所借入资金的利息支出、折价或溢价摊销和辅助费用，以及因外币借款而产生汇兑差额，因借款而产生的辅助费用包括手续费等
43010601	利息支出	
43010602	利息收入	
43010603	汇兑损益	
43010604	金融机构手续费	
430107	开发间接费	与项目开发直接相关，但不能明确属于特定开发环节的成本费用性支出，以及与项目推广销售有关但发生在楼盘开盘前的费用支出（是指企业为直接组织和管理开发项目所产生的，且不能将其归属于特定成本对象的成本费用性支出，以及项目营销设施建造费）
43010701	职工薪酬	直接组织管理开发项目的管理服务人员的职工薪酬
43010702	修理费	为开发项目管理用的固定资产、低值易耗品等修理费用
43010703	物料消耗	管理开发项目直接耗用的材料、用品费用
43010704	低值易耗品摊销	管理开发项目领用低值易耗品的摊销费（含一次性耗用与多次摊销）
43010705	办公费	管理开发项目产生的办公用的文具、纸张、印刷、邮电、通信、书报、烧水和集体取暖用煤等费用
43010706	差旅费	开发项目的人员因工出差的差旅费、出差补助费、市内交通和误差补助费等
43010707	车辆使用费	指开发项目直接使用车辆的油燃料费、养路费、过桥过路费、停车费等
43010708	固定资产使用费	指管理开发项目而使用固定资产的折旧费、维护维修费等
43010709	房租及物管费水电费	指开发项目直接租赁用房的租金、物业管理费、水电费、设备使用费等
43010710	劳动保护费	指确因工作需要为开发项目人员配备或提供工作服、手套、安全保护用品、防暑降温用品等所产生的支出
43010711	周转房摊销	指不能确定为某项开发项目安置拆迁居民周转使用的房屋计提的摊销费
43010712	借款费用	指房地产开发企业开发过程中借入资金所产生的利息支出及相关的手续费，但应冲减利息收入
43010713	项目营销设施建造费	指企业为销售开发产品而建造售房部（接待处）、样板房、建筑模型等营销设施的建造费、制作费等

续表

科目代码	科目名称	备注
43010714	土地使用税	房地产企业在开发产品过程中，开发项目占用土地，按照规定缴纳的土地使用税
43010715	房屋维修基金	房地产企业按照规定，向政府部门缴纳的房屋维修基金。代收业主的维修基金，不能计入该项目
43010716	前期物业管理费	根据开发商与物业公司签订的合同，支付的前期物业管理费、开办费等 包括按规定应由开发商承担的由物业管理公司代管的物业管理基金、公建维修基金或其他专项基金，以及小区入住前投入的物业管理费用
43010717	工程管理费	支付给聘请的工程监理单位的监理费用，为编制、审查开发项目建筑工程施工图概算、预算、结算所支付的费用等
4301071701	工程监理费	（1）工程监理费：支付给聘请的项目或工程监理单位的费用 （2）预结算编审费：支付给造价咨询公司的预结算的编制、审核费用 （3）行政管理费：直接从事项目开发的部门的人员的工资、奖金、补贴等人工费，以及直接从事项目开发的部门的行政费 （4）施工合同外奖金：赶工奖、进度奖 （5）工程质量监督费：建设主管部门的质监费 （6）安全监督费：建设主管部门的安监费 （7）工程保险费
4301071702	造价咨询费	
4301071703	行政管理费	直接从事项目开发的部门的人员的工资、奖金、补贴等人工费，以及直接从事项目开发部门的行政费。五级明细参考"管理费用"明细科目
4301071704	施工合同外奖金	
4301071705	质监费、验收费	
4301071706	在建工程抵押费	评估费、公证费、抵押登记手续费、财产保险费
4301071799	其他	
43010718	营销设施建造费	项目开盘前产生的广告、策划、样板间、售楼中心建设、售楼书、模型等所有营销推广费用 （1）广告设施及发布费：车站广告、路牌广告 （2）销售环境改造费：会所、推出销售楼盘（含示范单位）周围等销售区域销售期间的现场设计、工程、装饰费；临时销售通道的设计、工程、装饰等费用 （3）售楼处装修、装饰费：设计、工程、装饰等

续表

科目代码	科目名称	备注
43010718	营销设施建造费	（4）样板间：包括样板间设计、装修、家具、饰品以及保洁、保安、维修费。主体外搭设的样板间还包括建造费用；主体内样板间销售后回收的设计、装修、家具等费用，在主营业务收入中单列或单独记录，考核时从总费用中扣除 （5）其他
4301071801	媒介广告费	电视、广播、互联网、报纸、杂志、公交、电子屏、车站、路牌广告
4301071802	样板间	临时样板间的建造、设计、装修以及清洁、保安、维修费用
4301071899	其他	
43010798	预提	
43010799	其他	指上列各项费用以外的其他开发间接费用支出
430108	结转	项目建设期跨多个年度，反映已经结转的开发成本

二、土地开发成本的核算

（一）土地开发成本核算对象的确定及成本项目的设置

1. 土地开发成本计算对象的确定

土地开发也称建设场地开发，是指对原有土地进行改造使之具备一定的建设条件。土地开发成本核算首先要确定成本核算对象。确定成本核算对象，就是为了按成本计算对象归集各项费用，并按一定的成本计算对象计算和结转成本。

一般的土地开发，应以每一独立的开发项目作为成本核算对象。但对于开发面积较大、工期较长、分区域开发的土地，可以以一定的区域作为成本核算对象。

2. 土地开发账户及成本项目的设置

土地开发成本应在"开发成本——土地开发"这个二级账中进行核算。该账户借方登记各项土地开发产生的成本，贷方登记土地开发完成结转到"开发产品""投资性房地产"等账户的土地开发成本。

为了具体核算每个项土地开发的成本情况，在该二级账下要设置多栏式"土地开发成本明细账"（三级账）进行明细核算。

该明细账按不同的土地开发项目或不同的开发区域设置明细账户。该明细账应采用借方多栏式账页。

在明细账（三级账）各账户内要按照不同的成本项目设置专栏。土地开发成本通常划分表8-5所示的成本项目。

表 8-5 土地开发成本

序号	项目	说明
1	土地征用及拆迁补偿费	土地征用及拆迁补偿费包括为开发房地产而取得土地使用权所支付的土地出让金、土地征用费、耕地占用税、劳动力安置费及地上、地下建筑物的拆迁补偿的净支出、安置及动迁支出、农作物补偿费等。还包括向政府部门缴纳的大市政配套费以及向当地市政公司缴纳的红线外（建设场地外）道路、水、电、气、热通信等的建设费
2	前期工程费	前期工程费包括项目报建时按规定向政府有关部门缴纳的报批费；项目立项后规划设计费、项目可行性研究费、水文地质及工程地质勘察费、测绘费；以及为达到施工条件所必需的通路、通水、通电和对施工场地进行平整的所谓"三通一平"支出等
3	基础设施费	基础设施费包括开发小区内建筑安装施工图预算项目之外的，能够保证居民永久使用的道路；供水、供气、供电、供热、排污、排洪、通信、电视等相关设施的购置、管线的铺设；项目周围的围墙、园区大门、监控工程以及环卫、绿化等工程产生的支出
4	公共配套设施费	公共配套设施费包括在开发项目内不能有偿转让的开发小区内公共配套设施产生的支出，如开发小区内消防、锅炉房、水泵房、水塔等设施以及中心公园、环廊、凉亭等工程的支出。需要说明，如果开发的土地不直接出售或出租，而是为了建设房屋，而且配套设施是在土地开发以后，在房屋建设的同时或是在房屋建设以后建设的，在这种情况下，上述公共配套设施费应直接计入或分配计入房屋开发的成本，而不需要计入土地开发的成本
5	开发间接费用	开发间接费用是指企业所直属组织、管理开发项目产生的各项费用，包括开发现场管理人员的职工薪酬；现场房屋设备的折旧费；现场办公费、水电费、劳动保护费、工程借款利息支出和周转房摊销等

（二）土地开发成本的归集和结转

企业开发的建筑场地，按其用途可以分为两类：一类是为了销售或者转让而开发的商品性建设场地，它是房地产开发企业的商品产品，需要单独核算土地开发成本；另一类是为了建设商品房、周转房或出租房而开发的自用建设场地，它是企业的中间产品，其产生的土地开发成本最终计入商品房、周转房、出租房等开发产品成本。

其中如果企业开发了土地直接为了出售或出租（即商品性土地开发），那么所产生的土地开发费用，要直接计入"开发成本——土地开发"账户。

如果企业是为了自建房屋而开发的土地，而且所建房屋只是一个成本核算对象，那么可不单独核算土地开发成本，所产生的土地开发费用可直接计入房屋开发成本。

但如果企业开发完土地后，所建的房屋是两个或两个以上成本核算对象，则需要单独核算土地的开发成本，再将土地开发成本分配计入各个不同的房屋开发成本。

[实战范本8-04]

成本核算明细科目汇总——开发成本表

总建筑面积：　　　　地上总面积：　　　　总占地面积（按净面积）：　　　　地上商业销售面积：
可建设用地面积：　　地上可售面积：　　　　　　　　　　　　　　　　　　　　地上住宅销售面积：

序号		项目	计算基数	基数	计算单价/元	单方成本（元/平方米）		占总成本比例
						建筑面积	销售面积	
一		土地获取费						
	101	地价	总占地面积（亩）					
		土地出让金	总占地面积（平方米）					
		土地开发费	总占地面积（平方米）					
	102	政府税费	土地成交价					
		土地契税	总占地面积（平方米）					
		土地交易服务费	占地面积（平方米）					
		土地登记费	标的额（元）					
		公证费						
二		前后期工程费						
	201	咨询调研费	总建筑面积（平方米）					
		可行性研究费	占地面积（平方米）					
		规划信息服务费1	建筑面积（平方米）					
		规划信息服务费2	占地面积（平方米）					
		代收竣工测量费	地上面积（平方米）					
		环境论证费						

续表

序号	项目	合计/万元	计算基数	基数	计算单价/元	单方成本/(元/平方米)		占总成本比例
						建筑面积	销售面积	
	日照分析费		总建筑面积（平方米）					
	交通论证费		地上面积（平方米）					
202	勘察费							
	工程勘察作业费		总建筑面积（平方米）					
	勘察文件审查费		勘察总费用					
203	设计费							
	概念性规划		总建筑面积（平方米）					
	修建性规划设计		总建筑面积（平方米）					
	方案设计		总建筑面积（平方米）					
	初步设计费		总建筑面积（平方米）					
	施工图设计费		总建筑面积（平方米）					
	景观设计费		总占地面积的80%（平方米）					
	公建方案设计费（会所）		公建面积（平方米）					
	公建施工图设计		公建面积（平方米）					
	公建室内设计		公建面积（平方米）					
	市政设计费		总占地面积（平方米）					
	室内设计费		售楼处及样板区设计费含在销售费用中					
	其他设计费							
	设计变更费							
	设计监理费							

续表

序号	项目	合计/万元	计算基数	基数	计算单价/元	单方成本（元/平方米）		占总成本比例
						建筑面积	销售面积	
204	前期工程费							
	"三通"费（水、电、路）		用地面积（平方米）					
	施工场地平整费		用地面积（平方米）					
	现场临时建设费		用地面积（平方米）					
205	前期政府手续及工程费							
	城市基础设施配套费		按全部建筑面积					
	白蚁预防费1		7层（含7层及地下）的建筑面积（平方米）					
	白蚁预防费2		8层以上房屋的建筑面积（平方米）					
	地方教育附加费		地上总建筑面积（平方米）					
	高等教育配套建设费		住宅建筑面积（平方米）					
	人防易地建设费		9层及以下不建地下室的房屋的地上总建筑面积（平方米）					
	新型墙体材料专项费		总建筑面积（平方米）					
	施工、采购招投标交易服务费		标底价					
	监理招标代理服务费		标底价					
	档案服务费		总建筑面积					
	散装水泥专项资金		总建筑面积（平方米）					
	消防设施配套费		总建筑面积（平方米）					
	地籍图测绘费		用地面积					

续表

序号	项目	合计/万元	计算基数	基数	计算单价/元	单方成本（元/平方米）		占总成本比例
						建筑面积	销售面积	
	现势性数字化地形图		占地面积（平方米）					
	建筑物拨地定桩		栋					
	建筑物放线（即为拨地定桩）		栋					
	工程线路测量		道路长度					
	工程（劳动）定额测定费		建筑安装工程费					
	工程质量监督费		总建筑面积（平方米）					
	建筑防雷安全审查		总建筑面积（平方米）					
	抗震设防审查费		施工图设计审查费					
	施工图设计审查费		设计费					
	建筑垃圾		总建筑面积（平方米）					
	建筑垃圾填埋费		垃圾质量（吨）					
	车辆准运证工本费		工本数（本）					
206	后期手续费							
	房屋平面图测绘		用地面积					
	住宅分层分户图测绘		房屋销售面积（平方米）					
	商住分层分户图测绘		房屋销售面积（平方米）					
	其他用房分层分户图测绘		房屋销售面积（平方米）					
	住宅房屋产权初始登记备案费		房屋套数					
	非住宅房屋产权初始登记备案费		房屋销售面积（平方米）					
	住宅交易手续费		销售面积（平方米）					

续表

序号	项目	合计/万元	计算基数	基数	计算单价/元	单方成本/(元/平方米)		占总成本比例
						建筑面积	销售面积	
	非住宅交易手续费		销售面积（平方米）					
	公共维修基金		不可销售面积					
	城镇街牌、房屋门牌收费		户					
	销售许可证公告费		许可证（个）					
	印花税		销售收入＋建筑安装成本（万元）					
三	房屋开发费							
301	建筑安装工程费							
3011	居住建筑							
	连栋房屋（2.5层）		建筑面积（平方米）					
	花园洋房（6.5层）		建筑面积（平方米）					
	小高层（11层）		建筑面积（平方米）					
	小户型（30层）		建筑面积（平方米）					
	高层（30层）		建筑面积（平方米）					
	住宅精装修费		建筑面积（平方米）					
	基坑围护费							
	拆迁费							
3012	公建							
30121	无偿提供给政府							
	中学		建筑面积（平方米）					

续表

序号	项目	合计/万元	计算基数	基数	计算单价/元	单方成本/(元/平方米)		占总成本比例
						建筑面积	销售面积	
	小学		建筑面积（平方米）					
	幼儿园		建筑面积（平方米）					
	医疗卫生		建筑面积（平方米）					
	社区服务（含物业管理）		建筑面积（平方米）					
	文化娱乐		建筑面积（平方米）					
	市政公用（公厕）		建筑面积（平方米）					
	金融邮电		建筑面积（平方米）					
	行政管理		建筑面积（平方米）					
	市政公用（含开闭所/变配电/燃气调压站/水泵房）		建筑面积（平方米）					
	广场		建筑面积（平方米）					
	公共绿化		建筑面积（平方米）					
	湖心岛水域		占地面积（平方米）					
	室外社会停车场		建筑面积（平方米）					
30122	不可出售公建							
	地上自行车位（住宅）		建筑面积（平方米）					
	地上汽车车位（住宅）		建筑面积（平方米）					
	地上自行车位（商业）		建筑面积（平方米）					
	地上汽车车位（商业）		建筑面积（平方米）					
	地下自行车车库（住宅）		建筑面积（平方米）					

续表

序号	项目	合计/万元	计算基数	基数	计算单价/元	单方成本/（元/平方米）		占总成本比例
						建筑面积	销售面积	
	地下设备间（住宅）		建筑面积（平方米）					
	地下人防6B级（住宅）		建筑面积（平方米）					
	地下人防6级（住宅）		建筑面积（平方米）					
	地下汽车车库（住宅双层）		建筑面积（平方米）					
	地下自行车库		建筑面积（平方米）					
	地下设备间（商业）		建筑面积（平方米）					
	地下人防6级（商业）		建筑面积（平方米）					
	会所（地下部分）		建筑面积（平方米）					
	双层车库增加成本		增加的双层车位的占地面积（平方米）					
30123	可出售公建							
	住宅配套商业		建筑面积（平方米）					
	写字楼		建筑面积（平方米）					
	酒店式公寓		建筑面积（平方米）					
	湖心岛商业		建筑面积（平方米）					
	超市		建筑面积（平方米）					
	酒店		建筑面积（平方米）					
	地下汽车车库（商业）		建筑面积（平方米）					
	住宅地下汽车车库（单层）		建筑面积（平方米）					
30124	保留公建							
	会所		建筑面积（平方米）					

续表

序号	项目	合计/万元	计算基数	基数	计算单价/元	单方成本/(元/平方米)		占总成本比例
						建筑面积	销售面积	
302	其他工程费							
	成本顾问费		建筑安装工程费					
	工程监理费		建筑安装工程费					
	竣工图编制费		总设计费用（万元）					
	建筑安装工程检测试验费		建筑安装费用					
四	市政及景观工程费							
401	红线外市政设施工费用							
	城市道路占用费		占用面积（平方米）					
	主干道		占用面积（平方米）					
	次干道		占用面积（平方米）					
	支路		占用面积（平方米）					
	街巷道路							
	城市道路挖掘补偿费							
	道路前期工程费							
	道路开口押金							
	道路工程设计费							
	道路工程建设费							
	电力前期及工程费		地上面积（平方米）					
	上水前期及工程费							
	自来水工程水表初勘费							

续表

序号	项目	合计/万元	计算基数	基数	计算单价/元	单方成本/(元/平方米)		占总成本比例
						建筑面积	销售面积	
	开口费							
	道路挖掘赔偿费							
	自来水工程设计费							
	自来水管网建设工程费							
	独立高压泵站							
	上水管线工程							
	材料费用							
	雨水前期及工程费							
	雨水管接口费							
	挖掘路面修复费							
	雨水管线设计费							
	雨水管网建设工程费							
	污水前期及工程费							
	煤气工程建设费		户数					
	天然气前期及工程费							
	天然气初装费（含工程费）							
	城市集中供热建设费（公网费）							
	IC卡工本费							
	保险费							
	带气开口费							

续表

序号	项目	合计/万元	计算基数	基数	计算单价/元	单方成本（元/平方米）		占总成本比例
						建筑面积	销售面积	
	挖掘路面修复费							
	锅炉公网费							
	锅炉建设费							
	热力前期及工程费		地上面积（平方米）					
	有线电视网络终端安装工程费							
	电信和网络前期及工程费							
	开口费		个					
	设计费		工程概算（元）					
	电信站点							
	材料费用		长度（米）					
	安装费		长度（米）					
	地下热水资源费							
	交通配套							
	红线外市政工程费预留							
402	红线内市政及景观施工费用							
4021	管网及站点建设费		总建筑面积（平方米）					
40211	区内上下水管线工程费							
	自来水管网建设费（住宅）（相当于接入费或增容费）		住宅地上面积（平方米）					
	自来水管网建设费（商业、配套）（相当于接入费或增容费）		非住宅地上面积（平方米）					

续表

序号	项目	合计/万元	计算基数	基数	计算单价/元	单方成本/(元/平方米)		占总成本比例
						建筑面积	销售面积	
	区内上水管线工程费		地上面积（平方米）					
	区内二次供水管线工程费		地上面积（平方米）					
	一户一表		户数					
	区内雨污水管线工程费		总建筑面积（平方米）					
	排水增容费							
	中水前期及工程费		地上住宅面积					
40212	煤气管线工程费							
	区内煤气管线工程费		户数					
	楼内煤气管线工程费		户数					
	煤气增容费		户数					
40213	区内热力管线工程费							
	区内热力交换站建设费		地上总面积（平方米）					
	区内热力管线工程费							
40214	区内供电管线及站点建设费							
	电力站点建设费							
	区内供电管线工程费（住宅）		地上面积（平方米）					
	区内供电管线工程费（地库）		地下面积（平方米）					
	电力增容费（无）		户数					
40215	区内电信管线+网络工程费		户数					
40216	区内网络管线工程费		地上面积（平方米）					

续表

序号	项目	合计/万元	计算基数	基数	计算单价/元	单方成本（元/平方米）		占总成本比例
						建筑面积	销售面积	
40217	区内有线电视管线工程费		住宅面积（平方米）					
40218	区内弱电、安防管线工程费		用地面积（平方米）					
4022	区内环境景观工程费		施工面积（平方米）					
4023	区内道路工程费		施工面积（平方米）					
	车行路		施工面积（平方米）					
	步行路		施工面积（平方米）					
4024	围墙及照明		围墙长度（米）					
4025	其他工程费		施工面积（平方米）					
	公交始末站（2个）							
	桥（2座通外部桥，6座内部桥）							
	高压线入地费用							
	合计（一至四）							
五	销售费用		销售收入					
六	物业启动费							
601	物业补贴费							
	物业开办费							
	空房管理费		未售面积（平方米）					
	其他补贴费							
	供暖费							
	水电费		总建筑面积（平方米）					

续表

序号	项目	合计/万元	计算基数	基数	计算单价/元	单方成本/(元/平方米)		占总成本比例
						建筑面积	销售面积	
602	物管补贴费		总建筑面积（平方米）					
	会所家具设备费							
603	物业其他							
	通邮费							
	信报箱		居住总户数					
	车库管理费		总建筑面积（平方米）					
	交房期公用设施维护费		总建筑面积（平方米）					
	环卫设施费		总建筑面积（平方米）					
	顾问费							
604	入住费							
	入住开办费		总建筑面积					
	客服费		居住总户数					
	礼品费							
七	财务费用		合计（一至六、八、九）					
八	管理费用		合计（一至六）					
九	不可预见费用		合计（三至四）					
十	总成本（一至九）							
	住宅成本		地上居住面积（平方米）					
	商业成本		商业面积（平方米）					
	地下汽车车库（商业）		车库面积（平方米）					

续表

序号	项目	合计/万元	计算基数	基数	计算单价/元	单方成本/(元/平方米)		占总成本比例
						建筑面积	销售面积	
	住宅地下汽车车库（单层）		车库面积（平方米）					
	地下人防成本		地下人防面积（平方米）					
	会所成本		会所面积（平方米）					
	其他配套公建成本		其他配套公建面积（平方米）					
十一	保留物业总成本							
	商业		建筑面积（平方米）					
	会所		建筑面积（平方米）					
	地下车库		建筑面积（平方米）					
	地下设备		建筑面积（平方米）					
	地下人防（车库）		建筑面积（平方米）					
	地上车位							
十二	销售物业总成本							
十三	可销售物业销售收入							
1101	住宅		建筑面积（平方米）					
	连栋房屋（2.5层）		建筑面积（平方米）					
	花园洋房（6.5层）		建筑面积（平方米）					
	小高层（11层）		建筑面积（平方米）					
	小户型（30层）		建筑面积（平方米）					
	高层（30层）		建筑面积（平方米）					
1102	商业		建筑面积（平方米）					

续表

序号	项目	合计/万元	计算基数	基数	计算单价/元	单方成本/(元/平方米) 建筑面积	单方成本/(元/平方米) 销售面积	占总成本比例
	住宅配套商业		建筑面积(平方米)					
	写字楼		建筑面积(平方米)					
	酒店式公寓		建筑面积(平方米)					
	湖心岛商业		建筑面积(平方米)					
	超市		建筑面积(平方米)					
1103	酒店		建筑面积(平方米)					
	车库		个数					
	地下车库(非住宅)		个数					
1104	住宅地下汽车车库(单层)		建筑面积(平方米)					
十四	小学(无偿交给政府)		建筑面积(平方米)					
1201	保留物业收入		建筑面积(平方米)					
1202	商业		建筑面积(平方米)					
1203	会所		建筑面积(平方米)					
	地下车库							
十五	营业收入		营业收入(万元)					
十六	税金							
1601	营业税及附加		销售收入(万元)		5.700%			
1602	应纳土地增值税2							
	应纳土地增值税预征1		销售收入(元)					
	土地增值税预征(普通住宅)							

续表

序号	项目	合计/万元	计算基数	基数	计算单价/元	单方成本/(元/平方米) 建筑面积	单方成本/(元/平方米) 销售面积	占总成本比例
	土地增值税预征（别墅及商业）		销售收入（元）					
	土地增值税退补							
	（增值税）扣除项目金额							
	"三费"以外总成本							
	房地产企业优惠		"三费"以外总成本					
	管理费+销售费+财务费		"三费"以外总成本					
	营业税及附加							
	增值额							
十七	利润							
	经营利润							
	所得税							
	净利润							
	所得税预征							
	所得税退补							
十八	利润率							
	成本利润率							
	税前销售利润率							
	税后销售利润率							

三、房屋开发成本的核算

（一）房地产企业开发建设房屋的类型

房屋开发是房地产企业的主要经营业务。其开发建设的房屋，按用途不同可以分为以下四种类型。

（1）为了销售而开发建设的商品房。

（2）为了出租经营而开发建设的出租房。

（3）为了安置被拆迁居民周转使用而开发的周转房。

（4）企业接受其他单位委托代为开发建设的代建房。

以上四类房屋都要确定成本核算对象并计算其实际开发成本。

（二）房屋开发成本核算对象的确定

房地产开发企业的房屋成本核算对象，应结合房屋建设的特点和实际开发情况，按以下原则确定（图8-4）。

图8-4　房屋开发成本核算对象的确定

（三）房屋开发成本项目的设置

因为房屋开发是在土地开发的基础上进行的，而且，如果在土地开发与房屋开发连续进行的情况下，土地开发成本一开始就可以直接计入房屋开发成本，所以房屋开发成本项目也包含了土地开发的成本项目。但房屋开发还要在土地开发项目基础上，加上"建筑安装工程费"项目。所以房屋开发的成本项目一般包括以下六个项目：土地征用及拆迁补偿费、前期工程费、基础设施费、建筑安装工程费、公共配套设施费和开发间接费。

（四）房屋开发成本的归集和结转

房屋建设在土地的上面，与土地紧密相连。开发房屋使用的建设场地所产生的土地开发成本应计入房屋开发成本。

将土地开发成本计入房屋开发成本有两种情况。

1. 原来已将土地作为成本核算对象，单独核算了土地的开发成本

这种情况下，在开始进行房屋开发的时候，要将土地开发成本转入房屋开发成本，会计分录如下。

借：开发成本——房屋开发——某房屋

贷：开发成本——土地开发——某土地

如果土地开发完成后，已将土地的开发成本转入了开发产品，在开始建设房屋的时候，应将作为开发产品的土地成本转入房屋开发成本，会计分录如下。

借：开发成本——房屋开发——某房屋

贷：开发产品——土地——某土地

2. 开发完土地，准备直接开始建房

在这种情况下，可以不单独计算土地开发成本，土地开发产生的各项成本费用，一开始就可以归集到房屋开发成本上。现以第二种情况为例，说明房屋开发成本的归集与结转。

四、配套设施开发成本核算

（一）公共配套设施开发成本核算对象的确定

公共配套设施是指企业根据城市建设规划的要求，或对开发项目建设规划的要求，为满足居住的需要而与开发项目配套建设的各种服务性设施。配套设施可以分为两大类（图8-5）。

第一类	是建成后能够有偿转让的公共配套设施，如开发小区内建设的商店、银行、邮局、中小学、幼儿园、医院、文化站等。这类配套设施是房地产开发企业的商品产品。应单独作为成本核算对象计算其实际成本
第二类	是建成后不能有偿转让的配套设施，如开发小区内建设的消防、锅炉房、水泵房、水塔等设施以及中心公园、环廊、喷泉、凉亭等工程，以及那些建成后准备无偿交于地方政府管理使用的派出所用房等

图8-5 配套设施的分类

对于第二类配套设施，当配套设施与房屋同步建设时，如果同步建设的房屋只有一个成本核算对象，其产生的公共设施费，应直接计入"开发成本——房屋开发——某房屋"明细账户的"公共配套设施费"成本项目内。如果同步建设的房屋有两个或两个以上成本核算对象，则应先以该配套设施为成本核算对象，单独进行成本核算，待配套设施工程完工时，再将其分配转入各房屋开发成本和能够有偿转让的配套设施成本。

对于不能有偿转让配套设施与房屋非同步建设的，即先建房屋，后建配套设施的，对于配套设施费用可以采用预提的方法，先计入房屋开发成本，将来产生配套设施实际支出时，再将实际支出数与预提数的差额，增加或减少有关在建项目的成本，数额小可直接计入管理费用。

配套设施开发的成本项目与房屋开发的成本项目是相同的。

（二）公共配套设施的核算

为了专门核算各项配套设施的开发，应在"开发成本"内设置"配套设施开发"二级账户。该账户借方登记配套设施所产生的各项费用，贷方登记完工后转入"开发产品"账户或分配结转到"房屋开发成本"等账户的配套设施成本。期末借方余额反映的是尚未完工的配套设施已产生的成本。

为了分别反映各项配套设施的开发成本，应在"配套设施开发"二级账户下设置"配套设施开发明细账"（三级账），账内按每个开发项目开设账户，以记录和反映不同开发项目的实际开发成本，如下所示。

开发成本——配套设施开发——某设施

五、期间费用的核算

（一）期间费用核算的内容

期间费用是指企业在现场产生的消耗以外，企业行政管理部门为组织管理生产产生的"管理费用"，销售部门为开发产品的销售而产生的各项"销售费用"，以及企业为筹集生产经营资金产生的"财务费用"（表8-6）。

表8-6 期间费用核算的内容

序号	费用项目	定义	主要内容
1	管理费用	管理费用是指企业行政管理部门为管理和组织企业开发经营活动而产生的各项费用	公司经费或企业经费（具体包括行政管理部门职工薪酬、差旅费、办公费、折旧费、机物料消耗等）、开发现场和企业管理部门固定资产修理费、工会经费、职工教育费、劳动保险费、董事会费、咨询费、聘请中介机构费、诉讼费、排污费、税金（指企业支付的房产税、车船使用税、土地使用税、印花税）、技术转让费、研究与开发费、无形资产摊销、业务招待费、存货盘亏损失等
2	销售费用	销售费用是指企业在销售开发产品过程中产生的费用	包括产品销售之前的改装修复费、产品看护费、水电费、采暖费、产品销售过程中的广告费、展览费以及为销售本企业的产品而专设的销售机构的职工薪酬、固定资产折旧费、修理费等

续表

序号	费用项目	定义	主要内容
3	财务费用	财务费用是指企业为筹集开发经营所需资金而产生的各项费用	包括利息支出（减利息收入）、汇兑损失（减汇兑收益）以及筹资过程中产生的手续费等

（二）期间费用的账户设置

为了核算企业的各项期间费用，企业要设置"管理费用""销售费用""财务费用"三个总账账户进行核算，如表8-7所示。

表8-7 期间费用的账户

序号	账户名称	核算内容及明细设置
1	"管理费用"账户	（1）"管理费用"账户用来核算企业产生的各项管理费用，借方登记本期产生的各项管理费用，贷方登记月末转入"本年利润"账户的管理费用，结转后应无余额 （2）"管理费用"账户应按管理费用的项目设置借方多栏式明细账进行明细核算
2	"销售费用"账户	（1）"销售费用"账户用来核算企业产生的各项销售费用，借方登记本期产生的各项营业费用，贷方登记月末转入"本年利润"账户的销售费用，结转后应无余额 （2）"销售费用"账户应按销售费用的项目设置借方多栏式明细账进行明细核算
3	"财务费用"账户	（1）"财务费用"账户用来核算企业产生的各项财务费用，借方登记本期产生的各项财务费用，贷方登记月末转入"本年利润"账户的财务费用，结转后应无余额 （2）"财务费用"账户应按财务费用的项目设置借方多栏式明细账进行明细核算

第九章
房地产开发项目成本报表与分析

> **引言**
>
> 房地产企业应根据企业本身管理上的需要，编制诸如在建开发产品成本表、已完开发产品成本表等成本报表。通过报表可动态了解项目成本情况、实际成本与目标成本的偏差情况等信息。
>
> 成本分析是难度较高的工作，没有固定格式和方法，但是相同点是计算支出，比如人、材、机采购或租赁费用、管理费、税金等支出费用。有的按比率计算，有的按数量乘以单价。成本分析的步骤就是找出核算对象，然后收集资料、计算、汇总、比较、分析、得出结论。

第一节 房地产开发项目成本报表

成本报表是成本信息管理的中心，通过成本报表可动态了解项目成本总体情况、与目标成本的偏差情况、成本管理中存在的问题等信息。各公司都应完整、详细、动态地编制成本报表。

一、在建开发产品成本表

在建开发产品成本表是反映房地产开发企业或企业所属内部独立核算开发分公司年末在建开发产品的实际开发成本的成本报表，也是年末资产负债表资产方"在建开发产品"项目的明细报表，用以考核企业年末各项在建开发产品资金占用情况，了解企业各项开发产品的实际开发成本，检查各项开发产品开发成本的构成。

（一）在建开发产品成本表的结构

为了反映各项开发产品开发成本的构成，本表应采用棋盘式结构，纵向各行反映年末尚处于在建过程开发产品的类别和项目；横向各栏反映年末各类各项开发产品的开发成本。

在编制本表时，应按开发产品的类别和项目逐行填列。开发产品的类别，一般应分商品性土地、自用土地、商品房、出租房、周转房、配套设施、代建工程等。在开发期内尚未确定其具体用途的房屋，均可在商品房一类反映。开发产品的项目，一般应以开发产品成本核算对象为依据。

本表一般应设置项目开工日期、计划开发面积、计划开发成本、年初开发成本、本年发生开发成本、年末累计开发成本等栏（表9-1）。

表 9-1 在建开发产品成本表

企业名称：　　　　　　　　日期：　年　月　日　　　　　　　单位：元

类别项目	项目开工日期	计划开发面积	计划开发成本	年初开发成本	本年发生开发成本							年末累计开发成本
					土地征用及拆迁费或批租地价	前期工程费	基础设施费	建筑安装工程费	配套设施费	开发间接费用	合计	
商品性土地												
自用土地												
商品房												
出租房												
周转房												
配套设施												
代建工程												
总计												

（二）在建开发产品成本表各项目的填列

在建开发产品成本表各项目的填列方法如表9-2所示。

表 9-2 在建开发产品成本表各项目的填列方法

序号	栏目	填列方法
1	开工日期	填列在建开发产品的实际开工日期
2	计划开发面积	反映各项开发产品的计划开发面积。土地开发项目为场地面积；房屋等开发项目为建筑面积，根据批准的开发产品开发计划确定的开发面积填列
3	计划开发总成本	根据企业制订的有关开发产品成本计划或预算填列
4	年初开发成本	根据上年本表"年末累计开发成本"栏数字填列
5	本年发生开发成本	本栏所属"土地征用及拆迁补偿费或批租地价""前期工程费""基础设施费""建筑安装工程费""配套设施费""开发间接费用"和"合计"各栏，分别反映各项在建开发产品本年实际产生的土地征用及拆迁补偿费或批租地价、前期工程费、基础设施费、建筑安装工程费及应负担的配套设施费、开发间接费用和开发成本合计，根据开发产品设置的开发成本明细分类账各成本项目的本年产生额分类分项填列

续表

序号	栏目	填列方法
6	年末累计开发成本	反映各项在建开发产品"本年年末累计"实际成本，根据按开发产品设置的开发成本明细分类账的年末余额分类分项填列。本栏数字应等于"年初开发成本"与"本年发生开发成本"合计数之和，本栏合计数应与年末资产负债表资产方"在建开发产品"项目期末数核对相符

二、已完开发产品成本表

已完开发产品成本表是反映房地产开发企业或企业所属内部独立核算开发分公司在本年度内已完成全部开发过程，并已验收合格的开发产品的实际开发成本的成本报表。它是用以了解和检查在年度内已完开发产品的成本水平及成本构成情况，考核开发产品成本计划或预算的执行结果。

（一）已完开发产品成本表的设计

为了反映各项开发产品开发成本的构成，本表也应采用棋盘式的结构：纵向各行应按开发产品的类别和项目填列，反映当年已经完工的各类、各项开发产品；横向各栏按开发产品的成本项目和开竣工日期、实际开发面积、计划开发成本等设置，反映各项已完开发产品的实际成本及其构成等情况（表9-3）。

表9-3 已完开发产品成本表

编制单位：　　　　　　　　　年度：　　　　　　　　　单位：元

开发产品类别及项目名称	开工日期	竣工日期	实际开发面积/m²	计划开发成本	实际开发成本							
					土地征用及拆迁补偿费或批租地价	前期工程费	基础设施费	建筑安装费	配套设计费	开发间接费用	合计
商品性土地											
A											
B											
商品房											
C											
D											
总计											

（二）已完开发产品成本表的填列方法

填列本表的开发产品，应以开发产品成本核算对象为依据，并只限于本年完成全部开发过程，并已验收合格、合乎设计标准、可以按照合同规定的条件移交购房、用地单位，或委托单位，或者可作商品房对外销售、出租房对外出租、周转房周转使用的开发产品。

已完开发产品成本表栏目的填列方法如表9-4所示。

表9-4　已完开发产品成本表栏目的填列方法

序号	栏目	填列方法
1	开工日期	填列已完工开发产品的实际开工日期
2	竣工日期	填列已完工开发产品的实际竣工日期
3	实际开发面积	反映已完工开发产品的实际开发面积，土地开发项目填列场地面积，房屋等开发项目填列建筑面积
4	计划开发成本	根据企业制订的有关开发产品成本计划或预算填列。由于现行制度规定开发产品成本只计算开发过程中产生的开发成本，不计算开发产品在经营过程中产生的包括销售费用、管理费用、财务费用在内的完全成本。因此，表列的开发产品的计划成本的计算口径亦应是开发成本。如果计划、预算成本的计算口径不是开发成本，包括有项目借款利息等财务费用，则在填列时应加以剔除，以便对比分析
5	实际开发成本	所属"土地征用及拆迁补偿费或批租地价""前期工程费""基础设施费""建筑安装工程费""配套设施费""开发间接费用"和"合计"各栏，分别反映各项已完工开发产品自开工至完工时为止实际产生的土地征用及拆迁补偿费或批租地价、前期工程费、基础设施费、建筑安装工程费、配套设施费、开发间接费和开发成本合计。根据已完工开发产品开发成本明细分类账各成本项目的累计产生额及其合计数填列

第二节　房地产企业项目成本分析

成本分析是指在成本形成过程中，对地产项目成本进行的对比评价和分析总结。它贯穿于项目成本管理的全过程，也就是施工项目成本分析主要利用施工项目的成本核算资料，与目标成本（计划成本）、预算成本以及类似的施工项目的实际成本等进行比较，了解成本变化情况，同时也要分析主要技术经济指标对成本的影响，系统地研究成本变动的因素，检查成本计划的合理性，并通过成本分析，深入揭示成本变动的规律，寻找降低项目成本的有效途径。

一、房地产企业项目成本分析的必要性

房地产企业在项目开发过程中产生的费用按耗费对象归集和分配到一定的工程项目

上，便形成了项目成本。项目成本分析的必要性主要体现在以下三个方面。

（一）寻求进一步降低成本的途径

地产项目的成本分析，就是根据统计核算、业务核算和会计核算提供的资料，对项目成本的形成过程和影响成本升降的因素进行分析，以寻求进一步降低成本的途径（包括项目成本中的有利偏差的挖潜和不利偏差的纠正）；另外，通过成本分析，可从账簿、报表反映的成本现象看清成本的实质，从而增强项目成本的透明度和可控性，为加强成本控制，实现项目成本目标创造条件。由此可见，施工项目成本分析，也是降低成本，提高项目经济效益的重要手段之一。

（二）了解地产开发的管理水平

地产项目成本综合反映了房地产企业地产项目管理水平的高低，因为材料和能源的节约及浪费、施工效率的高低、地产项目质量的优劣，都可以通过地产项目成本表现出来。房地产企业在完成地产项目计划、保证地产项目质量的前提下，地产项目成本水平越低，表明其地产项目管理水平越高，经济效益越好。因此，努力降低地产项目成本是房地产企业地产项目管理中单项长期任务。地产项目成本降低意味着项目开发过程中人力、物力、财力的节约，意味着房地产企业利润的增长。为了达到不断降低地产项目成本的目的，房地产企业必须加强地产项目成本管理，积极开展项目成本分析工作。

（三）全面了解房地产企业项目成本管理方面的效益

房地产企业通过项目成本分析，把项目成本与生产、技术、劳动组织及经营管理各个方面联系起来进行综合研究，可以全面了解房地产企业项目成本管理方面的效益，查明节约或浪费的原因，总结项目成本管理的经验和教训，逐步认识和掌握项目成本变动的规律，从而促使房地产企业科学地预测项目成本变动的趋势，正确地进行项目成本决策，制定切实可行的措施，消除影响项目成本的不利因素，以达到改善经营管理、降低项目成本消耗、提高地产项目经济效益和房地产企业整体经济效益的目的。

二、成本分析与成本核算的区别

作为企业经济活动分析重要内容之一的成本分析，主要是对内部管理决策服务的。成本核算是企业会计核算的内容之一，其主要目的在于反映和监督企业各项生产费用支出情况，反映和监督成本开支范围规定的执行情况。它基本上是对外的，因而，成本分析与成本核算有着本质区别。两者的差别主要表现在如下几方面。

（一）依据的会计规则不同

成本核算必须依据国家通行的会计规则，按统一的分类科目进行成本汇集，按标准的统计指标进行分析。成本分析可根据企业自身管理与分析的特殊需要自行设计成本科目进行统计分析。

（二）分析的用途不同

成本核算是为政府机构进行财务核查、审计和征税服务，为企业财务决算服务的。成本分析则是单纯为企业内部管理服务的。在企业内部进行经营方案决策时，在企业内部进行经济效益分析时，以及在企业经济活动过程中进行控制与管理时，提供重要的分析资料。当然，成本核算还可为成本分析提供信息资料。

（三）采用的方法不同

成本核算必须采用国家统一规定的规范化方法，计算标准的统计指标。而成本分析可根据企业自身管理上的需要，采用多种灵活的计算分析方法，没有什么特殊的限制。

三、地产项目成本分析的方式与方法

地产项目成本分析有其特有的方式和方法。

（一）比较法

比较法，又称"指标对比分析法"，是通过技术经济指标的对比，检查计划的完成情况，分析产生差异的原因，进而挖掘内部潜力的方法。这种方法，具有通俗易懂、简单易行、便于掌握的特点，因而得到了广泛的应用，但在应用时必须注意各技术经济指标的可比性。

比较法的应用，通常有下列形式。

（1）将实际指标与计划指标对比，以检查计划的完成情况，分析完成计划的积极因素和影响计划完成的原因，以便及时采取措施，保证成本目标的实现。

（2）本期实际指标与上期实际指标对比。通过这种对比，可以看出各项技术经济指标的动态情况，反映地产项目管理水平的提高程度。

（3）与本行业平均水平、先进水平对比。通过这种对比，可以反映本项目的技术管理和经济管理与其他项目的平均水平和先进水平的差距，进而采取措施赶超先进水平。

（二）因素分析法

因素分析法，又称连锁置换法或连环替代法。这种方法，可用来分析各种因素对成本形成的影响程度。在进行分析时，首先要假定众多因素中单个因素发生了变化，而其他因素则不变，然后逐个替换，并分别比较其计算结果，以确定各个因素的变化对成本的影响程度。

（三）差额计算法

差额计算法是因素分析法的一种简化形式，它利用各个因素的计划与实际的差额来计算其对成本的影响程度。

（四）比率法

比率法是指用两个以上的指标的比例进行分析的方法。它的基本特点是先把对比分析的数值变成相对数,再观察其相互之间的关系。常用的比率法有以下几种(表9-5)。

表 9-5 常用的比率法

序号	方法	说明
1	相关比率法	由于项目经济活动的各个方面是互相联系、互相依存又互相影响的,因而将两个性质不同而又相关的指标加以对比,求出比率,并以此来考察经营成果的好坏
2	构成比率法	又称比重分析法或结构对比分析法。通过构成比率,可以考察成本总量的构成情况以及各成本项目占成本总量的比重,同时也可看出量、本、利的比例关系,从而为寻求降低成本的途径指明方向
3	动态比率法	动态比率法就是将同类指标不同时期的数值进行对比,求出比率,以分析该项指标的发展方向和发展速度。动态比率的计算,通常采用基期指数(或稳定比指数)和环比指数两种方法

四、地产项目成本分析中应注意的问题

从成本分析的效果出发,地产项目成本分析的内容应该注意以下几个问题。

(一)实事求是

成本分析一定要有充分的事实依据,应用"一分为二"的辨证方法,对事物进行实事求是的评价,并要尽可能做到措辞恰当,能为绝大多数人所接受,不要夸大也不要减小。

(二)绝对准确

成本分析要充分利用统计核算、业务核算、会计核算和有关辅助记录的数据进行定量分析,尽量避免抽象的定性分析。因为定量分析对事物的评价更为精确,更令人信服。

(三)有时效性

也就是成本分析及时,发现问题及时,解决问题及时。否则,就有可能贻误解决问题的最好时机,甚至造成问题成堆,积重难返,发生难以挽回的损失。

(四)做到全面性

在做地产项目成本分析时,一定要全面分析,不要漏掉任何对成本有影响的细节,力求使分析结果包括所有可能涉及的方面。

(五)为经营服务

成本分析不仅要揭露矛盾,而且要分析矛盾产生的原因,并为解决矛盾献计献策,提出积极的、有效的解决矛盾的合理化建议。这样的成本分析,必然会深得人心,使地产项目的成本分析更健康地开展下去。

【实战范本 9-01】▶▶▶

工程项目成本分析汇总表

章节编号	细目名称	单位	变更后合同清单			标后预算成本			项目计划成本			项目实际成本			可计量成本			已完工程成本偏差/元		
			工程量	单价/元	合同总价/元	工程量	单价/元	金额/元	工程量	单价/元	金额/元	已完工程量	单价/元	金额/元	可计量工程量	可计量金额/元		实际与标后预算差额	实际与项目计划差额	实际与可计量成本差额

【实战范本 9-02】▶▶▶

其他直接费、间接费、管理费、财务费、税金计划表

序号	项目名称		本季度/元			年初至本季度累计/元			开工至本季度末累计/元		
			计划	实际	差额	计划	实际	差额	计划	实际	差额
1	其他直接费	工地搬迁费									
2		驻地建设费									
3		临时设施									
4		施工增加费									
5		工具、用具使用费									
6		检测、试验费用									
7		场地清理费									

续表

序号	项目名称			本季度/元			年初至本季度累计/元			开工至本季度末累计/元		
				计划	实际	差额	计划	实际	差额	计划	实际	差额
8	间接费		管理人员工资									
9			保险费									
10			福利费									
11			劳动保护费									
12			取暖、降温费									
13			办公用品购置费									
14			邮电书报费									
15			水费									
16			电费									
17		通信费	座机费									
18			手机话费									
19			网络费									
20		差旅交通费	职工差旅费									
21			职工探亲路费									
22			工地宣传费用									
23			管理车辆使用费									
24			食堂伙食补贴									
25			施工环保费									
26			竣工资料费									
27			工程保修费									
28			不可预见费用									
29	管理费		业务招待费									
30			工资附加费用									
31	财务费用		财务费用									
32	税金		工程税金									
	合计											

编制：　　　　　　　　　　　　　　审核：

【实战范本 9-03】

人工成本费用分析表

章节编号	细目名称	单位	工序	本季度				自开工累计				
				完成工程量	实际人工消耗/元	单位人工消耗/元	单位人工消耗/元	完成工程量	实际人工消耗/元	计划人工消耗/元	差值/元	单位人工消耗/元	单位人工消耗/工日
	基层		拌和										
			摊铺										
			碾压										
			立模										
			养护										
			交通维护										
			临时用工										
	下面层		拌和										
			摊铺										
			碾压										
			立模										
			交通维护										
			临时用工										

编制：　　　　　　　　　　　　　　审核：

【实战范本9-04】

材料成本费用分析表

章节编号	细目名称	单位	累计完成工程量	材料名称	理论用量/t	实际用量/t	差值/t	实付金额/元	均价	采保费/元	总金额/元	单位面积材料费/(元/m³)	单位体积材料费/(元/m³)
	38厘米水稳基层			水泥									
				石料									
	4厘米上面层			改性沥青									
				碎石									
				矿粉									
				抗剥落剂									
				木质纤维费									
	6厘米中层			改性沥青									
				碎石									
				矿粉									
				聚酯纤维费									
	8厘米下面层			普通沥青									
				碎石									
				矿粉									
	封层			改性乳化沥青									
				碎石									
	黏层			改性乳化沥青									
本页小计													
合计													

编制：　　　　　　　　　　　　　　　审核：

【实战范本9-05】

机械成本费用分析表

章节编号	细目名称	单位	累计完成工程量	工序	内部代号	设备名称	数量	使用时间	租金、折旧		机械修费等其他费用		燃油（电）费用			机械总费用	单位工程机械费用/元
									月租费或折旧/元	总租金或折旧费/元	金额/元	单位耗费/元	实际燃油（电）消耗/元	单位燃油（电）消耗/元	单位燃油（电）消耗/千克或千瓦·时		
本页小计																	
合计																	

编制：　　　　　　　　　　　　审核：

【实战范本9-06】

工程分（承）包成本费用分析表

章节编号	细目名称	单位	已完成工程量	计划		实际	
				分（承）包单价/元	金额/元	分（承）包单价/元	金额/元
合计							

编制：　　　　　　　　　　　　审核：